臺灣歷史與文化 研究輯刊

六 編

第 1 冊

臺灣總督府統計調查事業之研究（上）

林 佩 欣 著

花木蘭文化出版社

國家圖書館出版品預行編目資料

臺灣總督府統計調查事業之研究（上）／林佩欣 著 -- 初版 --
新北市：花木蘭文化出版社，2014〔民 103〕
目 4+172 面；19×26 公分
（臺灣歷史與文化研究輯刊 六編：第 1 冊）
ISBN 978-986-322-945-2（精裝）
1.政府統計 2.日據時期
733.08   103015081

臺灣歷史與文化研究輯刊

六 編 第一冊   ISBN：978-986-322-945-2

臺灣總督府統計調查事業之研究（上）

作　者　林佩欣
總 編 輯　杜潔祥
副總編輯　楊嘉樂
編　輯　許郁翎
出　版　花木蘭文化出版社
社　長　高小娟
聯絡地址　235 新北市中和區中安街七二號十三樓
　　　　　電話：02-2923-1455／傳眞：02-2923-1452
網　址　http://www.huamulan.tw 信箱 hml 810518@gmail.com
印　刷　普羅文化出版廣告事業
初　版　2014 年 9 月
定　價　六編 21 冊（精裝）新台幣 42,000 元

臺灣總督府統計調查事業之研究（上）

林佩欣　著

作者簡介

　　林佩欣，屏東縣車城人，成功大學歷史系學士、政治大學歷史系碩士、臺灣師範大學歷史系博士，曾獲國科會「補助博士生赴海外研究」獎學金，赴東京大學人文社會系研究科進修一年，現職為臺灣師範大學國際與僑教學院兼任助理教授。研究興趣在日治時期日人對臺灣的調查研究以及情報生產等課題，2012 年以本論文獲得政治大學第二屆思源人文社會科學博士論文獎優等。此外，對臺灣民間信仰也趣味盎然，目前正從事金門地區民間信仰的田野調查。

提　　要

　　本文旨在考察臺灣總督府設立統計機關與實施統計調查的過程，日本在臺殖民五十年間，實施各項因應政策所需的統計調查，編製統計書，並舉辦統計講習會，以及開辦臺灣統計協會等，形成殖民地臺灣特有的統計文化。初建期的統計機關是官房文書課，業績為《臺灣總督府統計書》與第一次臨時臺灣戶口調查。前者係根據末端統計機關回報〈臺灣總督府報告例〉所載事項編製而成；後者為東亞首次實施的人口調查。獨立期的統計機關是官房統計課 業績為《臺灣人口動態統計》和《臺灣犯罪統計》，前者究明臺灣人口變動情形；後者究明臺灣犯罪的型態和性質。在此時期實施的第二次臨時臺灣戶口調查，則呈現臺灣社會十年來之變遷樣貌。

　　擴展期的統計機關是官房調查課，業績為國勢調查、資源調查及家計調查。國勢調查為臺灣、日本，及其他殖民地人口實況的參考資料；資源調查為配合對日本對外擴張政策實施；家計調查則究明臺灣住民收入和支出的狀況。戰爭時期的統計機關分別為官房企畫部、企畫部及總務局統計課，各項配合控管戰爭物資和人力所進行的統計調查於此階段接力展開，最重要者為昭和十四年臨時國勢調查，探究各項民生物資的流通，以利掌握臺灣人的消費與物資流通情形。

目次

表　次

圖　次

第一章　前　言

一、研究動機

　　日本領有臺灣時期，爲順遂殖民地統治，在臺灣實施各種調查和研究，完成豐富、多樣且詳實的報告書，成爲當局制定政策的參考［註1］。尤其是實

〔註1〕相關研究參吳文星，〈日本據臺前對臺灣之調查與研究〉，《第一屆臺灣本土文化學術研討會論文集》（臺北：臺灣師範大學人文教育研究中心，1994.12）；吳文星，〈日治初期日本學者眼中之高雄〉，《高雄歷史與文化論集》，第二輯（高雄：陳中和翁慈善基金會，1995.10）；吳文星，〈東京帝國大學與臺灣「學術探檢」之展開〉，《臺灣史研究一百年：回顧與研究》（臺北：中央研究院臺灣史研究所籌備處，1997.12）；吳文星，〈日治初期日人對臺灣史研究之展開〉，《中華民國史專題論文及第四屆研討會》（臺北：國史館，1998.12）；吳文星，〈東京帝国大学の台湾に於ける学術調査と台湾総督府の植民地政策について〉，《東京大学史紀要》17 號（1999.3）；吳文星，〈札幌農學校與臺灣近代農學的展開──以臺灣總督府農事試驗場爲中心〉，《臺灣社會經濟史國際學術研討會──慶祝王世慶先生七五華誕》（臺北：中央研究院臺灣史研究所籌備處，2003.5）；吳文星，〈札幌農学校と台湾近代農学の展開──台湾総督府農事試驗場を中心として〉，收於台灣史研究部會編《日本統治下台湾の支配と展開》（名古屋：中京大学社會科學研究所，2004.3）；吳文星，〈近代日本における学術と植民地─開拓すべきもう一つの新たな研究分野─〉，收入《北東アジア研究》，第6号（2004.1）。陳偉智，〈殖民主義、「蕃情」知識與人類學──日治初期臺灣原住民研究的展開（1895～1900）〉（臺北：臺灣大學歷史所碩士論文，1997）；姚人多，〈認識臺灣：知識、權力與日本在臺之殖民治理性〉，《臺灣社會研究季刊》，第42期（2001.6）；黑崎淳一，〈臺北高等商業學校與南支南洋研究〉（臺北：臺灣師範大學歷史所碩士論文，2002.6）；鄭政誠，《臺灣大調查：臨時臺灣舊慣調查會之研究（1896～1922）》（臺北：博揚文化，2005）；王麒銘，〈臺灣總督府官房調查課及其事業之研究〉（臺北：臺灣師範大學歷史所碩士論文，2005.6）；葉碧苓，《學術先鋒：臺北帝國大學與日本南進政策之研究》（臺北：稻鄉出版社，2010）。

施統計調查，根據調查結果編製的統計報告，將臺灣關於人文、風土、氣候、醫療、犯罪等情形，化爲一連串數字，當局得以藉由這一連串數字，全方位地觀察、紀錄、監視、管理及控制臺灣。在日本對臺灣殖民統治結束後 70 年的今日，這些統計報告書依然留存，被編製成目錄與建置成資料庫，廣泛地被用於臺灣史研究，可見日治時期的統計調查重要性不容輕忽〔註2〕。

統計是一門蒐集資料，加以分類、整理及分析之後，據此制訂解決之道的學問，無論是政府政策、企業經營、醫療研究或是學術研究，皆需統計作爲參考依據〔註3〕，更是使國家順利運作，維持良好秩序的技藝〔註4〕。日本於明治維新之後，全面地學習西法，將統計制度引進國內，也以統計調查作爲拓展領土的前鋒，認爲蒐集佔領地的情報也是統計的任務〔註5〕。領有臺灣之後，鑑於臺灣爲異文化的社會，不應貿然制定統治政策，應先瞭解臺灣風俗民情，再據此制訂適切的施政方針，而延聘學者專家實施各種調查和研究，其中，在臺灣設置統計機關，實施統計調查制度尤具特色。

統計調查（Statistical Investigation）是爲了編製統計書的需求，有計劃、有組織地向社會搜集資料的過程，設計者需具備許多專業知識，才能使調查

〔註 2〕 例如：臺灣省行政長官公署統計室編，《臺灣省五十一年來統計提要》（臺中：臺灣省政府主計處重印，1994）；高橋益代，《日本帝国領有期台湾関係統計資料目録》（東京：一橋大学経済研究所日本経済統計文献センター，1985）；吳聰敏、葉淑貞、劉鶯釧編，《日本時代臺灣經濟統計文獻目錄》（臺北：臺灣大學經濟系，1995）；一橋大学経済研究所，《アジア長期経済統計》台湾編（東京：東洋経済新報社，2008）；臺灣大學法學院，「臺灣日治時期統計資料庫」（http://tcsd.lib.ntu.edu.tw/info_about/about_1.php）等，皆是頗受研究日治時期研究者使用的研究材料。

〔註 3〕 韋端，〈統計涵義〉，《主計月刊》，488（1996.8），無頁碼。

〔註 4〕 1977 年至 1978 年，法國學者傅柯（Michel Focault, 1926～1984）在法蘭西學院，以「安全，領土與人口」爲主題進行系列演講，提出了治理性（governmentality）的概念。傅柯眼中的治理性，隨著歷史脈絡的推進，各階段核心有所不同。首先，在中古時代，政府的角色在確保世俗人的靈魂，政府的治理作爲，是要讓人民瞭解神的旨意，作爲人和神溝通的橋樑。專制主義時代，專制王權興起，政府的治理作爲，是要使君王保持君權，如何維持君權爲政府關心的事情。而至理性的時代，政府意識到管理人民的重要性，此時政府的治理作爲，是要透過公共管理的手段，維持國家良好的秩序，統計即是重要的技藝之一。參 Michel Foucault,"Security, Territory, Population:Lectures at the College De France, 1977～1978", Edtiton:St Martins Press. pp.416～419.

〔註 5〕 相原重政，〈統計ニ就キ所感ヲ述テ總會ノ祝辭ニ代フ〉，《統計集誌》，163 號（1895.2），頁 48～49。

順利進行。提到日治時期臺灣的調查事業，自然無法忽視後藤新平，後藤向來被公認爲是日本對臺灣殖民統治重要的奠基人物，在其長達八年的民政長官生涯中，從衛生環境的整備開始，促進金融和商業流通，擴充交通運輸事業，開發水力和火力發電廠，奠定臺灣發展工業的動力基礎，並從品種改良開始，重振臺灣米糖產業，使臺灣的殖民統治步上軌道。

後藤新平本著舊慣溫存政策，對不熟悉的臺灣事物進行調查，再依據調查結果，設計適合的政策和法律。後藤對調查的喜愛，已有太多學者論及，不過，值得注意的是，1890 年，後藤新平曾經自費前往德國留學，在北里柴三郎的介紹下，參觀中央衛生院實際運作，並在大學旁聽衛生統計和衛生行政學，還每天到德國統計院實習。那年 12 月，正逢德國實施人口調查，他跟隨德國統計局長視察調查實施情形，詳細地觀察統計資料收集、統整及編製的方法，並將調查樣式帶回日本。回國後，後藤向官方提出〈國勢調查建議書〉和〈統計局設置建議書〉，力陳實施統計的必要性〔註6〕，就任臺灣總督府民政長官後，更致力於振興殖民地臺灣的統計事業。

日本領有臺灣之後，陸續設置官房文書課、官房統計課、官房調查課及官房企畫部等統計機關，確立「臺灣總督府調查例」，定期出版《臺灣總督府統計書》，執行第一、二次臨時臺灣戶口調查、國勢調查、家計調查及資源調查等統計調查，並將所得結果予以出版，以及每年編製《臺灣犯罪統計》、《臺灣人口動態統計》等。二次戰後，國民政府接收臺灣，於行政長官公署設統計室，一方面留用日治時期的統計人才，整理接收日治時期的統計資料；二方面延續日治時期的統計體例，繼續實施統計相關的統計事業〔註7〕。

1946 年，臺灣行政長官公署整理編製的《臺灣省五十一年來統計提要》出版，當時行政長官公署統計室主任李植泉，頗爲驚訝臺灣殖民地時期的統計成果，指出日人歷年在臺灣實施統計，成績優於本國，總督府統計組織嚴密，圖書設備充實，法令規章完善，工作規模宏偉〔註8〕。行政長官陳儀也指出，中華民國公務員向來喜歡文章，厭煩統計數字，施政專憑經驗妄加揣測，

〔註6〕村上綱實，〈植民地調查と後藤新平〉，《近代日本社會調查史（一）》（東京：慶義通信株式會社，1989.11），頁 238～240。

〔註7〕胡元璋，〈介紹臺灣統計事業〉，收於林滿紅編《臺灣所藏中華民國經濟檔案》（臺北：中研院近史所，1995），頁 457～465。

〔註8〕李植泉，〈編制經過〉，臺灣省行政長官公署統計室編《臺灣省五十一年來統計提要》（臺中：臺灣省政府主計處重印，1994），頁 VII。

缺乏科學根據，難免誤事，希望藉著該書付梓，協助官員養成善讀數字的好習慣〔註9〕。可知日本殖民臺灣時期，推動統計事業的成果。

由上可知，統計書可用來評估一國實力，作爲施政的參考，日治時期的統計書，是日人瞭解臺灣風土民情與住民組織構成的利器，更於戰後，幫助國民政府順利接收和認識臺灣，也是現今學者研究日治時期臺灣史的參考材料，足見臺灣總督府的統計調查事業，實爲重要的歷史課題，相當具有研究價值。

二、研究回顧

關於此議題相關研究成果，以下以日本統計史研究概況，與臺灣統計史研究概況兩類，分別介紹之：

（一）日本統計史研究概況

日本統計史研究成果可分爲幾類：

1. 通論

川合隆男主編三冊《近代日本社會調查史》，爲近代日本社會調查研究單篇論文的集結，其序論〈近代日本社會調查史研究序說〉〔註10〕，論述近代日本實施社會調查的歷程，指出明治維新之後，日人將社會調查視爲掌握國家的重要手段，統計調查是社會調查的重要方法，提供頗具參考價值之視野和取徑。

島村史郎〔註11〕的《統計制度論：日本の統計制度と主要国の統計制度》〔註12〕，概述英國、法國、德國、日本、美國、加拿大、荷蘭、蘇聯等重要國家，19世紀以來統計制度之發展，帝國主義國家於殖民地實施統計之概況，以及國際統計機關之運作等。雖說爲概論性質，對戰前部分著墨較少，重點

〔註9〕 陳儀，〈序一〉，臺灣省行政長官公署統計室編《臺灣省五十一年來統計提要》，頁I。

〔註10〕 川合隆男，〈近代日本社會調查史研究序說〉，川合隆男編《近代日本社會調查史（一）》（東京：慶義通信株式會社，1989.11）。

〔註11〕 島村史郎在1978～1981年擔任日本統計局長，因職務之便參加過東亞的統計局長會議、夏威夷人口調查會議等，各種國際統計協會會議。並於1999～2001年間接受日本統計局委託，調查歐美各國的統計制度，此書爲其調查成果。島村史郎，《日本統計發達史》（東京：日本統計協會，2008.5）。

〔註12〕 島村史郎，《統計制度論：日本の統計制度と主要国の統計制度》（東京：日本統計協會，2006.1）。

在戰後各國統計制度的變遷，但不失爲一本綜觀近代各國統計制度發展，頗爲受用的參考書。

此外，另一著作《日本統計発達史》〔註 13〕，主要運用《內閣統計局百年集成》這部資料，論述日本明治維新以降至戰後，國家統計機關發展的沿革。包括：幕末荷蘭統計學的傳入、明治初期的統計組織，以及統計院、內閣統計局、國勢院、戰爭時期及戰後日本等，各時期統計機構的變遷和活動，如同前書，論述並不深刻，卻是一本綜觀日本統計機構沿革的參考書。藪內武司《日本統計発達史研究》也是論文之集結，〈日本における民間統計団体のせい誕〉〔註 14〕一文，論述近代日本統計學引進的過程，杉亨二的地位，民間統計團體成立的過程，以及共立統計學校招生概況等。

2. 國勢調查史

川合隆男〈国勢調査の開始──民勢調査から国勢調査へ〉〔註 15〕，將國勢調查置於社會調查史的範疇，論述調查概念轉變的過程，不過僅爲短篇專題，討論並不深刻。藪內武司〈国勢調査前史〉〔註 16〕，探討日本 1920 年國勢調查實施前的論議，人口統計發展的過程，杉亨二的角色，以及人口調查思想的轉折等。還有其他短篇文章：中村隆英〈国勢調査の歴史〉〔註 17〕，論述國勢調查興起的原因與戰後的發展，扼要地說明杉亨二與日本統計機關的關係；史村島郎〈国勢調査の歴史と課題〉、久保田きぬ子〈国勢調査の意義と課題〉、山本勝美《国勢調査を調査する》等，論述西方國勢調查的歷史，與日本實施國勢調查的歷程，簡潔地敘述西方和日本的國勢調查史〔註 18〕。

佐藤正廣《国勢調査と日本近代》〔註 19〕，探討國勢調查在近代日本的

〔註 13〕　島村史郎，《日本統計発達史》（東京：日本統計協會，2008.5）。
〔註 14〕　藪內武司，〈日本における民間統計団体のせい誕〉，《日本統計發達史研究》（京都：法律文化社，1995）。
〔註 15〕　川合隆男，〈国勢調査の開始──民勢調査から国勢調査へ〉，川合隆男編《近代日本社會調查史（二）》（東京：慶義通信株式會社，1989.11）。
〔註 16〕　藪內武司，〈国勢調査前史〉，《日本統計發達史研究》（京都：法律文化社，1995）。
〔註 17〕　中村隆英，〈国勢調査の歴史〉，《歷史と地理》，552 號（2002.3）。
〔註 18〕　島村史郎，〈国勢調査の歴史と課題〉，《ジュリスト》No.723（東京：有斐閣，1980 年 9 月）；久保田きぬ子，〈国勢調査の意義と課題〉《ジュリスト》No.723（東京：有斐閣，1980.9）；山本勝美，《国勢調査を調査する》岩波ブックレット，No.380（東京：岩波書店，出版年不詳）。
〔註 19〕　佐藤正広，《国勢調査と日本近代》（東京：岩波書店，2002.2）。

發展歷程，指出統計家利用調查活動建構國家意象，政府須能把握所支配人民之屬性，才能具體地治理國家。在此書基礎之上，2007 年，作者另發表〈日本における人口センサス〉〔註 20〕，首先，介紹日本最早的人口調查「宗門人別帳」，指出這是因應戶籍制度所進行的調查，並非「爲調查而實施」的統計調查；接著，提出人口調查在近代日本調查史的定位，以及統計學家如何遊說政府進行統計調查，加強前書論點之外，補充不少資料。

3. 家計調查史

家計調查關係社會政策立案，多田吉三《日本家計研究史：わが国における家計調査の成立過程に関する研究》〔註 21〕，論述明治中期以降，日本家計調查思想、技術及方法之發展，探討調查方法與調查結果顯示的家計情形。御船美智子《家計研究へのアプローチ》〔註 22〕，論述家計調查的意義和方法，並介紹日本和西方實施之概況。

中鉢正美《家計調查と生活研究》〔註 23〕，概述家計調查與生活研究的關係，並收錄明治時期，家計調查執行者岡田良一郎、鈴木文治、高野岩三郎、權田保之助等人，實施家計調查的結果。中村隆英《家計簿からみた近代日本生活史》〔註 24〕，則概論家計調查發展史，並以各階段家計調查成果，觀察民眾的家計狀況。以上研究成果，爲近代日本家計調查的歷史背景，提供不錯的參考資料，但相對於日本，臺灣家計調查則未有任何研究。

（二）臺灣的統計史研究概況

關於臺灣的研究則較爲欠缺，歸納如下：

1. 通論

胡元璋〔註 25〕〈介紹臺灣統計事業〉〔註 26〕一文，指出日治時期統計

〔註 20〕 佐藤正広，〈日本における人口センサス〉，收入安元稔編《近代統計制度の国際比較 ヨーロッパとアジアにおける社会統計の成立と展開》（東京：日本経済評論社，2007.12），頁 179～212。

〔註 21〕 多田吉三，《日本家計研究史：わが国における家計調査の成立過程に関する研究》（京都：晃洋書房，1989.12）。

〔註 22〕 御船美智子，《家計研究へのアプローチ》（京都：家計經濟研究所，2007.3）。

〔註 23〕 中鉢正美，《家計調查と生活研究》（東京：光生館，1981.12）。

〔註 24〕 中村隆英，《家計簿からみた近代日本生活史》（東京：東京大學出版會，1995.1）。

〔註 25〕 胡元璋爲臺灣行政長官公署統計室主任，曾於戰後負責臺灣總督府統計人員和統計檔案的接收。

發展的原因，是因日本將臺灣視爲南進之基石，爲加強殖民地控制而實施，認爲日本治理臺灣有賴統計事業的建立和運用。黃子貞〈中華民國政府統計制度的演進〉〔註 27〕，論述中華民國統計制度演進的過程，認爲臺灣現代化統計制度孕育於大陸時期，並於遷臺後建立穩固之基礎，而日治時期日人將臺灣視爲南侵之跳板，極爲重視統計調查，將統計政策視爲有效的統治工具。

以上兩篇論文發表於同一論文集中，相互參引之處頗多，對日治時期統計機關沿革之論述有共同錯誤，指出日治時期臺灣的統計機關爲統計課，但實際上，當時統計機關隨著政策迭有變化，總務局統計課是日治末期的編制；並且，將日人在臺灣實施統計調查的動機，以「將臺灣視爲南侵的跳板」一語簡單概括，以及認爲臺灣統計制度奠定於中國大陸時期等論點，均有待商榷。

村上綱實〈植民地調查と後藤新平〉〔註 28〕，論述殖民地調查與後藤新平的關係，指出後藤新平留學德國期間，正逢德國實施國勢調查，他與德國統計局長密切接觸，詳細地研究調查方法而深獲啓發，回國後乃提出〈國勢調查建議書〉和〈統計局設置建議書〉，並將統計制度移至臺灣。惟作者僅論述後藤新平喜愛統計的背景，未論證後藤在臺灣發展統計的過程和結果。

姚人多〈認識臺灣：知識、權力與日本在臺之殖民治理性〉〔註 29〕，論述知識和權力的關係，指出殖民政府崇拜科學調查、數字化、統計化及監視資訊，將數學應用到各層面，從發展出控制殖民地的方法。作者以傅柯（Michel Foucault, 1926～1984）的知識權力論，爲日治時期臺灣的統計活動提出理論性觀點，不過，並未論證殖民知識建立的過程，探討材料也僅止於《臺灣省五十一年來統計提要》、《臺灣社會運動史》、土地調查及人口調查。

〔註 26〕　胡元璋，〈介紹臺灣統計事業〉，收於林滿紅編《臺灣所藏中華民國經濟檔案》（臺北：中研院近史所，1995）。
〔註 27〕　黃子貞，〈中華民國政府統計制度的演進〉，收於林滿紅編《臺灣所藏中華民國經濟檔案》（臺北：中研院近史所，1995）。
〔註 28〕　村上綱實，〈植民地調查と後藤新平〉，川合隆男編《近代日本社會調查史（一）》（東京：慶義通信株式會社，1989.11）。
〔註 29〕　姚人多，〈認識臺灣：知識、權力與日本在臺之殖民治理性〉《臺灣社會研究季刊》第 42 期（2001.6）。

　　王麒銘〈臺灣總督府官房調查課及其事業之研究〉〔註30〕，爲臺灣總督府官房調查課的機關史。詳述官房調查課的成立，統計和南洋研究的業績，以及時人對調查成果的評價。指出官房調查課發行眾多出版品，頗受各界歡迎和利用，於總督府調查事業具有承先啓後的意義。不過，該文探討對象僅限於官房調查課，且重點在南支南洋調查的業績，未論證統計調查的歷史脈絡。

　　高橋益代〈『台灣統計協會雜誌』總目次解題〉〔註31〕，整理日治時期統計刊物《臺灣統計協會雜誌》目錄，簡敘該雜誌在臺灣統計制度史的位置，惟主要介紹協會雜誌目錄，僅簡單論述該會成立經過。此外，〈日治期台湾の統計調查制度史──台湾總督府の統計調查事業、特に「報告例」について〉〔註32〕，以「臺灣總督府報告例」爲例，介紹日治時期臺灣統計制度的建立，指出水科七三郎等杉派學員扮演重要的角色，惟僅概論性地敘述，多著墨於「報告例」的體例變化，未詳細考察統計政策的歷史變遷。

2. 國勢調查

　　富田哲〈台灣總督府国勢調查による語言調查─近代的センサスとしての国勢調查の性格からみた內容とその変化─〉〔註33〕；〈一九○五年臨時台湾戶口調查と「內地人」の視線〉和〈1905 年臨時台湾戶口調查が語る台湾社會─種族・語言・教育を中心に─〉〔註34〕，以《第一次臨時臺灣戶口調查顚末》爲文本，呼應安德森《想像的共同體》〔註35〕，認爲日人從準備調查到製作報告書的過程，反映出統治者對統治領域的想像，惟作者關注點在

〔註30〕　王麒銘，〈臺灣總督府官房調查課及其事業之研究〉（臺北：臺灣師範大學歷史所碩士論文，2005）。

〔註31〕　高橋益代，〈『台灣統計協會雜誌』總目次解題〉No.89,“Discussion Paper Series”, Institute of Economic Research, Hitotsubashi University, May 2005.。

〔註32〕　高橋益代，〈日治期台湾の統計調查制度史──台湾總督府の統計調查事業、特に「報告例」について〉，No.153,“Discussion Paper Series”, Institute of Economic Research, Hitotsubashi University, March 2006.

〔註33〕　富田哲，〈台灣總督府国勢調查による語言調查─近代的センサスとしての国勢調查の性格からみた内容とその変化─〉《社会語言学》通号 2（東京：社会語言学刊行會，2002.9）。

〔註34〕　富田哲，〈一九○五年臨時台湾戶口調查と「內地人」の視線〉，《台湾の近代と日本》（名古屋：台湾史研究部會，2003.3）；富田哲，〈1905 年臨時台湾戶口調查が語る台湾社會─種族・語言・教育を中心に─〉，《日本台湾学会報》（東京：日本台湾学会，2003.5）。

〔註35〕　Benedict Anderson,” Imagined communities : reflections on the origin and spread of nationalism”, New York:Verso Press,2006.

語言、種族及教育等議題，其他項目則論述不多。

栗原純〈『台湾総督府公文類纂』にみる戸口規則、「戸籍」、国勢調査─明治 38 年の臨時台湾戸口調査を中心として─〉〔註 36〕，以《臺灣總督府公文類纂》爲文本，討論第一次臨時臺灣戸口調查與戸口制度的關係。不過，日治時期戸口登記制度之變遷，並非僅止於 1905 年，其後尚有變化，此亦爲該文不足之處。

佐藤正廣《国勢調査と日本近代》〔註 37〕，雖是討論近代日本的國勢調查，但第五章爲〈補論：異民族的の統治と與人口調查──臨時台湾臺灣戸口調查〉，討論第一次臨時臺灣戸口調查實施之情形，指出第一次臨時臺灣戸口調查實施時，臺灣正處於抗日事件頻傳，原住民衝突迭起的治安不靖環境。

另外，〈調査統計の系譜─植民地における統計調査システム─〉〔註 38〕，則是以調查統計爲探討中心，論述統計學在日本發展，後移植到殖民地臺灣的過程。指出杉亨二藉著統計教育擴大統計集團，總督府聘請共立統計學校畢業的水科七三郎來臺，規劃第一次臨時臺灣戸口調查，透過臺灣統計協會和統計講習會，訓練統計調查員，形成一個日本統計集團的末端組織。

《帝国日本と統計調査──統治初期台湾の専門家集団》〔註 39〕，是以

〔註 36〕 栗原純，〈『台湾総督府公文類纂』にみる戸口規則、「戸籍」、国勢調査─明治 38 年の臨時台湾戸口調査を中心として─〉《東京女子大学比較文化研究所紀要》，65 卷（2004）。

〔註 37〕 佐藤正広，《国勢調査と日本近代》，頁 69～82。

〔註 38〕 佐藤正広，〈調査統計の系譜─植民地における統計調査システム─」〉，收入岩波講座「帝国」日本の学知，第 6 巻，《地域研究としてのアジア》（東京：岩波書店，2006.4），頁 179～212。

〔註 39〕 全書共收錄論文七篇，其一，〈台湾における統計家の活動─統計講習会および『台湾統計協会雑誌』を中心に─〉，以《臺灣統計協會雜誌》和統計講習會爲中心，論述統計家集團的形成與統計思想傳遞的過程，指出統計家集團肩負集團外統計啓蒙之責。其二、〈台湾総督府官僚の台湾統治構想と統計調査──持地六三郎の台湾認識〉以持地六三郎的臺灣觀查爲例，指出總督府實施統計調查和編纂統計資料時，不可忽略受調地的環境因素。其三、〈台湾総督府の地方行政と現地社会─庁・支庁および街庄の制度と実態─〉，以廳行政文書「管内概況」，介紹地方報告制度，探討 1902 年左右，總督府對地方住民的掌握。其四、〈統計家による地方行政の評価〉，以新倉蔚和水科七三郎二人，視察地方統計事務的復命書爲文本，檢討實施統計調查的環境，指出戸籍登記制度不健全與地方官員缺乏統計知識，爲必須解決的迫切問題。其五、〈台湾総督府の調査報告体系─その成立と構造─〉，以「臺灣總督府報告例」的制訂、地方廳執行的統計調查等題，說明日治初期臺灣報告

日治前期臺灣的統計專家集團爲中心，論述 1920 年代以前，日本統計家在臺灣活動的情形。該書以臨時臺灣戶口調查爲主，工業調查或農家調查等調查爲輔，探究統計專家集團在臺灣實施統計調查，與地方社會接受調查的情形，並分析臺灣和日本兩地調查方法的差異性。全書特色在以豐富翔實的史料，紀錄日治前期統計家集團在臺灣的活動，地方行政的實態，以及統計調查在臺灣定著的過程。不過，作者以 1895～1920 年作爲研究斷限，探討時間長達 25 年，卻未探究這段時間，時代變遷與當局統計政策的關係，是較爲可惜之處。此外，以「臺灣總督府」括稱日治時期的統計機關，也較於簡略，總督府中央統計機關的變革，各部局的統計分工與權限劃分等議題，也頗值深入探討。

3. 戰爭時期的統計

松田芳郎〈日本における旧植民地統計調查制度と精度について――センサス統計の形成過程を中心として〉〔註40〕，論述殖民地與統計的關係，與介紹戰爭時期資源調查的法令依據。《データ理論―統計調查のデータ構造の歷史的展開―》〔註41〕，指出總動員體制下，日本各殖民地實施統計的情形。〈旧植民地昭和 14 年臨時国勢調查再論―日本の統計調查制度と植民地統計との関係―〉〔註42〕，以人口統計體系的形成過程爲中心，指出隨著各殖民地的取得，日本也擴展帝國統計的範圍；「資源調查令」則擴大了戰時統計調查的規模。三篇文章皆是通論戰時體制下，日本的統計制度與臺灣、庫頁、韓國等殖民地統治的關係，不過，未對臺灣總督府的部分做細緻探究。

體系的傳遞體系。其六、〈臨時台湾戶口調查の実施〉探討兩次臨時臺灣戶口調查實施時，統計官員與地方互動的情形，指出治安、警察及保甲制度，是影響統計調查的關鍵。其七、〈台湾総督府の農家経済調查―比較史的観点から―〉，以 1920 年的農家經濟調查作爲臺灣戶口調查的比較。參佐藤正広，《帝国日本と統計調查――統治初期台湾の専門家集団》（東京：岩波書店，2012.3）。

〔註40〕松田芳郎，〈日本における旧植民地統計調查制度と精度について――センサス統計の形成過程を中心として〉，《経済研究》，28：4（1977.10）。

〔註41〕松田芳郎，《データ理論―統計調查のデータ構造の歷史的展開―》（東京：岩波書店，1978.9）。

〔註42〕松田芳郎，〈旧植民地昭和 14 年臨時国勢調查再論―日本の統計調查制度と植民地統計との関係―〉No.31,"Discussion Paper Series", Institute of Economic Research Hitotsubashi University, March 1980.

三、研究對象與目的

由以上介紹可知，目前臺灣殖民地時期統計調查相關研究甚為缺乏，現今成果多僅限於單一議題，缺乏綜觀五十年的歷史考察，然而，時代變遷與統計政策的關係，為一頗值釐清的議題。因此，本文擬以「臺灣總督府統計調查事業之研究」為題，論述臺灣總督府建立統計機關，實施統計調查的過程及成果。

再則，根據 1901 年 11 月，總督府以訓令第三百九十六號發佈的〈臺灣總督府統計事務規程〉，日治時期有權限執行統計的單位，除總督府中央統計機關，還包括警察、農業、商工，以及地方廳等各行政部門，得以根據業務執行所需之統計，惟須受到中央統計機關監督〔註 43〕。限於能力和篇幅，本文無法全面探討總督府官僚體系的統計活動，因此將研究對象界定在總督府中央統計機關。

擬探討議題有：一、總督府統計制度建立的背景；二、時局與中央統計機關的變遷；三、日治時期在臺灣的統計家及其活動；四、各種統計調查的實施及結果；五、殖民當局對調查報告的解讀；六、統計官員如何因應臺灣風俗狀況，設計適切的調查內容等。

四、史料運用與方法

本文採用歷史學研究法，以向來研究成果為基礎，將統計資料當作歷史研究材料，透過史料爬梳驗證，據此歸納和分析。研究材料主要分為三大類：

一、統計機關和統計學會的機關誌：《統計集誌》、《統計學雜誌》、《臺灣統計協會雜誌》、《統計時報》等刊物。《統計集誌》出版者是「東京統計協會」，發行時間 1880 年 11 月至 1944 年 6 月，長達 64 年，是最常壽的統計雜誌。《統計學雜誌》1886 年 4 月出版，前身是《スタチスチック雜誌》，為杉亨二所創「統計學社」的機關雜誌，1944 年 6 月停刊，歷史 58 年。《臺灣統計協會雜誌》出版者是臺灣統計協會，1903 年 12 月出版，是臺灣第一個統計學會發行的機關雜誌，1920 年 10 月停刊。《統計時報》出版者是國勢院，1921 年 11 月出版，是日本中央統計機關第一份機關雜誌，1965 年 6 月停刊〔註 44〕。以

〔註 43〕 該規程制訂之後，不論總督府中央統計機關如何變遷，作為統計監督者的權限皆未改變。參第 583 號文書，〈臺灣總督府統計事務規程〉，《臺灣總督府公文類纂》，第 31 號，第 4 門·文書，1901 年 11 月。

〔註 44〕 杉原四郎，《日本経済雑誌の源流》（東京：有斐閣，1990.5），頁 389～409。

上各統計雜誌，有助瞭解官員對統計的看法、關鍵人物的統計思想、統計活動資訊、日本或臺灣統計部門活動和人事，以及統計的實施情況。

　　二、「臺灣總督府檔案」和「アジア歷史資料センター」等兩大資料庫〔註 45〕。主要爲日本中央或總督府官方的公文書，有助瞭解統計政策立案與法規制訂過程，日本和臺灣聯繫情形，以及統計機關的改制、人事及理由等。

　　三、各階段的統計報告：《臨時臺灣戶口調查記述報文》、《臨時臺灣戶口調查要計表》、《臨時臺灣戶口調查顚末》、《臺灣犯罪統計》、《臺灣人口動態統計記述報文》、《臺灣總督府統計書》、《國勢調查結果表》、《家計調查報告書》、《昭和十四年臨時國勢調查結果表》等，助於具體檢驗總督府各項統計的內涵和成效。

　　此外，還有《臺灣總督府事務成績提要》、《臺灣總督府府報》、《臺灣日日新報》、《臺灣時報》、《臺法月報》等，普遍爲研究者所運用的政府出版品及報章刊物。可整理總督府統計機關的沿革和業績，據此探究統計機關的變遷與統計事務的推行；相關報導也可一窺時人對調查結果的看法和迴響。

五、章節架構安排

　　本文除第一章　前言、第七章　結論之外，本文共分五章，全文章節架構安排如下：

第一章　前　言

第二章　統計制度的初建（1896.4～1908.7）

　　旨在探究總督府統計制度初建時的情形。第一節「統計建立的背景」：介紹西方統計制度的發展與日本統計制度的開始；第二節「官房文書課的設立」：論述官房文書課機構變遷、人事安排及統計業績；第三節「統計專家團體的形成」：說明臺灣統計協會的成立，統計講習會的舉辦及統計專家的統計理念。

第三章　統計調查的開始（1903.8～1908.3）

　　旨在探究總督府首度實施統計調查的情形。第一節「臨時臺灣戶口調查

〔註45〕　「臺灣總督府檔案」網址請見：https://db1n.th.gov.tw/sotokufu/；「アジア歷史資料センター」網址請見：http://www.jacar.go.jp/。

之籌備」：敘述第一次臨時臺灣戶口調查的背景及籌備；第二節「臨時臺灣戶口調查之實施」；究明實施情形及統計官員與異文化的遭逢；第三節「臨時臺灣戶口調查之成果」：介紹第一次臨時臺灣戶口調查的成果、評價及運用。

第四章　統計機關的獨立（1908.7～1918.6）

旨在探究總督府統計機關獨立後的統計概況。第一節「官房統計課的成立」：說明官房統計課的成立、人事及統計業績；第二節「業務統計的編製」：闡述臺灣犯罪統計和人口動態統計的編製及成果；第三節「第二次臨時臺灣戶口調查的實施」：闡述第二次臨時臺灣戶口調查的實施及成果。

第五章　統計活動的擴展（1918.6～1937.7）

旨在探究官房調查課時期，總督府統計活動的擴展情形。第一節「官房調查課的創設」：闡明官房調查課的成立經過、人事及統計業績；第二節「國勢調查的實施」：論述 1920 年國勢調查的背景、經過和成果。第三節「資源調查的實施」：探討資源調查的實施背景及經過。

第六章　戰爭時期的統計（1937.7～1945.8）

旨在究明戰爭時期，總督府統計事業的多元面貌。第一節「家計調查的實施」：闡明家計調查的背景、經過及成果；第二節「官房企畫部的設立」：論述官房企畫部的設立、人事及業績；第三節「臨時國勢調查的實施」：說明臨時國勢調查的原因及成果。

第七章　結　論

第二章　統計制度的初建
（1896.4～1908.7）

　　臺灣在清領時期，清朝官員沒有數理觀念，對統計既不瞭解也不重視，雖然曾經編製過統計報告，不過僅是數字排列，調查日期、調查地點等資訊記載不甚明確，利用價值甚低，稱不上統計知識。倒是總稅務司英人赫德所編纂的「臺灣貿易統計駐臺諸國領事報告書」，內容頗為完備，是日本領臺前較具信度的統計報告〔註1〕。臺灣統計的發展始自於日本殖民時期，由日人傳進，主要為執行殖民統治政策而生，日人的統計知識則來自於西方，於明治維新之後開始發展，統計學科興起的原因，與西方民族國家建立，帝國主義海外擴張等密切相關。因此，本章擬以統計發展的歷史、統計在臺灣的初建，以及統計家團體在臺灣的形成等議題，闡述日治初期，統計制度臺灣建立的背景。

第一節　統計建立的背景

　　統計的歷史頗為悠久，大多是為了探究兵役、人口或租稅負擔狀況而實施〔註2〕。例如：羅馬時期，設有督察官負責檢查人口、財產，以及匡正風儀，他們會到各行政區調查人民的地位和資產〔註3〕。然而，當時統計僅限於簡單

〔註1〕竹村諫，〈臺灣二於ケル統計ノ沿革一斑〉，《臺灣統計協會雜誌》，1 號（1903.11），頁 62。

〔註2〕郡菊之助，〈チスツカの統計学史〉，《統計学発達史》（東京：嚴松堂書店，1939.3），頁 1。

〔註3〕高橋二郎，〈統計史要〉，《統計集誌》，285 號（1904.12），頁 906。

的過程，如何使調查更為合理有效，並未引起關注。統計真正成為一個學門，始於文藝復興時期，19 世紀時達到顛峰，並約略在同一時間傳進日本，其中，以德國影響日本最為深刻。以下論述西方和日本統計制度發展的情形。

一、西方統計制度的發展

（一）統計學的誕生

14 世紀時，威尼斯、熱那亞、佛羅倫斯、米蘭等歐洲城市，貿易蓬勃興起，商人階級勢力擴大，促進了封建制度的解體，以及經濟體制的變化〔註4〕。崇尚人類尊嚴的人文主義，成為中產階級的思想利器，文藝復興的能量，引發人們渴望吸收新興科學的熱忱〔註5〕。到了 15 世紀，海外新市場和新領土被發現，在誘發新興產業的前提下，關於國家形勢的調查逐漸被看重。重商主義政策帶動了統計的發展，若與他國競爭，相較於他國，己國實力如何？有何優勢？此類問題，成為執政者迫切尋求的答案。在此背景下，政府的統計活動逐漸活潑〔註6〕。

16、17 世紀之後，隨著經濟範圍的擴大化與複雜化，統計更被統治者注重。統治者們對統計迫切需求，開始重視統計建設，並注意以報導國情為主的統計著作，引發學者對統計熱切的研究。由於各地國情和地理條件不同，對統計的需求也不同，因此形成不同的學派〔註7〕，其中以德國國勢學派（Staatenkunde）和英國政治算數派（Political Arithmetick）兩派最具代表性。

國勢學派發源於德國的大學，又稱為大學派統計學（Universitatssantittik），代表人物有賽凱道夫（Veit Ludwig von Seckendorf, 1626～1692）、康令（Hermann Conring, 1606～1681）及阿亨瓦爾（Gottfried Achenwall, 1719～1772）三人，主張以記述國家形勢來瞭解國家，讓統治者熟悉國家富強的原因，制訂最妥善的政策，阿亨瓦爾更為學科創造新的德文詞彙：統計學（Statistik），成為日後普遍被接受的名稱〔註8〕。政治算數派則發源於英國，代表人物為商人廣德

〔註4〕陳善林、張浙，《統計發展史》（上海：立信會計圖書用品社，1987.9），頁 59～61。

〔註5〕小杉肇，《統計学史通論》（東京：恆星社厚生閣，1984.5），頁 4～5：頁 11～12。

〔註6〕郡菊之助，〈チスツカの統計学史〉，《統計学發達史》（東京：巖松堂書店，1939.3），頁 7～8。

〔註7〕陳善林、張浙，《統計發展史》，頁 57～58。

〔註8〕1656 年賽凱道夫撰寫《德意志封建國家》（Teutscher Fürstenstaat），書中詳述

（John Graunt, 1620～1674），強調大量觀察社會現象，基於數字探究事件的因果關係和通則性，認爲統計學應是對社會和經濟做數量的觀察和解析（參表2-1-1　德國國勢學派與英國政治算數派比較）〔註9〕。

表 2-1-1　德國國勢學派與英國政治算數派的比較

	德國國勢學派	英國政治算數派
先驅者	大學教授	商人
目的	瞭解國家形勢	瞭解社會和經濟
主要內容	國家形勢的記述	對社會和經濟做數量的觀察和解析

資料來源：小杉肇，《統計学史通論》，東京：恆星社厚生閣，1984年5月，頁44。

　　國勢學派和政治算數派發展至後期，又出現另一支派，創始人是丹麥歷史學家兼統計家安傑遜（Johann Petter Ancherson, 1700～1765），強調運用列表和圖示來表達國家狀況。安傑遜認爲，可將蒐集到的各國資料排在縱欄，一

德國割據諸侯之形勢，成爲國勢學派的先驅。康令則認爲，就像醫生需要瞭解人體的知識，政治家則需要瞭解國家的知識，1660年11月，他在德國賀爾摩斯達德（Helmstädt）大學，以「歐洲最近國勢學」（Notitia rerum politicarum Europae hodiernarum）爲題，用對比的方法講授歐洲各國的國勢，點出德國在國際上落後的局勢，引起各界的迴響，奠定了國勢學基礎，因此被稱爲「統計學之父」。阿亨瓦爾則於1748年，發表《歐洲最主要各國新國勢學概要》（"Notitia politica vulgo stastistica"）一書，指出統計學即是一種國家學，考察一個國家的狀態時，能察覺到許多實際存在的且明顯關係到國家命運的事項，有的助長其強盛，有的則對繁榮造成阻礙，讓國家繁榮富強的事項稱爲「國家的顯著事項」（Staatamerkwurdigkeiten）。參高橋二郎，〈統計史要〉，頁611；小杉肇，《統計学史通論》，頁 16～19；郡菊之助，〈チスツカの統計学史〉，頁 13～14；山田保治，〈近世統計學の端緒的なものとしての國家學派の貢獻〉，《統計集誌》，619號（1933.1），頁 9～11。

〔註9〕 工業革命之後，英國都市人口急遽增加，產生糧價上漲、社會治安及公共衛生等死亡率高居不下，商人廣德觀察1601至1661年間，倫敦市的死亡表和出生表，於1662年提出〈基於倫敦市的死亡表所做的自然和政治的觀察〉（Natural and Political Observations mentioned in a following Index, and made upon the Bills of Mortality, chiefly with reference to the government, religion, trade, growth, air, diseases, etc., of the City of London）一文，成爲政治算數學派最具代表性的業績。廣德又根據倫敦市及其附近地區的教會記錄，基於出生、死亡等人口發展，提出驚異的結論：疾病或是導致萬事荒廢的戰爭，會導致性別數字比例的變化。參小杉肇，《統計学史通論》，頁 46；島村史郎，《統計制度論：日本の統計制度と主要国の統計制度》（東京：日本統計協會，2006.1），頁 183。

國分配一欄，再以橫線分割各事項，以作爲比較之用。其方法引來不少德國統計學者仿效，稱爲表式統計學（Tabellen statistik）〔註10〕。表式統計學派發展初期，表格設計頗爲幼稚，其後，受到政治算數派的影響，企圖以數字呈現國家的本質，成爲政治算術和國勢學兩派的折衷派別〔註11〕。

（二）統計時代的來臨

19世紀之後，統計學又有重大的發展與突破，由於歐洲的民族國家誕生，代議政治隨之興起，促使政府統計加速勃興〔註12〕。爲取得足以反映國情和國力的生產、交通、貿易、金融等各種資料，各國消除公佈統計數字的疑慮，公開原本被視爲政府秘密的統計報告，並實施新的統計調查計畫，從統計報告中評估己國與外國的實力。在此背景下，統計學有了飛躍性的前進〔註13〕。

比利時爲實施統計頗爲成功的代表性國家之一。1830年，比利時自荷蘭獨立時，失業、罷工及貧困等社會問題叢生，爲解決此問題，政府展開各種統計資料的收集和編集工作。1831年，設置中央統計院，1841年，設置中央統計委員會，指揮國家行政統計的運作〔註14〕。比利時以凱特勒（Lambert Adolphe Jacques Quetelet, 1796～1874）爲委員長，各省代表和統計學者擔任委員，對各省統計事項提出意見，各省必須依照中央統計委員會刊行的統計樣式製作統計書〔註15〕。其結果，使比利時的統計成爲歐洲各國政府統計的模範〔註16〕。

比利時成功的統計制度歸功於凱特勒，他是19世紀統計學的革新人物，被公認是近代統計學的奠基者。凱特勒1796年出生於比利時，精通數學、物理學及天文學，他一手建立比利時統計局和倫敦統計學會，致力於實施人口、宗教、產業等各種社會現象的統計調查。1820年，凱特勒獲選進入普魯士學術會院，陸續發表數學、物理等研究成果，並成爲該學會學術週刊雜誌主編。1833年，凱特勒被派至英國創設學會，催生倫敦統計學會，建立許多統計活

〔註10〕 陳善林、張浙，《統計發展史》，頁74～76。
〔註11〕 事實上，日治時期臺灣的統計報告書，統計表格的呈現方式，頗爲類似表氏統計學派將國情、國勢表格化的作法。
〔註12〕 岡松徑，〈各國官府統計略ノ史〉，《統計集誌》，3號（1881.7），頁120。
〔註13〕 同上註12。
〔註14〕 〈各國統計官衙ノ組織〉，《統計集誌》，53號（1886.1），頁1～2。
〔註15〕 島村史郎，《統計制度論：日本の統計制度と主要国の統計制度》，頁33。
〔註16〕 岡松徑，〈各國官府統計略ノ史〉，頁122。

動的創舉〔註17〕。凱特勒代表作品有三部，其一：爲1835年發表的《論人類》（Sur l'homme）；其二：爲1848年出版的《社會制度》（Syste`me sociale）；其三：爲1869年出版的《社會物理學》（Physique sociale）〔註18〕。

　　重要的概念則有五項：一、社會物理學觀，平均人論（The average man）：主張統計觀察的結果，需附上平均值，平均的身高、體重，或是人類道德性質的平均表現，隨著社會狀態的變化，平均人的狀態亦隨之變化〔註19〕。二、人口動態統計論；主張影響人口動態的原因，有自然的原因和攪亂的原因兩種，前者爲性別、年齡、季節等因素；後者爲社會、經濟、政治及道德事情等因素。

　　三、道德統計論，特別是犯罪預算（Budget der Verbrechen）論：主張犯罪者或精神異常者，一定會以比例出現在眾多人口當中，必須透過統計法則，仔細精算刑務所、精神病院等設施的興建費用。四、人體測定學：主張對人類的體力發展和構成實施生理學的觀察。五、統計的方法論：主張統計的觀察有兩種原則上的差異。

　　凱特勒改正統計的方法，增加了統計的信度和效度〔註20〕，作法影響許多國家，論點影響後世統計家頗深，從日本統計家的相關著述，也不難見其影子，日本統計雜誌中屢屢報導其論點，尤其是《論人類》中對犯罪統計的主張，更成爲日治時期西方法律引進臺灣後，總督府統計官員設計《臺灣犯罪統計》理論的著力點。

（三）德國統計的發展

　　德國則是另一個特殊的例子。19世紀初期時的德國，僅是一個地理上的概念，並非一個獨立的國家。1815年，由三十五個君主國和四個自由市加盟成立德國聯邦，這些君主國擁有獨立的政府和裁判機構，以及與外國締結條約的權限。1801年，巴伐利亞王國（Bayern）率先成立統計局；1805年和1820年，普魯士和于騰堡（Wüürttemberg）也成立統計局。這些統計

〔註17〕　新渡戶稻造，〈ケテレー氏の統計學に於ける位置〉，《統計集誌》，354 號（1910）。

〔註18〕　「社會物理學」的概念於1904年由水科七三郎介紹至臺灣。參水科七三郎，〈社會物理學〉，《臺灣統計協會雜誌》，2 號（1904.1），頁29～30。

〔註19〕　Stephen M.Stigler,"The History of Statistics:the Measurement of Uncertain", London:The Belknap press of Harvard university press,1986,p.169.

〔註20〕　中山伊知郎，《統計学辭典》（東京：東洋經濟新報社，1951.12），頁20～21。

局的業務爲收集和編集各種關於地勢、農業、商業活動、國家財政等統計資料〔註 21〕。

當時德國境內存在嚴重的關稅壁壘，直到 1834 年時聯邦成立關稅同盟，由於關稅同盟是按照人口數比例分配，因此，各邦必須每三年定期舉行人口調查。至 1869 年，在恩格爾（Christian Lorens Ernst Engel, 1821～1896）、梅爾（Georg von Mayr, 1841～1925）等人指導下，設置「關稅同盟統計整備會」（Kommission zur Weiteren Ausbildung der Statistik des Zollvereins），特別重視外國貿易的統計資料，並製作德國最早的「德意志關稅同盟統計」〔註 22〕。

1871 年，普魯士完成全國統一，實施中央集權，雷厲風行地展開統一貨幣、度量衡等，整頓國內經濟秩序的事業。1872 年，帝國統計廳成立，領導全國統計工作，大量地蒐集計數據，編集人口統計、農業統計、交通統計、建築統計、社會統計、關稅統計等，將統計結果編製成「德國統計」（Reichs Statistik）〔註 23〕。1880 年又相繼實施犯罪統計、職業及營業調查、疾病保險統計等。德國的統計事業始終帶有中央集權的性質〔註 24〕，政府將刊行統計報告與進行統計分析等業務，完全交付中央，德國聯邦憲法第 73 條，即有「爲了聯邦目的的統計」法條，以憲法規定統計業務的國家可說非常稀少〔註 25〕。

德國成功的統計制度，歸功於統計家的合作。統一前的德國各邦林立，各自爲政，統計資料出入甚大，經常受到國際非議，也不符合統一帝國的利益。統計界積極配合政府，清查 19 世紀中葉以前斷簡殘編的統計紀錄，使政府得以藉由統計評價以往的發展〔註 26〕。由於特殊的統計需求，19 世紀後期，德國興起了社會統計學派，主張統計學是研究集團解析的學問，爲了究明社會生活的法則，主張運用大量觀察法，以社會集團爲研究對象，重要學者有肯尼斯（K. G. A. Knies, 1821～1897）、恩格爾及梅爾三人。

〔註 21〕 島村史郎，《統計制度論：日本の統計制度と主要國の統計制度》，頁 16；〈各國統計官衙ノ組織〉，頁 3。

〔註 22〕 島村史郎，《統計制度論：日本の統計制度と主要國の統計制度》，頁 18。

〔註 23〕 陳善林、張浙，《統計發展史》，頁 182。

〔註 24〕 小杉肇，《統計學史通論》，頁 159～160。

〔註 25〕 島村史郎，《統計制度論：日本の統計制度と主要國の統計制度》，頁 211～212。

〔註 26〕 陳善林、張浙，《統計發展史》，頁 184。

肯尼斯認為統計學有與歷史學相同的目的和方法，不應與歷史學區格〔註27〕。恩格爾 1850 至 1858 年，擔任薩克森的統計局長，1860～1882 年，擔任普魯士統計局長，任職德國政府統計要職長達 23 年，任內編寫多卷統計資料和統計年鑑。1861 年，他設置普魯士統計中央委員會，有計畫的實施各種統計調查。恩格爾善於將國情調查與統計研究結合，一方面擔任政府統計的領導者，領導統計實務工作的進行，一方面致力於研究統計理論〔註28〕，認為統計是一門社會科學，大量的觀察有組織國家中人民的生活，再以數字表達大量觀察所得到的結果，並分析變化的原因。他反對向來將統計資料當作秘密的傳統，認為統計是公共的事務，應對國民全體公開〔註29〕。

梅爾則是於 1869～1879 年間擔任巴伐利亞統計局長，認為統計學是根據對總體現象大量觀察的基礎，對人類社會生活實際狀態，及其產生的規律性，做有系統的表達和說明，對社會現象進行量的研究，找出社會現象變動的原因和規律，是社會科學中一門獨立科學〔註30〕。

德國在統一之前，官方統計問題頗多，社會統計學派以官方統計指導者的姿態站穩腳跟，是 19 世紀後半，德國各種課題的解答者〔註31〕。社會統計學派強調「大量觀察法」，認為對受調對象進行全面觀察，可掌握大量資料，避免觀察上的錯誤。此論點影響許多國家，帝國主義後進者日本也是其中之一，在明治時期的統計雜誌中，皆可見日本統計家對社會統計學派的介紹和論述。

（四）統計合作與海外擴張

1. 國際統計組織的催生

隨著各國陸續公佈統計資料，能被利用的數據逐漸增多，統計家們更致力於政治、經濟及社會等數據的整理和分析，其他領域的學者也能利用數據論證自己的見解，如何蒐集、整理、利用、解釋或分析數字資料，成為學者們普遍的興趣，在各國統計家接觸頻繁，統計資料交流日盛之下，促成了國際性統計組織的成立〔註32〕。

〔註27〕 中山伊知郎，《統計学辭典》，頁 23。
〔註28〕 森戶辰男，〈エンゲルの生涯と業績〉，收入高野岩三郎校閱，《エンゲル 勞働の價格》（東京：大原社會問題研究所，1942.5），頁 46。
〔註29〕 陳善林、張浙，《統計發展史》，頁 186～190。
〔註30〕 參小杉肇，《統計学史通論》，頁 161。
〔註31〕 中山伊知郎，《統計学辭典》，頁 24～25。
〔註32〕 中山伊知郎，《統計学辭典》，頁 20～21。

　　1851 年，凱特勒和恩格爾合力創辦國際統計會議（International Statistical Congress）〔註 33〕，1853 年於布魯塞爾召開第一次會議。此後，每隔兩、三年，在歐洲各大都市輪流召開，23 年間總計召開過八次〔註 34〕。更於 1869 年設常設委員會，任務爲監視會議各項決議事項，期望各國能編製具比較性的統計資料，以及物色開會議題、蒐集解決各國問題的資料等。討論議題包含所有的統計內涵，雖然未必能使各國一致採用，但對調查方法的改善卻頗見效果，不論先進或落後國家，均傾向尊重或重視統計調查結果，也能採取中立立場。參加者國際統計會議者，最初雖多爲統計家，後來非統計家也不斷增加，喚起一般民眾對統計的興趣和重視〔註 35〕。

　　國際統計會議召開第十次會議之後，因各國對統計行政的干涉趨於強烈而瓦解。1885 年，爲慶祝英國統計協會創立 50 週年，奧地利統計學者提出設置國際統計協會的提案，並於 1887 年召開第一次會議，在此背景下，國際統計協會由此誕生。不同於國際統計會議，國際統計協會以學術研究爲主軸，目的在提高統計的國際比較，發表最新的統計研究報告，定期出版死亡報告、國際統計、人口統計、國際海運統計、勞動者統計、人口統計研究、標本調查、死亡率表等統計成果。值得一提的是，恩格爾劃時代的研究成果：「恩格爾法則」〔註 36〕，也於國際統計會議中發表。在各國學者通力合作下，國際統計協會成果顯著，特別是 19 世紀之後，進入經濟自由主義時代，對經濟調查趨於重視，該會也促使了經濟統計研究的進一步發展〔註 37〕。

2. 統計與海外擴張

　　在帝國主義國家的海外擴展中，統計也佔有重要角色。1885 年，柏林會議中各國協議瓜分非洲，朝向世界殖民地化進行，開始帝國主義的活動，宗主國陸續派總督治理殖民地，設置殖民地機構行政機關。爲在新領土施行適當的政策，帝國主義國家頗爲注意殖民地統計，或於母國針對殖民地各種社會現象施行統計調查，或直接於殖民地設置統計機關〔註 38〕。其中，

〔註 33〕　高橋二郎，〈萬國比較統計ノ編纂〉，《統計集誌》，63 號（1886.11），頁 381。
〔註 34〕　郡菊之助，〈ヴエスタアガードの統計學史抜要〉，頁 82～83。
〔註 35〕　郡菊之助，〈マイツインの近代統計學史〉，頁 46～50。
〔註 36〕　關於「恩格爾法則」，請參第六章第一節的介紹。
〔註 37〕　郡菊之助，〈ヴエスタアガードの統計學史抜要〉，頁 85～87。
〔註 38〕　大島久滿次，〈臺灣統計協會總會ニ於ケル演説〉，《臺灣統計協會雜誌》，8 號（1905.1），頁 30。

成績最亮眼的國家是英國，可從澳洲和印度兩殖民地的例子來檢視。

　　1787 年，英國有 780 個犯人、護衛的士兵及自由移民的商人等，約 1,200 人移居澳洲，並於 1850 年在當地設六個殖民地。1855 年，維多利亞州（Victoria）開始實施出生和死亡登記，製作成人口動態統計表，州政府在登錄部設置統計課，實施人口統計、農業統計，編集維多利亞州統計年鑑，成為澳洲統計機關最完善的地方。1874 年統計課自登錄部獨立，並設政府統計官（Government Statistician），執行收集和分析統計資料的任務。1861 年，英國及愛爾蘭、澳洲、紐西蘭等殖民地，一齊實施人口統計〔註39〕。

　　英國擁有印度之後，1867 年，在印度總督的規劃下，首度實施人口調查，該調查不僅止於掌握人口數，印度民族的生態、日常生活也是重點，此外也編製各種農業統計、教育統計等。1905 年，印度總督府商業省設商業情報統計局（Department of Commercial Intelligence and Statistics），編製貿易和商業等統計報告，也刊行「英領印度統計年鑑」及農業、物價、礦業、金融等 20 多種統計的定期刊行物，是 20 世紀初亞洲最先進的統計發展地〔註40〕。

　　除了英國，其他殖民地統計也頗為進步。例如：南美也實施完善的統計調查，並於國際統計協會中展示當地物產和拓墾情形〔註41〕。法國於南美各國實施人口調查及航海貿易統計等〔註42〕。這些豐富的統計材料，足以一窺殖民地的實況。

二、日本統計制度的開始

　　1867 年，德川幕府奉還大政，明治新政府成立，逐步進行各項政治建設。1871 年 7 月，大藏省設統計司，成為日本第一個統計機關。不久，伊藤博文到美國考察，回國之後，建議設大藏省統計寮，負責蒐集全國財政狀況，並予以統計，以甲年的收支情形，制訂乙年的出納標準，定期向政府會報與向人民公告。同年 8 月，大藏省統計司改組為統計寮，掌管歲入、歲出、公債證書、紙幣的發行量，以及戶口、地方面積、物資生產、海外輸入品數量、金額等一切統計。1873 年，展開全國土地和物價調查，將結果製作成《物產表》；1875 年，又收錄物產、軍事、教育、運輸、通信等項目，以《統計表》

〔註39〕　島村史郎，《統計制度論：日本の統計制度と主要国の統計制度》，頁 25～26。
〔註40〕　島村史郎，《統計制度論：日本の統計制度と主要国の統計制度》，頁 26～27。
〔註41〕　高橋二郎，〈統計と拓殖の關係〉，《統計集誌》，207 號（1906.10），頁 450。
〔註42〕　岡松徑，〈各國官府統計略ノ史〉，頁 122。

為題發表，成為近代日本統計事業的起源〔註43〕。

不過，大藏省並非近代日本最關鍵的統計機關。1871年12月，太政官設置政表課，杉亨二擔任大主記，初期編制不大，也未受重視，經過杉亨二對統計權的論爭之後，成功地壓制大藏省，以中央統計機關的姿態站穩地位，此後，隨著政治體制的變遷，機關歷經數次變革，組織演變和統計業績介紹如下：

（一）中央統計機關的變遷

1. 太政官政表課的初設

1871年7月，太政官官制改正，設正院等一院十一省。11月，岩倉使節團展開美國和歐洲的訪察之旅，為了編製可以帶到國外，向西方人介紹日本形勢的《日本政表》和《日本國勢要覽》〔註44〕，使統計機關有了發展的契機。12月，太政官正院設置政表課，杉亨二擔任首任大主記。

杉亨二，1828年10月出生於長崎，幼時雙親病故，10歲到上野的舶來品店工作，那間店除了有時鐘、溫度計、測量機器等西洋貨品外，還藏有豐富的蘭書，浸淫在充滿蘭學的環境中，使其立定日後研究蘭學的志向。1860年，杉亨二至蕃書調所任教，在此階段接觸到荷蘭1860、1861年度的統計資料，對其詳細的數據大為驚訝，認為統計對國家施政頗有助益，遂決定投身統計學的研究〔註45〕。杉亨二擔任大主記之後，頗為留意歐洲統計的發展，以及國際統計會議的情報，以此作為日本統計改革的參考〔註46〕，更於1874年8月派員至法國參加國際統計協會，與國際統計組織展開交流〔註47〕。

同時，為了強調政表課中央統計機關的角色，1874年8月，杉亨二提出〈政表課規程〉，指出政表課是為了觀察國家施政績效，權衡萬物利害得失，總括全國事實記述而設置，諸省雖各有統計權限，但總括全國事實計數應是

〔註43〕日本統計研究所，《日本統計發達史》（東京：東京大學出版會，1960.3），頁6。

〔註44〕橫山雅男，〈日本統計の沿革〉，《統計集誌》，228號（1900.3），頁115。

〔註45〕參杉亨二，〈杉亨二自敘傳〉，收於《明治後期產業發達史資料》第674卷（東京：龍溪書舍，2003.3復刻）。

〔註46〕花房直三郎，〈杉名譽會員の敘勳を賀す〉，《統計集誌》，261號（1902.12），頁3。

〔註47〕高橋二郎，〈本邦中央統計機關の沿革〉，《統計集誌》，359號（1911.1），頁73。

正院的義務和權限，各省應將統計材料呈交正院審查、統轄及編纂〔註 48〕。
1876 年 6 月，設置政表掛會議，召集各省統計主事者，每月召開兩次會議，
協調統計事項。

　　此舉引發大藏省統計寮不滿，上演統計行政權的爭執，至 1876 年 12 月，
在內務省建議下，大藏省統計寮頒佈「大藏省事務章程」，將原先負責的「政
府的統計」事項轉移至政表課，物產統計轉移至內務省，僅保留財政和貿易
統計。更於隔年 1 月，廢除統計寮改設統計課，4 年後廢除統計課改設報告
課〔註 49〕，統計權限大爲縮小，最後式微。正院於是站穩中央統計機關的角
色〔註 50〕。

2. 統計院的創設

　　1880 年 3 月，太政官採用六部制，設法制部、會計部、軍事部、內務部、
司法部、外務部等六部，各部最高長官爲參議。其中，會計部由文書課、調
查課、統計課等三課組成，大隈重信擔任參議。1881 年 4 月，大隈重信上書
中央，建議設置統計院。

　　大隈重信認爲，若一國國勢不明朗，施政情形無法與過去參照，便無從
獲知施政效果。全國耕地面積如何、各地土質如何、人民舟車牛馬數量如何、
各地商業盛衰如何、戶口增減如何、貨物運輸是否便利、罪犯囚徒的消長情
形等，皆無法得知。唯有詳查國勢，才能借鏡過去，此爲政府不可或缺的任
務，而要明白國勢莫過於發展統計。大隈指出，雖然會計部已設有統計課，
但編制過小，統計成果有限，強烈建議應於六部之外別設統計院，專門從事
統計事務，如此必能立刻呈現政府的施政成果〔註 51〕。

　　大隈重信此番言論，意見來自大藏省顧問馬耶（Paul Mayet,1846～1920）
〔註 52〕。馬耶德是木戶孝允到歐洲參訪時，禮聘回國的德國統計學家，原服

〔註 48〕 華山親義，〈明治初年の官府統計雜考（一）〉，《統計集誌》，612 號（1932.6），
　　　　頁 6～7。
〔註 49〕 村山通定，〈日本統計事業沿革一覽〉，《統計集誌》，141 號（1893.5），頁 179。
〔註 50〕 〈日本統計略誌〉，《統計集誌》，144 號（1893.8），頁 305。
〔註 51〕 橫山雅男，〈大隈侯と我國統計事業〉，《統計學雜誌》，525 號（1930.3），頁
　　　　104～105。
〔註 52〕 馬耶德（Paul. Mayet,1846～1920），1876 年來日本擔任東京醫學校德文教師，
　　　　1879 年 4 月擔任大藏省顧問，對明治政府火災保險制度、會計監察院制度、
　　　　統計院制度、北海道開拓等事務頗有貢獻。1893 年回到德國，任職於德國統
　　　　計局。參橫山雅男，〈日本統計の沿革に就て（二）〉，頁 49。

務於文部省，後轉調至大藏省統計寮，負責保險事務的統計。1876 年，大隈重信擔任大藏省大藏大輔，與馬耶德展開交流，1881 年，馬耶德接受大隈委託，擔任大藏省顧問，同年 3 月，馬耶德以普魯士中央統計局的組織和活動為基礎，以德文口述〈統計條例草案〉，交由統計課職員相原重政、寺田勇吉兩人翻譯成日文。當時普魯士中央統計局長期由恩格爾擔任統計局長，號稱是歐洲最優秀的統計業務機關，馬耶德參照其制度，在制訂日本中央統計事務時，表達了五項一定要建立的制度：統計主義和材料、統計官廳、統計事務機關、統計公布，以及統計學者的養成〔註 53〕。

1881 年 3 月，〈統計條例草案〉翻譯完成，5 月公佈統計院章程〔註 54〕。根據〈統計院事務章程〉，統計院權限為：編製和公布關於政治上各種事務的統計表，以統計表證明政治上各種事務的結果；制訂統計表的編制樣式；蒐集編製統計表的材料，設計統計書樣式，制訂報告書和統計材料徵集的期限；保管和收集統計的新舊文書，規劃各官廳的統計區域，以及改良統計相關事務等〔註 55〕。

1881 年 12 月，太政官統計院成立，院長鳥尾小彌太〔註 56〕提出統計業務方針。指出統計院首要之務，是製作和公布政治上各種事務的資訊；其次為精進歷來歐洲諸國皆貫徹的統計調查；第三，則為普及國際統計會議重視的統計方法。因此，統計院重要指標有二：其一，為講求學術上的方法，調查一事一物，物求統計事項的完備；其二，為從事行政上實際事務〔註 57〕。

統計院設置之後，日本的統計事業有了突破，1882 年 6 月，統計院發行一年一編的《統計年鑑》，並公佈「甲斐國現在人別調」報告書〔註 58〕，1883年 3 月，大隈重信倡議設置統計委員會，由統計院長任命委員長，各省和東京府職員計 23 名擔任委員，定期開會討論統計調查的信條、方法、區域、

〔註 53〕 島村史郎，《日本統計發達史》，頁 42～43。

〔註 54〕 島村史郎，《日本統計發達史》，頁 44。

〔註 55〕 〈日本統計略誌〉，頁 305。

〔註 56〕 鳥尾小彌太（1847～1905）出生於長州荻藩，1870 年任職於兵部省，1871 年擔任陸軍少將，歷任軍務局長、參謀局第二局長等職務，1875 年 4 月，兼任元老院議官，隔年生為陸軍中將並兼任陸軍大輔，1879 年擔任近衛都督，1882年擔任統計院長。參島村史郎，《日本統計發達史》，頁 55。

〔註 57〕 島村史郎，《日本統計發達史》，頁 49～50。

〔註 58〕 岡松徑，〈明治十五年日本統計進步ノ概況〉，《統計集誌》，16 號（1882.12），頁 274。另，關於甲斐國試行人口調查的經緯，請參「第三章第一節」的介紹。

期限及統計樣式〔註59〕。在此時期，日本與各國統計機構往來更爲密切，1881年 4 月，與挪威統計局協議交換統計報告；9 月，與比利時簽訂交換統計報告的文書等〔註60〕。總之，大限重信參考普魯士的統計制度，建構適合日本國情的統計組織，確定統計院做爲中央統計機關的角色，提高對各省的總和協調能力〔註61〕，之後改制的內閣統計局是統計院的延續，基本理念並無變化〔註62〕。

3. 內閣統計局的改制

1885 年 12 月，日本政府採行內閣制度，1890 年 7 月，制訂「內閣所屬職員官制」，官制中於內閣設置統計局，掌管各種統計表編製、統計材料樣式制訂、統計材料徵集、各廳統計主任召集和會議，以及內外統計表交換等業務。

內閣統計局的編制有一至四課及庶務課。第一課負責土地及氣象、人口、農業、山林、漁業、製鹽、礦山、工業、社寺及北海道統計等；第二課負責外國貿易、內國貿易、郵便、電信、陸運、水運、築造、銀行、金融、會社、貯金及保險等；第三課負責陸軍、海軍、財政、官制、議會及救恤等相關統計事項；第四課負責教育、衛生、裁判、警察及監獄等相關統計事項；庶務課則負責國、內外統計書的交換、翻譯及材料徵集的往返等。

1894 年 10 月，日本與清國爆發戰爭，軍備擴張導致歲出大幅消減，內閣官制再度改正，削減恩給局及官報局，並將統計局縮編爲統計課。1895 年 6 月，本山正久擔任統計課長，至 1897 年 2 月，由花房直三郎接任〔註63〕，中央統計機關的編制極度縮小。此時，雖然官方並無經費支持統計活動，不過，由於國際統計協會希望日本能一起實施「世界人口調查」，國會兩院除了贊成實施之外，也指出爲使調查順利進行，擴大統計機構乃是必之舉。

〔註59〕 高橋二郎，〈本邦中央統計機關の沿革〉，頁 75。另，最早設置統計委員會的國家是比利時，而當第一次國際統計會議於 1853 年召開時，也協議了各國於統計局之外應設置中央統計委員的決定，由各國中央統計局任命嫻熟民間統計、經濟、社會等領域的學者擔任統計委員，做爲中央統計局的諮問與各省的業務調整機關。參高橋二郎，〈統計組織の話（中央統計委員會）〉，《統計集誌》，206 號（1898.7），頁 334。

〔註60〕 村山通定，〈日本統計事業沿革一覽（三）〉，頁 270。

〔註61〕 杉原四郎，《日本經濟雜誌の源流》，頁 392。

〔註62〕 島村史郎，《日本統計發達史》，頁 44。

〔註63〕 島村史郎，《日本統計發達史》，頁 58～59。

　　1897 年 3 月，以貴族院議長近衛篤麿為首，向內閣總理大臣松方正義遞交「統計事務擴張建議案」，指出政府事業逐年振興，統計的重要性更甚於往年，政府必須擴張統計事務，整備中央統計機關，達到統計改良發達的目標。建議案獲得內閣採用，內閣統計課長花房直三房順勢提出設置中央統計局和中央統計委員會、統一行政部門的統計、從事統計學術研究、實施民勢調查〔註 64〕、公佈調查結果，以及交換內外統計表等，各種振興統計的建議案〔註 65〕。

　　1898 年 6 月，伊藤內閣總辭，大隈內閣成立。1898 年 7 月，在慶應義塾教授統計學的吳文聰〔註 66〕與大隈重信見面，提出統計院再興的建議，而大隈明確地向吳文聰表達發展統計事業的意向。雖然第一次大隈內閣只有短短四個月，但大隈於 10 月發佈「內閣所屬職員官制」，將統計課再度擴編為統計局，此官制確立了統計局中央統計機關的權限和機能，特別是第五條第一項規定：統計局有統一行政各部統計的權限，第五條第二項指出統計局具有實施國勢調查、家計調查及勞動調查等國家重要統計調查的權限〔註 67〕。

　　內閣統計局首任局長為花房直三郎，高橋二郎和相原重政兩人擔任審查官〔註 68〕，以花房直三郎為重要人物。花房直三郎，1857 年出生於岡山，長兄為政治家花房義質。1868 年，花房直三郎被拔擢為藩公俊才，至東京學習

〔註 64〕 即為日後的國勢調查，詳參「第三章第一節」的介紹。

〔註 65〕 田中太郎，〈故花房直三郎博士小傳〉，《統計集誌》，483 號（1921.5），頁 138 ～140。

〔註 66〕 吳文聰 1851 年出生於東京，1875 年 9 月，因仰慕杉亨二而進入政表課，跟隨杉亨二學習，發展出對統計學的興趣。政表課期間，負責氣象統計、貿易統計、賦金統計、民事刑事統計等業務。轉任內務省衛生局之後，開始整頓衛生統計，對府縣的統計樣式和鐵道統計樣式也著力不少。其後，進入遞信省，確定郵政統計的基礎。1893 年 4 月至 29 年 6 月，吳文聰進入農商務省統計課，規劃了 1894 年的「農商務統計規程」，「動態統計」和「靜態統計」的區分、調查票的導入、產業設定的分類等內容。在 1896 年 6 月退職，1898 年再度回到農商務省擔任統計課長，至 1918 年 9 月，任職農商務省數十年，對日本產業統計的發展頗有貢獻。1891 至 1900 年間，在學習院講授國勢比較統計大意，貴族院的柳澤保惠即是其門生。1901 年議會開議時，柳澤保惠是率先倡導必須實施國勢調查的貴族院議員，也是 1903 年日本的國勢調查因日俄戰爭延期時，強調殖民地臺灣一定要如期實施的議員。參中山伊知郎，《統計學辭典》，頁 836～837。

〔註 67〕 島村史郎，《日本統計發達史》，頁 73～75。

〔註 68〕 高橋二郎，〈日本帝國中央統計機關ノ沿革〉，《臺灣統計協會雜誌》，63 號（1911.4），頁 12。

漢學及德語。1879 年，擔任東京外國語學校德語教員，1882 年，進入農商務省，初負責書記局和庶務局，後轉為統計課，為其統計事業的發端。1886 年，花房直三郎兼任翻譯局和政務課，1887 年，兼任外務省參事官，逐漸在日本政壇發光。

花房直三郎在外務省雖然只有四年，但其間認識御雇外國人：德國人里友史雷魯（リョースレル），從其學習法律、經濟及統計，兩人關係亦師亦友。1892 年，花房直三郎轉任內閣，擔任內閣總理大臣秘書官和書記等職，1897 年以內閣書記官兼任統計課長，當 1898 年，統計課升格為統計局時，順勢成為統計局長〔註69〕至 1916 年退休，總計在職 19 年，這段期間為日本統計行政的鼎盛時期〔註70〕。花房直三郎對殖民地臺灣的統計事業甚為關注，曾經數次到臺灣視察國勢調查事項〔註71〕。

（二）綜合統計書的編纂

如前所述，編纂統計書為太政官政表課創設目的之一。政表課採取歐美國家統計書的範例，透過各省廳蒐集統計資料編纂刊行統計書，岩倉使節團攜帶到外國的參考資料《日本國勢要覽》，即是近代日本統計業務的嚆矢。

其後，1872 年 4 月和 1973 年 5 月，杉亨二主編的《辛未政表》和《壬申政表》相繼出版，不僅記載人物變遷、土地沿革、百物興廢等全國大勢，還將明治政府所有官員編製成表格，詳載官祿和奉給額，以及各省支出經費總額〔註72〕。1874 年，又出版《海外貿易表》；1875 年，出版《日本府縣民費表》，以及載有全國人別、學識、農工商、外國貿易、船舶、民費、警察、司法、犯罪、家祿、賦金等調查的《日本政表》等統計報告等。

統計院成立之後，大隈重信建議，應該參酌歐洲進步國家的統計年報體裁，以 3 至 5 年或是 10 年為序列，徵集各官廳的統計資料，編製統計表，藉

〔註69〕 田中太郎，〈故花房直三郎博士小傳〉，《統計集誌》，483 號（1921.5），頁 138 ～140。

〔註70〕 島村史郎，《日本統計發達史》，頁 75。

〔註71〕 主導第一次臨時臺灣戶口調查的水科七三郎認為，臺灣能以臨時臺灣戶口調查之名，在 1905 年 10 月早於日本實施國勢調查，除了兒玉源太郎和後藤新平果斷的決策外，花房直三郎的推波助瀾也頗有幫助。參水科七三郎，〈臺灣と花房博士〉，《統計集誌》，483 號（1921.5），頁 277～278。

〔註72〕 村山通定，〈日本統計事業沿革一覽（一）〉，《統計集誌》，141 號（1893.5），頁 180。

以利用過去的施政成果，發現政策實施之利弊〔註73〕，此為日本編輯綜合統計書最關鍵的階段〔註74〕。12 月，統計院公布業務制訂方針，指出第一要件即是編製並公布統計表，並載明編製事項，規定地方官廳報告書的樣式，制訂統計材料徵集的期限，蒐集和保管統計資料，以及劃定各官廳的統計區域等。

　　1882 年 6 月 16 日，統計院出版第一冊《統計年鑑》，全書分成 21 個項目，279 個表，計 678 頁。在其卷首指出，統計表是為了審視國勢、民力而編製，以察風俗醇美和智識高下，藉以判斷國家行政立法之得失，與萬般事務之消長。統計院每年刊行《統計年鑑》〔註75〕，更應國際統計會議的要求，於 1887年出版日、法對譯的《日本帝國統計摘要》，對歐美宣傳日本統計的發展，頗具成果〔註76〕。論者認為，《統計年鑑》是綜覽日本國勢的統計書，該年鑑出刊之後，日本統計真正地走向近代化（參表 2-1-2　1871 年 12 月至 1920 年 5月日本中央統計機關組織變遷）〔註77〕。

表 2-1-2　1871 年 12 月至 1920 年 5 月日本中央統計機關組織變遷

時　間	機構名稱	最高長官	重要事蹟
1871.12～1881.5	太政官政表課	杉亨二	1. 提出〈政表課規程〉。 2. 在甲斐國試行人口調查〔註78〕。 3. 出刊《日本國勢要覽》、《辛未政表》、《壬申政表》《海外貿易表》、《日本府縣民費表》、《日本政表》等綜合統計書。 4. 開始參加國際統計組織。
1881.5～1885.12	太政官統計院	鳥尾小彌太	1. 發刊《統計年鑑》。 2. 公佈「甲斐國現在人別調」報告書。

〔註73〕 村山通定，〈日本統計事業沿革一覽（三）〉，《統計集誌》，143 號（1893.7），頁 270。
〔註74〕 藪內武司，〈日本における「總合統計書」の成立〉，頁 270。
〔註75〕 島村史郎，《日本統計發達史》，頁 50。
〔註76〕 橫山雅男，〈日本統計の沿革〉，頁 116。
〔註77〕 藪內武司，〈日本における「總合統計書」の成立〉，頁 281。
〔註78〕 關於甲斐國試行人口調查的經緯，請參「第三章第一節」的介紹。

			3. 設置統計委員會。 4. 開辦共立統計學校。
1885.12～1898.11	內閣統計課	本山正久、花房直三郎	
1898.11～1920.5	內閣統計局	花房直三郎	1. 提出民勢調查建議案。 2. 協助實施第一次臨時臺灣戶口調查。

資料來源：島村史郎，《日本統計發達史》（東京：日本統計協會，2008.5）。

（三）統計家團體的形成

近代日本的統計活動得以順利推進，歸功於一群愛好統計之人，他們藉著籌備學校和組織學會，凝聚統計共識，形成一個統計家團體，言論及行動足以影響日本本國和殖民地的統計政策。以下就統計學校和統計學會兩點，分別介紹之。

1. 共立統計學校的成立

杉亨二擔任大主記時，爲提高職員對統計的興趣，在自宅教授有興趣者統計學，又鼓勵年輕一輩研讀德、英、法等國統計書，培養青年統計家〔註79〕。杉亨二以獎勵研究的方式，積極地導入歐美的統計學和統計教育，政表課內的高橋二郎、寺田勇吉、宇川盛三郎、吳文聰、小川爲次郎、岡松徑等人，皆直接受教於杉亨二，形成了以杉亨二爲中心的統計團體〔註80〕。

馬耶德在「統計條例草案中」，舉出五項建立統計制度的項目，其中一項便是統計學者的養成，也設計了符合日本國情的統計學校。1882 年 5 月，統計院長鳥尾小彌太上書，建議在統計院設統計學校，提出只要在統計學校三年修業期滿，即可擔任各官廳的統計主任的想法，惜此建議因預算不足被拒〔註81〕。杉亨二聽聞此事，認爲統計學術漸興之際，若想開拓日本的統計學，培養後進爲當務之急。

1882 年 8 月，杉亨二得到鳥尾小彌太和安川繁成的支持，與統計院同仁的資金挹注〔註82〕，借用九段坂下陸軍用地做爲校地，開辦半官半民的統計

〔註79〕橫山雅男，〈日本統計の沿革に就て（二）〉，頁 50。
〔註80〕杉亨二，〈杉亨二自敍傳〉，頁 41～42。
〔註81〕島村史郎，《日本統計發達史》，頁 54。
〔註82〕水科七三郎，〈余が十五年前に於ける統計上の所感〉，《統計學雜誌》，182號（1901.6），頁 144～145。

學講習所。同年 10 月，召開發起人會，12 月，設置講習所規約、決定就學規則，定所長為鳥尾小彌太，教授長為杉亨二，教授為高橋二郎、寺田勇吉、岡松徑等三人〔註83〕。

1883 年 1 月，共立統計學校成立〔註84〕，7 月 11 日起連續四天，舉行入學考試，考試委員有地理學和歷史學的若林虎三，物理學的志賀泰山，經濟學及英國學的福富孝季，算術學和法國學的野口保興，文書學的岡松徑及德國學的寺田勇吉等人〔註85〕。考試之後，錄取學生 41 人，包括地方長官推薦者 3 人，特殊入學許可者 12 人，第一屆總共有 56 名學生，加上懇請旁聽者 19 名，共 75 名〔註86〕。

1884 年 9 月 8 日，舉行開校儀式，杉亨二致詞時指出，統計可表明社會事物，是論究邦國和人生的重要學問，國家治國的指標，文明國的國民必須詳細研究〔註87〕。從事統計工作者必須徹底學習，不然無法得知真正精髓，實施上難免魯莽杜撰，期許學員能致力於學習統計的要締〔註88〕。9 月 11 日正式開課，每週 18 小時，科目有：統計史及理論、人口統計學、生命統計學、經濟統計學、社會及政治統計學、道德統計等學，及各科實際演練，不僅如此，更廣開其他基礎學門，以培養學生紮實的學術基礎為目標〔註89〕。

1885 年 12 月，舉行畢業考試，隔年 1 月底，舉行畢業典禮，第一期畢業生共有 36 名，沒有畢業資格只有修學證書者有 9 名〔註90〕。共立統計學校以學校的名義，在《東京日日新聞》、《時事新報》、《郵便報》等平面媒體，大力推薦這批畢業生或結業生，使這群統計新秀為世人所知〔註91〕。惜至 1885 年 12 月，太政官制廢止，鳥尾小彌太轉任元老院，杉亨二退職，共立統計學校因第二期學生無法順利募集而廢校〔註92〕，校舍及資產則轉讓給東京統計協會〔註93〕。

〔註83〕 橫山雅男，〈共立統計學校〉，《統計集誌》，359 號（1910.1），頁 84。
〔註84〕 河合利安，〈杉先生略傳〉，頁 54～55。
〔註85〕 橫山雅男，〈日本統計の沿革に就て（二）〉，頁 51。
〔註86〕 橫山雅男，〈共立統計學校〉，頁 384。
〔註87〕 〈共立統計學校〉，《統計集誌》，26 號（1883.10），頁 367。
〔註88〕 水科七三郎，〈余が十五年前に於ける統計上の所感〉，頁 144～145。
〔註89〕 橫山雅男，〈共立統計學校〉，頁 84。
〔註90〕 橫山雅男，〈日本統計の沿革に就て（二）〉，頁 52。
〔註91〕 橫山雅男，〈共立統計學校〉，頁 84。
〔註92〕 島村史郎，《日本統計發達史》，頁 54～55。
〔註93〕 〈日本統計略誌〉，頁 310。

　　共立統計學校是亞洲第一所統計專門學校〔註94〕，雖然歷時不久即告廢校，但統計學社維持了校友間的聯繫，使共立學派影響力絲毫未減。以杉亨二爲首的統計家團體，持續在日本及各殖民地的統計政策扮演角色，不論是在政表課的吳文聰、岡松徑、世良太一、高橋二郎、寺田勇吉，或是共立統計學校的畢業生，河合利安、宮本基、橫山雅男、今井武夫、小林龜太郎等人，皆在各大學或講習會擔任講師。杉亨二在專修學校、吳文聰在東京專門學校、岡松徑在陸軍大學校、高橋二郎在高等商業學校等。

　　而共立統計學校的畢業生：新倉蔚、竹村諫、水科七三郎、濱田文之進、竹田唯四郎等人，於臺灣統計制度的發展更具舉足輕重地位，此於下文有詳細介紹。

2. 統計團體的創設

　　統計家每每透過學會刊物發表對統計的看法，影響政府統計政策的推進，重要團體有統計學社和東京統計協會。1876 年 2 月，杉亨二以政表課內的統計學研究會爲開端，創立「表記學社」，取自中國宋代科學家張衡「考之表記，差謬數百」的說法，以研究統計學爲目的。創社成員有十七位，皆是與統計有關者。每月定期開辦兩次研究會，發表論文或報告翻譯外國統計書的心得，交流和理解統計理論〔註95〕，初期以研究英國的統計雜誌爲主，後涉獵德國、法國、美國等國統計書，是近代日本最早的統計學會〔註96〕。

　　1878 年 2 月，杉亨二認爲不應擅自定義翻譯的語言，因而決定原語採用，將「表記學社」改名爲「スタチスチク社」，定於每月第二和第四個週六集會，並於隔年 4 月，發行機關誌《スタチスチク雜誌》，並於 1892 年 1 月，改稱爲《統計學雜誌》〔註97〕。由於共立統計學校師生四十多人，在學期間組成「スタチスチク同朋會」，每月在學校開討論會，共立廢校後，「スタチスチク同朋會」與「スタチスチク社」合流，組成社員超過 100 多名的統計家族〔註98〕。

　　1878 年 12 月，杉亨二又創立「製表社」，以編輯、出版統計表，普及統計知識爲目標，同一時間，渡邊洪基、馬屋原彰、小野梓等人，也倡議發起

〔註94〕〈共立統計學校〉，頁 368。
〔註95〕日笠研太，〈杉亨二博士と明治維新の統計（七）〉，《統計學雜誌》，624 號（1938.6），頁 24。
〔註96〕杉原四郎，《日本経済雜誌の源流》，頁 381。
〔註97〕橫山雅男，〈日本統計の沿革〉，頁 117。
〔註98〕河合利安，〈統計學社の略歷〉，《統計集誌》，359 號（1910.1），頁 82～83。

相關社團，由於成立宗旨與製表社相同，在杉亨二的建議下，決定兩社合併，於隔年 4 月 1 日，成立東京統計協會。宗旨爲蒐集國內外統計的材料，提供會員研究之便，並公布編纂結果，會員每月定期發表演說研究成果，並刊載於會報中〔註 99〕。

1881 年 3 月，渡邊洪基〔註 100〕獲選爲東京統計協會首任會長，吳文聰和宇川盛三郎擔任編輯委員。翌年 4 月，渡邊洪基代表該會向政府請願，希望能出版和刊行政府的統計資料，作爲統計的學術研究，以及社會事業的考證等用途。獲得許可之後，東京統計協會開始發行政府統計書，與政府統計機關關係深化，陸續發行內閣統計局、農林省及商工省等機關的統計書，並發行機關誌《統計集誌》，刊載開會記事、統計表、論說、雜記等內容〔註 101〕。

綜上所述，統計是爲瞭解國家形勢而誕生的學問，由於各國局勢和需求不同，而產生不同學派，凱特勒整合了各派學說，設立了國際統計會議的協調組織，促使各國在此平台交換統計資訊，之後，走向以研究統計理論爲主的國際統計協會。至於近代日本統計制度，則是發芽於幕末，興起於明治維新之後，大隈重信參考普魯士的統計制度，設計了中央集權型的統計機關架構，設置統計院，奠定日本統計機關的重要基礎。

由統計院的業務觀之，執行政府所需的統計活動爲主要內容，學習歐洲統計技術，與貫徹國際統計組織的統計協議，也爲該院的方針，可知日本統計界向歐洲取經的想法。杉亨二透過開設統計學校與組織統計學會，凝聚統計家的向心力，立論對執政者產生一定程度影響，不僅在明治初期政府的統計機構形成力量，杉派弟子在海外擴張中也具有舉足輕重的影響力。

第二節　官房文書課的設立

1894 年 10 月，因朝鮮宗主權之爭，中日爆發甲午戰爭。幾個月內，日本

〔註 99〕 島村史郎，《日本統計發達史》，頁 38。

〔註 100〕 渡邊洪基（1847～1901），1847 年出生於越前市，1873 年起先後擔任奧地利和義大利公使，1876 年回國後，擔任外務省記錄局長，1879 年 5 月，就任東京統計協會第一屆會長，歷任東京府知事、東京帝國大學總長。1890 年 5 月，擔任奧地利、瑞士兩國特命全權公使。參島村史郎，《日本統計發達史》，頁 39。

〔註 101〕 東京統計協會後與統計學社合併，並於 1944 年改制成爲大日本統計協會，後改爲財團法人日本統計協會。參島村史郎，《日本統計發達史》，頁 37～38。

擊敗了清帝國的北洋艦隊，成功佔領旅順和威海市，清國派李鴻章前往日本議和。雖然甲午戰爭大部分戰場位於中國北部，但日本決議以拿取遼東半島和臺灣作爲戰爭的成果，不同於遼東半島受到列強干涉，臺灣在清政府無異議下，成爲日本第一個殖民地。擁有臺灣之後，日本仿照西方殖民模式，在臺灣設置統計機構，建立統計制度，展開以瞭解臺灣爲目的之各項統計活動。以下論述日治初期總督府統計機關初設的情形。

一、臺灣接收與情報掌握的開始

當日本邁開對外擴張的腳步之際，統計家已摩拳擦掌，等待一展身手。甲午戰爭爆發時，畢業於共立統計學校的統計家橫山雅男，正任職於廣島大本營，面對日軍連戰連捷，勢如破竹的推進，橫山深表讚嘆之餘，即撰文指出，日本統計家應追上帝國領土推進的速度，儘速在佔領地實施統計調查，以利政府快速認識佔領地〔註102〕。爲幫助日本瞭解旅順的局勢，1895 年 4 月，橫山雅男即奉命在旅順執行統計業務，同時上書東京統計協會，建議戰爭結束後，應該立即於朝鮮發起統計調查，使統計家展現長才〔註103〕。

同一時間，相原重政也在東京統計協會總會中指出，統計學的意義在闡明宇宙的機密，明白造化的秘訣，推究社會消長的眞理，隨著國家社會狀態趨於複雜，統計業務範圍應隨之擴張，在與清國的戰爭中，對佔領地情報數字的蒐集與事實的探究，也是統計應有的任務。指出日本政府應拓展統計實施的範圍，不應僅只侷限在帝國領土，對於佔領地更必須設置民政廳，實施爲統治住民所必須，各種關於土地、人口、氣象及殖產等統計調查，作爲制訂各項施政的方針。相原更指出，日本的統計資歷尚淺，未在國際發表過任何統計研究，若是能站穩東亞統計發達國的地位，成爲朝鮮或清國統計的先遣者，對日本在國際的發展將更有助益〔註104〕。

1895 年 4 月 17 日，中日雙方簽訂《馬關條約》，臺灣紳民隨即於 5 月在臺北成立「臺灣民主國」，企圖爭取國際同情，抵抗日軍接收。不過，5 月 29 日，日本近衛軍團登陸澳底（今新北市貢寮區境內），隨即攻佔基隆獅球嶺，

〔註102〕 橫山雅男，〈祝辭〉，《統計集誌》，163 號（1895.2），頁 47。
〔註103〕 橫山雅男，〈滿州統計協會發會祝詞〉，《統計學雜誌》，586 號（1935.4），頁 153。
〔註104〕 相原重政，〈統計二就キ所感ヲ述テ總會ノ祝辭二代フ〉，《統計集誌》，163 號（1895.2），頁 48～49。

臺灣民主國總統唐景崧內渡中國，守軍不戰而潰，日軍兵不血刃進入臺北城。6 月 17 日，日人在前清布政使司衙門設立臨時臺灣總督府，首任臺灣總督樺山資紀舉行「始政典禮」，宣告開啟日本在臺灣的殖民統治。

雖然日本在臺灣北部建立政權，南臺灣的民眾仍然堅持抵抗，公推南澳鎮總兵劉永福繼續領導抗日，至 10 月才結束。11 月 18 日，樺山資紀向日本政府報告臺灣已全部平定，但各地還有許多義民不斷地奮起抗日。因此，日人於領臺初期的軍政時期〔註 105〕，為打擊各地抗日軍，掌控臺灣狀況，在此階段即建立基礎的情報回報方法，以及實施簡單的戶口調查。

1895 年 8 月，軍政府發佈訓令第二號，規定各地須定期報告行政事務狀況，回報事項多以徵稅、法制、掌握臺灣住民等，維持治安等基礎資料為主〔註 106〕。接著，軍政府又發佈〈機密報內則〉，機密報分為臨時報和月報兩種，由地方知事、支部長、支廳長、出張所長等，遴選可資信任的吏員辦理。報告事項為地方行政執行狀況、臺人對政權交替的反應、官員與民眾交流情形、民間貨幣的流通、外國人在臺灣的活動，以及臺灣人民宗教信仰狀況等〔註 107〕。

1895 年 9 月，日本警察來到臺灣，有了基礎人力，臺北縣遂制訂「戶口調查假規程」，自 25 日起，由警察著手實施戶口調查。調查家族成員例如：戶主、家屬、寄居人、佣人等，每一位的姓名、年齡、職業、出生地等（參圖 2-2-1　戶口調查假規程的戶口調查表）〔註 108〕，將調查結果製作成戶口調查表，載明街庄地理位置之後，由警察留存，成為掌控臺灣住民的基礎資料〔註 109〕。不過，初來乍到的日警，還不通臺灣當地語言，與臺灣人溝通時，僅能以筆談，相對的，臺灣人對新政權存有疑慮，也對警察投以疑惑眼光，多數人選擇隱匿事實，不願誠實回答，而臺灣複雜的家族制度，也令日

〔註 105〕軍政時期一般認為自 1895 年 6 月 17 日開始，至 1896 年 3 月 31 日為止，是日本領臺的過渡時期。參臺灣省文獻委員會，《臺灣前期武裝抗日運動有關檔案》（臺中：該會，1977.5），頁 22。

〔註 106〕佐藤正広，〈台湾總督府の調查報告体系—その成立と構造—〉，頁 166～169。

〔註 107〕關於機密報詳細的實施過程和回報結果，詳參林佩欣，〈日治前期臺灣總督府對舊慣宗教之調查與理解 1895～1919〉（臺北：政治大學歷史所碩士論文，2003.7），頁 18～33。

〔註 108〕臺灣總督府，〈臺灣總督府事務成績提要〉，第一編（1897.4），頁 40。

〔註 109〕第 4490 號文書，〈戶口調查假規程〉，《臺灣總督府公文類纂》，c03 號，第八門・戶籍人事，1895 年 9 月。

警難以理解，不知該如何紀錄〔註110〕，種種原因導致調查獲得實質成效。

圖 2-2-1 戶口調查假規程的戶口調查表

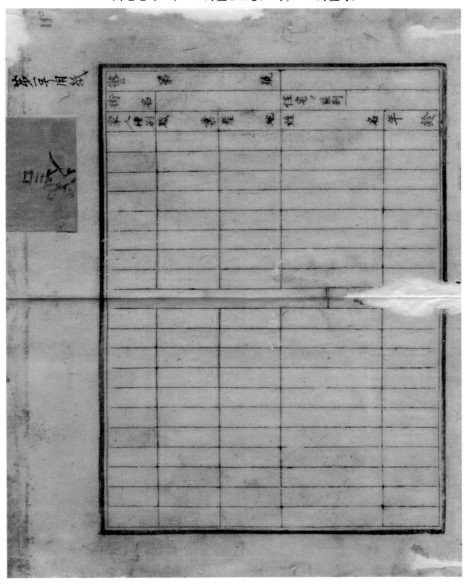

資料來源：第 4490 號文書，〈戶口調查假規程〉，《臺灣總督府公文類纂》，c03
號，第八門·戶籍人事，1895 年 9 月。

〔註110〕 阿部由理香，〈日治時期臺灣戶口制度之研究〉（臺北：淡江大學歷史研究所
碩士論文，2000），頁 21～22。

　　除了警察，日本憲兵隊也實施過戶口調查。1896 年 1 月，爲取締抗日份子，同樣調查臺灣人家庭成員的姓名和年齡等項目，但過程極爲草率，先令當地街庄長提供資訊，以美濃十六開紙片張貼在每戶門前，憲兵隊再據此製作成戶口調查簿，不但調查方法粗陋，一旦夜間下雨，紙片被雨淋濕，內容幾乎難以辨認〔註111〕。

　　總之，日本領臺初期，曾經實施戶口調查，與初步制訂報告回覆系統，試圖掌握臺灣住民狀況。不過，領臺初期社會仍不穩定，日人對臺灣狀況尚不瞭解，調查技術也不發達等因素，效果並不如預期。掌握臺灣住民動向，與編製完整的戶口登記簿冊，成爲殖民當局的課題，此由日後「臺灣總督府報告例」的制訂，與第一次臨時臺灣戶口調查的實施等，皆可明顯看出。

二、民政的實施與統計機關的變遷

　　1896 年 4 月，總督府廢除軍政，實施民政，接連公佈〈臺灣總督府條例〉和〈臺灣總督府民政局官制〉，展開對臺灣的殖民地統治，並在草創中逐步建立統計制度。初期，總督府內統計編制極爲簡單，由於統治機構尚不穩固，組織經過數次變遷。1908 年 7 月以前，統計相繼隸屬民政局總務部文書課、官房文書課、民政部文書課、官房文書課等單位，而因應領臺初期不安的社會局勢，在此時期，總督府的統計重心多以掌控臺灣住民狀態爲主。

（一）民政局總務部文書課

　　民政局分七部二十七課，設總務部、殖產部、財務部、法務部、學務部及通信部等七部。其中的總務部內，設有秘書課、文書課、外事課及衛生課，文書課負責公文書的接受、發送及保存，與統計報告以及官報揭載等事項〔註112〕。

　　1896 年 4 月設置的民政局總務部文書課，是總督府第一個統計機關，編制相當簡單，未設專職統計事務的官員。至 1896 年 12 月，基於統計是行政上重要的參考依據，必須有專人辦理，加以有蒐集資料與編纂統計年鑑的需求，總督府遂以民訓第五十一號，制訂〈統計事務取扱規程〉。

〔註111〕窪田貞二，〈臺灣に國勢調査の施行を望む〉，《統計集誌》，247 號（1901.10），頁 471。

〔註112〕臺灣總督府，《臺灣總督府事務成績提要》，第二編（1898.11），頁 9。

　　此案規定了中央和地方的統計分工，與統計材料由地方至中央的傳送方式，民政局總務部文書課設統計主任，執掌統計材料的蒐集、編纂等事務；民政局各部、各課及各支廳，設統計事務主任，負責統計材料調查業務。統計事務主任須整理定期或臨時的統計材料，送至所屬長官總務部文書課，廳、支廳之統計事務主任亦同，整理後送至民政局各主管處，各主管蒐集備妥後，送至民政局總務部文書課存查〔註113〕。

（二）官房文書課

　　其後，隨著地方政務的擴張，行政規劃不符需求，1897年10月，總督府改正地方官制，廢除原來的支廳，增加三縣二廳及辦務署，將原來民政局統轄的若干業務移至地方廳，爲委任地方官，隨即發佈新的〈臺灣總督府官制〉。根據此新官制，臺灣總督府內設官房、民政局及財務局等三個單位，民政局內設外事、縣治、警保、衛生、法務、學務、殖產及通信等八課；財務局內設稅務、主計、經理及土木等四課；官房內設秘書和文書等二課。亦即將統計業務移至官房文書課，不過業務並沒有變化〔註114〕。

（三）民政部文書課

　　上述機構並未持續太久，一年之後，總督府再度改革官制，廢除民政和財務兩局，改設民政部，於1898年6月，公佈〈臺灣總督府官房及民政部分課規程〉，民政部內設人事、文書、外事、縣治、警保、土木、衛生、主計、稅務、法務、學務、殖產、通信、調查及會計等課〔註115〕，文書課改隸民政部，權限和執行業務則未有改變。於此階段，總督府統計活動看似沒有進展，不過卻有新的突破。

　　關鍵點在於1898年3月，第四任總督兒玉源太郎上任，邀請後藤新平擔任民政長官，從此開啓「兒玉・後藤合作」時代。後藤新平實施許多利於殖民地施政的新措施，多項突破性的新創舉，成爲日本統治臺灣的轉捩點。後藤認爲，新領土總是在母國後面苦苦追趕，必須設法讓新領土超越母國〔註116〕，只有熟知殖民地的風俗習慣，再施行適當的政策，才能有效

〔註113〕　第60號文書，〈統計事務取扱規程〉，《臺灣總督府公文類纂》，30號，第四門・文書，1896年12月。
〔註114〕　臺灣總督府，《臺灣總督府事務成績提要》，第三編（1899.11），頁6～7。
〔註115〕　臺灣總督府，《臺灣總督府事務成績提要》，第四編（1900.9），頁12～13。
〔註116〕　〈男爵後藤新平氏の演說大意〉，頁536。

治理殖民地，主張必須透過科學調查確實掌握資源﹝註117﹞。此階段的統計業績，爲 1898 年 11 月「臺灣總督府報告例」﹝註118﹞的公佈，與隔年 2 月《臺灣總督府第一統計書》的出版﹝註119﹞。

並且，統計行政事務也有所進展。1901 年 9 月 23 日，官房文書課屬新倉蔚﹝註120﹞下鄉巡迴臺灣各地，行經澎湖廳、臺南縣、臺中縣等地，於 11 月 14 日返回臺北。新倉蔚此行主要任務，爲視察各地方廳統計材料的編纂狀況。行程概分爲幾個項目：其一、詢問縣知事、廳長、辦務署長、支署長等官員，關於統計業務的實施狀況，詢問其如何審理統計材料，並針對有疑義的部分提出質詢。再則，詢問負責統計業務的官員其工作狀況，詢問其如何審查統計材料，並審查各地統計材料的取得過程，質詢有疑義之處，並說明其中錯誤之處。第三，回答地方官員關於「總督府報告例」的問題﹝註121﹞。

新倉蔚此行獲得許多感想，視察結束北返後，向總督提出視察的復命書，指出許多地方統計行政的缺失。新倉蔚認爲，辦務署或縣廳等地方統計業務擔當者，多數缺乏統計思想，既沒有敏銳的眼光，調查也沒有根據事實，僅將材料綜合製成統計數字，未經審查即使用收集到的資料，無法根據統計結果觀察事務的變化，如此一來，不但無法判斷事物的消長，也阻礙統計的進步。加以位居行政末端的街庄長或保正等政治協力者，不懂統計爲何物，實施調查時，僅是根據表格記入事實，又多有誤解、隱匿或臆測的情形。

新倉蔚認爲，蒐集統計材料與編製統計書之成敗，下級機關是主要的關鍵，爲防範下級機關隨意統整材料，造成統計的謬誤，中央必須明確規範統計行政的運作方法，強化基層官員的統計知識，才能奠定統計的根基﹝註122﹞。

﹝註117﹞〈臨時戶口調查委員諸君二望ム〉，《臺灣統計協會雜誌》，11 號（1905.7），頁 1。
﹝註118﹞關於「臺灣總督府報告例」，請見下文對官房文書課業績的介紹。
﹝註119﹞〈本島ノ統計機關及組織〉，《臺灣統計協會雜誌》，21 號（1907.1），頁 87。
﹝註120﹞關於新倉蔚，請見下文對官房文書課人事的介紹。
﹝註121﹞第 4636 號文書，〈統計事務視察新倉屬復命書〉，《臺灣總督府公文類纂》，5 號，第二門·官規官職，1901 年 12 月。
﹝註122﹞同上註121。

（四）官房文書課

新倉蔚提出復命書不久，適逢總督府官制再度改正。1901 年 11 月，總督府以訓令第三百五十四號發佈〈臺灣總督府官房及民政部警察本署及各局分課規程〉，於官房設秘書和文書二課〔註123〕，文書課再度改隸官房。同時，統計機關再次變革，同年 11 月，總督府廢除 1896 年 12 月制訂的〈統計事務取扱規程〉，另以訓令第三百九十六號發佈〈臺灣總督府統計事務規程〉，在官房文書課內設統計主任和統計主查，接受上級指揮，負責蒐集統計材料、編纂統計書及規劃統計事務，統計主任由高等官擔任，統計主查由判任官擔任。

總督官房各課、民政部警察本署及各部局、法院、廳、所屬民政各官廳等則設統計主務一人，由判任官擔任，負責「臺灣總督府報告例」中規定之各項統計業務，與保存和蒐集統計材料，若有關於統計的任何變動，必須與統計主任商討，編製完成的統計報告也須交由統計主任閱覽。統計主任對統計主務負有監督和指導之責，也有向統計主務諮問各種統計事項之權〔註124〕。要言之，該條例顯然是針對新倉蔚復命書中的建議而改定，明確地規範了官房文書課的統計業務，以及該課與地方廳、民政部所屬各廳間的統計分工，確定了官房文書課做爲中央統計機關的角色。

由上可知，日治初期，總督府未設專門的統計單位與專辦人員，至 1896 年 12 月，民政局總務部文書課時期才設置統計主任，專責統計的任務。此編制持續至 1908 年 7 月，直到官房統計課成立，設置官房統計課長之後，統計主任的職稱才消失（參表 2-2-1　文書課時期統計隸屬單位和業務負責人的變化）。

表 2-2-1　文書課時期統計隸屬單位和業務負責人的變化

存續時間	統計中樞		統計末端	
	單　位	業務負責人	單　位	業務負責人
1896.4～1896.12	民政局總務部文書課	無	無	無
1896.12～1897.10	民政局總務部文書課	統計主任	民政局各部、各課及各支廳	統計事務主任

〔註123〕臺灣總督府，《臺灣總督府事務成績提要》，第七編（1904.5），頁 9～10。
〔註124〕第 583 號文書，〈臺灣總督府統計事務規程〉，《臺灣總督府公文類纂》，31 號，第四門・文書，1901 年 11 月。

1897.10～1898.6	官房文書課	統計主任	民政局各部、各課及各支廳	統計事務主任
1898.6～1901.11	民政部文書課	統計主任	民政局各部、各課及各支廳	統計事務主任
1901.11～1908.7	官房文書課	統計主任為主；統計主查為輔	總督官房各課、民政部、警察本署、各部局、法院、廳、民政部所屬各官廳等	統計主務

資料來源：第 60 號文書，〈統計事務取扱規程〉，《臺灣總督府公文類纂》，30 號，第
四門・文書，1896 年 12 月；第 583 號文書，〈臺灣總督府統計事務規程〉，
《臺灣總督府公文類纂》，31 號，第四門・文書，1901 年 11 月。

三、官房文書課的統計官員

在此時期，統計最高階官員為統計主任，而總督府首位統計主任為加藤尚志。加藤尚志 1855 年出生於愛知縣，來臺前曾任職內務省，1896 年 4 月來台之後，擔任總督府民政局技師、製藥所技師〔註125〕兼統計主任，之後成為官房文書課長。就加藤背景觀之，並未具有統計專業，推測為過渡性的充任。

加藤尚志之後，1896 年 12 月，由新倉蔚接任統計主任。新倉蔚 1861 年出生於東京，1881 年 7 月起，服務於文部省展開其公職生涯，1885 年 10 月轉任至統計院。至 1894 年 2 月為止，先後任職於統計院，以及之後改制的內閣統計局、內閣統計課，在日本中央統計機關任職長達九年。其後，1894 年 4 月起，先後轉任北海道廳、鹿耳島縣廳、陸軍省及大本營等單位。1895 年 6 月被派至臺灣。

1895 年 8 月起，新倉先於總督府官房，接著轉任民政局文書課；1896 年 12 月，接任民政局文書課統計主任，兼府報主任；1897 年 7 月，兼任報告掛長〔註126〕。1901 年 11 月，總督府成立官房文書課，並改正統計規程，設置統計主任和統計主查。由於統計主任須由高等官擔任，新倉蔚退而成為統計

〔註125〕 1897 年 5 月，身兼民政局事務官和製藥所長二職，參第 1913 號文書，〈加藤尚志恩給下賜上申及同證書送付〉，《臺灣總督府公文類纂》，16 號，第一門・秘書，1912 年 2 月。

〔註126〕 第 939 號文書，〈元總督府屬新倉蔚へ恩給證書送付ノ件〉，《臺灣總督府公文類纂》，12 號，第三門・官規官職，1904 年 7 月。

主查〔註 127〕。

　　新倉蔚不僅具有中央統計機關的經驗，更於 1886 年 1 月，自共立統計學校畢業，是總督府第一位具有統計專業背景的官員，被派至臺灣的原因，推測應是其有內閣統計局資歷和北海道經驗。新倉來臺之後，總督府不僅於 1898 年頒佈了「臺灣總督府報告例」，奠定了綜合統計書編纂的格式。1901 年 9 月，還到地方視察各地統計事務的實施狀況，其間向臺灣總督建議不少改革統計事務的方向，可說奠定了臺灣統計制度的基礎。在其後的臨時臺灣戶口調查中，不論是統計講習會講師，或是調查報告撰寫等，也佔有一定角色。不過，新倉蔚停留臺灣時間不長，1904 年 5 月，第一次臨時臺灣戶口調查尚在籌備階段，即以染病無法勝任職務為由，離開臺灣〔註 128〕。

　　第二位來臺，同時也是關鍵性的統計官員是水科七三郎，主要為了籌備臺灣的國勢調查而被敦聘。受到日本國勢調查促進運動的感染，後藤新平個人對統計的興趣，以及殖民地統治的實際需求，總督府自始即對國勢調查頗為熱切。水科七三郎 1863 年出生於仙臺；1881 年畢業於仙臺宮城中學校〔註 129〕；1883 年從野蒜測候所轉任中央氣象臺〔註 130〕。1884 年 9 月進入共立統計學校〔註 131〕，1886 年 1 月自共立統計學校畢業。1887 年 5 月轉任北海道廳，陸續擔任技手和技師，執行氣象統計、氣象觀測等業務〔註 132〕。1889 年轉任海軍屬。1903 年 8 月，來臺擔任專賣局技師兼官房文書課技師〔註 133〕。

　　如前所述，共立統計學校的創辦人是杉亨二，杉亨二自研究統計學以來，

〔註 127〕　第 4636 號文書，〈統計事務視察新倉屬復命書〉，《臺灣總督府公文類纂》，5 號，第二門・官規官職，1901 年 12 月。

〔註 128〕　〈元內閣屬新倉蔚在職中ノ履歷并退官ノ事由ニ付台湾総督府民政長官ヘ回答ノ件〉，《公文雜纂》，明治三十七年・第一卷・內閣一・內閣一，1904 年 5 月 23 日。

〔註 129〕　高橋益代，〈『台灣統計協會雜誌』總目次解題〉，頁 9。

〔註 130〕　水科七三郎，〈先輩吳文聰君を憶ふ〉，《統計學雜誌》，467 號（1925.5），頁 169。

〔註 131〕　水科七三郎，〈第四回統計講習會開會式ニ於ケル演說〉，《臺灣統計協會雜誌》，29 號（1908.3），頁 2。

〔註 132〕　水科七三郎，〈先輩吳文聰君を憶ふ〉，頁 169；水科七三郎，〈氣象統計談〉，《臺灣統計協會雜誌》，6 號（1904.9），頁 57。

〔註 133〕　第 1408 號文書，〈明治 41 年前期定期敍勳ノ件〉，《臺灣總督府公文類纂》，第一門・秘書，1908 年 4 月；〈水科幹事の轉任〉，《統計學雜誌》，頁 312。

即將實施人口調查作爲個人職志，在共立統計學校也不忘宣傳此理念，人口統計是學校課程的重心，啓發水科七三郎甚多〔註134〕。水科七三郎相當熱心於統計事務，於東京的統計學界頗爲活躍，在花房直三郎推薦下，擔任統計學社和東京統計協會機關誌的編纂〔註135〕。1900 年前後，又在日本各道府縣的統計講習會中擔任過講師〔註136〕，發表過不少關於統計學和國勢調查的文章，對國勢調查事務頗爲熱心。如此具有資歷，又與內閣統計局官員相熟，會雀屏中選不令人意外。

事實上，作爲日本和臺灣兩地統計機關的橋樑，水科七三郎也頗爲稱職，他不僅發起臺灣統計協會〔註137〕的籌備委員，同時擔任幹事，負責人力指揮調度、會務總其成、會務報告、接待日本來訪人士、協調雜誌投稿者、撰寫會員動態，以及事務報告書等事項〔註138〕，可說是實際的主導人物。臺灣的國勢調查籌備期間，也數次往來臺灣和日本，徵詢相關人士可資參照的調查法，確定臺灣執行的調查方針，頗爲善盡母國和殖民地的溝通角色。

第三位來臺的統計官員爲竹村諫。竹村諫，1862 年 4 月出生於兵庫縣，1886 年 6 月，進入會計檢查院，展開其公職生涯；9 月起，轉任內閣統計局服務；1891 年 4 月，轉職至北海道廳。1896 年 2 月來臺擔任臺灣總督府雇員，歷經總督府民政局、殖產局、臨時臺灣土地調查局、總督府專賣局等職務〔註139〕；1904 年 4 月，兼任官房文書課職務〔註140〕。竹村諫也是共立統計學校的畢業生，同樣具有內閣統計局和北海道資歷，不過，不同於新倉蔚來臺後直接任職於總督府中央統計機關，竹村諫則是於其他單位服務幾年後，因國勢調查即將實施之故，以其統計專業而兼任官房文書課業務，並擔任統計講習會講師，且從事臨時臺灣戶口調查部的籌備事項〔註141〕。

〔註134〕〈杉博士ノ近況〉，《臺灣統計協會雜誌》，10 號（1905.5），頁 83。
〔註135〕水科七三郎，〈先輩吳文聰君を憶ふ〉，頁 170。
〔註136〕佐藤正広，〈日本の植民地行政と植民地統計〉，頁 249。
〔註137〕臺灣統計協會請參第二章第三節的介紹。
〔註138〕見各期《臺灣統計協會雜誌》之「會報」。
〔註139〕第 4340 號文書，〈臺灣總督府專賣局書記竹村諫屬二任用〉，《臺灣總督府公文類纂》，22 號，第一門・庶務，1902 年 8 月。
〔註140〕第 1017 號文書，〈屬竹村諫外二名官房文書課兼務ノ件〉，《臺灣總督府公文類纂》，64 號，第二門・官規官職，1904 年 4 月。
〔註141〕第 1604 號文書，〈竹村諫恩給證書送付ノ件〉，《臺灣總督府公文類纂》，14 號，第一門・秘書，1910 年 4 月。

　　觀察官房文書課時期來臺的三位統計官員，可發現共通點爲：一、皆爲共立統計學校畢業；二、皆具北海道經驗。其次，水科七三郎雖然不若新倉蔚和竹村諫曾經在內閣統計局任職，但其長期活躍於東京統計協會和統計學社，與花房直三郎交好，在東京統計學界的人際網絡不輸給新倉蔚和竹村諫兩人。因此，具有統計專業、海外經驗，以及東京統計界的人際網絡，應是這三位統計官員獲聘來臺主要因素（參表 2-2-2　官房文書課重要的統計官員）。

表 2-2-2　官房文書課重要的統計官員

姓　名 （本籍）	職　稱 （在職時間）	統計學歷	此階段的業績	就任前統計經歷
新倉蔚 （東京）	統計主任 （1895.8～1901.11） 統計主查 （1901.11～1904.5）	共立統計學校	「臺灣總督府報告例」和《臺灣總督府第一統計書》	統計院；內閣統計局；內閣書記官室統計課
水科七三郎 （北海道）	總督府技師 （1903.8～1908.7）	共立統計學校	1. 籌備臺灣統計協會 2. 第一次臨時臺灣戶口調查	北海道廳氣象統計；統計學社幹事；《統計集誌》、《統計學雜誌》編纂；日本各府道縣統計講習會講師
竹村諫 （兵庫）	總督府屬 （1904.4～1908.3）	共立統計學校	1. 第一次臨時臺灣戶口調查	內閣統計局；臺灣總督府殖產部統計事務取扱主任

資料來源：第 939 號文書，〈元總督府屬新倉蔚へ恩給證書送付ノ件〉，《臺灣總督府公文類纂》，12 號，第三門，官規官職，1904 年 7 月；第 1408 號文書，〈明治 41 年前期定期敘勳ノ件〉，《臺灣總督府公文類纂》，第一門·秘書，1908 年 4 月；〈水科幹事の轉任〉，《統計學雜誌》，頁 312；第 4340 號文書，〈臺灣總督府專賣局書記竹村諫屬二任用〉，《臺灣總督府公文類纂》，22 號，庶務，1902 年 8 月；第 1604 號文書，〈竹村諫恩給證書送付ノ件〉，《臺灣總督府公文類纂》，14 號，第一門·秘書，1910 年 4 月。

四、官房文書課的統計業績

　　官房文書課時期的統計業績，可分爲三點：其一、綜合統計書的編纂，其二、統計講習生的派遣，其三、統計講習會的開辦。以下說明綜合統計書的編纂與統計講習生的派遣兩項，統計講習會的開辦請見第三節的介紹。

（一）綜合統計書的編纂

1.「臺灣總督府報告例」的發佈

統計書可歸納統計的結果，是瞭解國情最基本的情報資料，其中所載事項與時代政治、經濟背景密切相關，編製型態能忠實地反應國家當時需求。1860 年，福澤諭吉赴美考察，歸國後，門生岡本博卿翻譯西方統計書，統整163 個國家的局勢，稱爲《萬國政表》，是近代日本翻譯統計書的發端〔註 142〕。而如同前節所述，日本中央統計機關也曾編製各類統計書。

日人領有臺灣之後，也展開殖民地的統計書編纂事宜。首先，1896 年 9月，總督府與內閣統計課照會之後，制訂土地和人口的統計材料樣式，交由地方調查 1896 年度各項事實。再則，1896 年 11 月，殖產部調查地方商事習慣、商人數目、重要物品等，將結果製作成《臺灣總督府殖產部報文》。其三，1897 年 1 月，根據拓殖務大臣的訓令，制訂總督府內營繕、土木工事及鐵道運輸收入的報告樣式，總督府與地方廳年末現在職員的調查樣式，以及總督府和地方廳經費調查的樣式表等〔註 143〕，皆是綜合統計書的前奏曲。

1897 年 10 月，新竹縣廳刊行統計書，成爲殖民地臺灣第一本綜合統計書〔註 144〕。而後，隨著總督府行政機關準備就緒，更需一本可作爲政務參考的統計書，官房文書課遂開始著手編纂工作。從各地方及所屬官廳蒐集現住人口資料，於 1897 年 11 月，編製第一本統計書。不過，這本統計書並沒有制度性的樣式，所載事項缺漏之處頗多〔註 145〕，出刊後不符實際施政需求，反而具濃厚的試驗性質，因此於隔年 3 月，被改寫爲《統計一班》後出版〔註 146〕。

由以上可知，沒有完整的報告和調查格式，無法完成制度化的統計書。在此前提下，1898 年 11 月，臺灣總督府沿襲日本府道縣的制度〔註 147〕，以訓令第三百十三號發佈〈臺灣總督府報告例〉，公告地方必須回覆中央的報告

〔註 142〕 藪內武司，〈日本における「總合統計書」の成立〉，《日本統計發達史研究》（京都：法律文化社，1995.7），頁 260。
〔註 143〕 臺灣總督府，《臺灣總督府事務成績提要》，第二編（1898.7），頁 8～26。
〔註 144〕 〈新竹廳統計講習會·水科技師ノ演説〉，《臺灣統計協會雜誌》，6 號（1904.9），頁 94。
〔註 145〕 竹村諫，〈臺灣二於ケル統計ノ沿革一班〉，頁 63。
〔註 146〕 臺灣總督府，《臺灣總督府事務成績提要》，第三編（1899.11），頁 14。
〔註 147〕 佐藤正広，〈調查統計の系譜——植民地における統計調查システム〉，收於末廣昭編《地域研究としてのアジア》（東京：岩波書局，2006），頁 191～192。

類別、報告性質，以及應回覆單位〔註148〕，正式建立地方向中央的報告制度。

首先，就報告例的類別而言：分為「即報」、「日報」、「月報」、「旬報」、「月報」、「季報」、「半年報」、「年報」及「臨時報」等九種。即報為必須第一時間通報的緊急事項；日報是每日呈報事項；旬報為每十日呈報事項；月報是每月呈報事項；季報是三個月呈報事項；半年報是每半年呈報事項；年報則是每隔一年呈報事項；臨時報則是臨時的呈報事項，各種報告事項並訂有報告截止期限〔註149〕（參表 2-2-3　〈臺灣總督府報告例〉報告種類之報告期限）。

表 2-2-3　〈臺灣總督府報告例〉中報告種類之報告期限

報告種類	報告期限
即報	即時
日報	即日
週報	三日以內
旬報	五日以內
月報	隔月十日以內
季報	四月、七月、十月、隔年一月之 15 日內
半年報	上半年為七月底，下半年為隔年一月底前
年報	隔年二月底
臨時報	臨時

資料來源：第 246 號文書，〈臺灣總督府報告例〉，《臺灣總督府公文類纂》，1 號，第五門・文書，1898 年 11 月。

其次，就報告例的報告性質而言：「即報」內容包括：群眾聚集不穩定地區，天災、火災、房屋倒塌等災變，傳染病發生或蔓延，監獄中的犯人逃脫，鐵路、電信、電話、郵便設備損害，以及警察或憲兵發生罪犯拒捕事件等事項。「日報」內容包括：地方官廳制訂之規程，檢疫的實施，醫院的移轉或異動，官廳、學校廟宇建築等災害、種痘實施等。「旬報」內容則為八種傳染病的患者情形。

〔註148〕第 245 號文書，〈臺灣總督府報告例發布ノ件伺〉，《臺灣總督府公文類纂》，55 號，第四門・文書，1898 年 11 月。

〔註149〕第 246 號文書，〈臺灣總督府報告例〉，《臺灣總督府公文類纂》，1 號，第五門・文書，1898 年 11 月。

　　「月報」內容包括：民政部、國語學校、國語傳習所、稅關等單位事務
報告事項，地方法院、檢察局、覆審法院等單位所審理的案件，憲兵隊人員
的編制，臺灣人的郵局業務項目，各種鐵路事項，以及各種工商活動等情形。
「季報」包括：轄區內行政事務概況，軍記檢察狀況等。「半年報」包括：地
方法院、覆審法院及法院等單位民、刑案件，以及農業和漁業事項等。「年報」
包括：各單位事務成績提要，往來人口異動，受刑人和學童狀況，教育單位
教科書編纂，社寺廟宇、電信、氣候觀測事項等。「臨時報」內容包括：官廳
臨時調查事項，或是臨時異動事項等項目〔註150〕。

　　第三，就應回覆單位而言：應回覆單位囊括地方縣廳、民政部、郵便
電信局、司法部門及其他六大主要機關。包括各機關及其所屬下級機關：
縣廳包含所屬國語學校、民政部、官房、法院、憲兵隊、稅關、警察官及
司獄官練習所等；民政部及所屬官廳、官房、法院等；郵便電信局包含郵
便及電信局、一等郵便電信局等；司法部門包含法院、地方法院檢查局等。
此外，灯臺所、憲兵隊、國語學校、稅關、所屬官廳、醫院等，不屬於上
述五個單位的機關，也是應回覆單位。可說，殖民地臺灣整個官僚系統都
被納入應回覆的範圍內（參表 2-2-4　〈臺灣總督府報告例〉中應回覆單位）。

表 2-2-4　〈臺灣總督府報告例〉中應回覆單位

部門別	隸屬單位
縣或廳	縣、廳 國語學校 民政部 官房、法院、所屬民政各官廳 國語學校 憲兵隊 稅關、警察官及司獄官練習所 所屬民政各官廳、憲兵隊民政部
民政部	民政部 民政部接受委任的官廳 官房、民政部、法院所屬民政各官廳、常任委員 民生部、常設委員

〔註150〕第 246 號文書，〈臺灣總督府報告例〉，《臺灣總督府公文類纂》，1 號，第五
　　　　門・文書，1898 年 11 月。

郵便電信局	郵便及電信局 一等郵便電信局 電信建築兼掌一等郵便電信局 特地郵便電信局 一二等郵便及電信局 直接交換郵便電信局
司法部門	法院 地方法院檢查局 地方法院 檢察局 覆審法院檢查局 覆審法院
其他	灯臺所 憲兵隊 國語學校 稅關 接受委任的官廳 醫院

資料來源：高橋益代，〈日治期台湾の統計調査制度史——台湾総督府の統計調査事業、特に「報告例」について〉No.153,"Discussion Paper Series", Institute of Economic Research, Hitotsubashi University, March 2006.。

2. 《臺灣總督府第一統計書》的出版

　　1899 年 2 月，官房文書課集結一年份各地的回覆內容，發行第一回《臺灣總督府統計書》。後藤新平在該書〈緒言〉中指出，臺灣改隸已經五年，原應探討社會各種現象並予以統計，作爲施政參考，然而因行政機關尚未整備，加上語言不通、匪徒出沒等因素，各項調查實施頗具難度，統計材料不易取得，今日行政設施逐漸步上軌道，各項調查才能逐漸實行〔註151〕，可見第一統計書實具意義。統計書分爲「記述之部」和「記表之部」，第一回多爲警察和司法事項的臨時報和即報，足可反應當時不安定的情勢〔註152〕。

　　〈臺灣總督府報告例〉是臺灣仿效母國實施的報告制度，屬於行政統計的一環，順應行政法規變革不斷地修正，成爲總督府所轄各官廳實施調查、

〔註151〕臺灣總督府官房文書課，《臺灣總督府第一統計書》（臺北：該課，1899.2）。
〔註152〕高橋益代，〈日治期台湾の統計調査制度史——台湾総督府の統計調査事業、特に「報告例」について〉。

登記，以及提交統計材料的依據。此外，總督府中央統計機關責令地方必須配合的各項登記或報告計畫，例如：人口動態調查登記或刑事犯人票的登記等，實施規範也陸續刊載其中，使統計末端機關執行各項業務時能有所依據，也使報告例成爲總督府實施各種統計的第一道防線。

論者認爲，統計制度可分爲「集中型」和「分散型」兩種，前者由中央統計局統管實施，後者由各部局在權限內個別實施。從 1901 年 11 月的〈臺灣總督府統計事務規程〉可知，日治時期，臺灣的統計活動幾乎爲總督府中央統計機關統管，屬於集中型的統計管理方式，但也可見末端統計機關實施的統計調查，例如：殖產局農務課的「農業統計」，殖產局商工課的「工業統計」等，這些都被蒐羅至總督府統計書中，使該書成爲日治時期總督府施政業績的總覽〔註 153〕。

官房文書課時期，總計完成第一至九統計書，並因應不同需求，編纂許多不同主題的統計報告。例如：1906 年 1 月，發行《臺灣十年間之進步》和《臺灣第一統計摘要》兩書。尤其是《臺灣第一統計摘要》是將臺灣各地土地、行政區畫、氣象、戶口、教育、社寺、裁判、警察、監獄、農產、畜產、水產、礦產、工業、賃銀、金融、物價、內外貿易、鐵道、郵便電信及電話、海事、財政、衛生、專賣、救恤及公務等 27 個項目，以統計表臚列呈現，並製作成方便攜帶的袖珍本，適合作爲綜合觀察之用〔註 154〕。1910 年 1 月，又出版《臺灣第二統計摘要》（參表 2-2-5　官房文書課歷年出版的統計書）〔註 155〕。

表 2-2-5　官房文書課歷年出版的統計書

出版年	書　名
1897	臺灣總督府第一統計書（明治三十〇年）
1900	臺灣總督府第二統計書（明治三十一年）
1901	臺灣總督府第三統計書（明治三十二年）
1902	臺灣總督府第四統計書（明治三十三年）
1903	臺灣總督府第五統計書（明治三十四年）

〔註 153〕一橋大學，《アジア長期経済統計》（東京：東洋経濟新報社，2008.12），頁 20～21。
〔註 154〕〈臺灣第一統計摘要〉，《統計集誌》，310 號（1907.1），頁 50。
〔註 155〕臺灣總督府，《臺灣總督府事務成績提要》，第十三編（1908），頁 50。

1904	臺灣總督府第六統計書（明治三十五年）
1905	臺灣總督府第七統計書（明治三十六年）
1906	臺灣總督府第八統計書（明治三十七年） 臺灣十年間之進步 臺灣第一統計摘要（明治三十八年）
1907	臺灣總督府第九統計書（明治三十八年） 臺灣第二統計摘要（明治三十九年）

資料來源：臺灣總督府，《臺灣總督府事務成績提要》，第四至十三編（1901.3～1908.12）。

（二）統計講習生的派遣

內閣統計局復活之後，不僅機能大為擴充，更致力培養統計專門人才，在其強力要求下，1899 年 6 月，統計學社開辦統計講習會，成為統計專門職員的養成機關。統計學社雖然是民間團體，但統計講習會的講習生除了少數民間人士外，以政府的統計職員為主體，內務省也要求各廳派遣職員參加，其中有不少地方廳統計官員。講師除花房直三郎，還有內閣統計局的幹部職員、農商務省統計課長吳文聰及統計學社社長杉亨二等〔註156〕。

作為日本的末端行政機關，總督府也參與了統計講習會。當日本國勢調查氣氛高漲時，1902 年 7 月，東京開設夏季統計講習會，為吸收統計和國勢調查必要智識，總督府派遣講習生五人及旁聽生一人〔註157〕，前往學習統計理論和實務〔註158〕，進而，國勢調查法公佈之 1903 年 6 月，總督府第二次派遣講習生至東京參加講習會。此後，總督府年年自各部局選派講習生到東京參與講習〔註159〕，這些講習生回到臺灣後，不僅協助總督府制訂國勢調查的基本方針，也共同參與了臺灣統計協會的籌備，對總督府統計事務的推展起了一定的作用。

總之，日本學習西方殖民國家的經驗，與延續本土的統計方針，於臺灣總督府內設置統計機關。初期的統計機關設在官房文書課內，雖然機構不甚穩定，但在此階段，中央確定了統計樣式和編纂統計書。為建立統計環境，統計官員新倉蔚也下鄉考察各地編製統計的情形，並提出改善之道，總督府

〔註156〕〈統計講習會設立趣意書〉，《統計集誌》，219 號（1899.6），頁 1。
〔註157〕臺灣總督府，《臺灣總督府民政事務成績提要》，第八編（1901），頁 40。
〔註158〕〈國勢調查會の開始〉，《臺灣日日新報》，1902 年 11 月 12 日，4 版。
〔註159〕臺灣總督府，《臺灣總督府民政事務成績提要》，第九編（1905.3），頁 44。

也派員到東京參加統計講習會,作爲貫徹統計活動的措施。由是,殖民地臺灣的統計事業與官員的統計思維,也在此氛圍下逐步建立。

第三節　統計專家團體的形成

統計官員爲殖民地統計政策的設計者和執行者,其想法足以影響殖民當局的統計政策,以杉亨二門生爲主體的統計家,先後來臺設計各種統計活動,他們與日本的統計家密切聯繫,進而仿效日本模式,成立統計相關協會,形成一個統計專家集團,透過雜誌與統計講習會,宣揚在殖民地實施統計的理念。以下介紹臺灣統計協會和統計講習會,與統計專家集團的統計理念。

一、臺灣統計協會的成立

(一)籌備經過

1903 年 8 月,總督府聘請水科七三郎來臺,規劃國勢調查事項。水科頗爲熱心於對在臺灣推動統計事務,爲凝聚官員的統計共識,使統計事務和國勢調查更爲順利,他憑藉著日本擔任過統計學社幹事,以及編纂過《統計集誌》和《統計學雜誌》的經驗,有了在臺灣創設統計學會的想法。

1903 年 10 月,水科趁著聯絡各地方廳統計主任開辦統計講習會的契機,邀請總督府內參加過東京統計講習會的成員、共立統計學校的畢業生,以及地方廳的統計主務等,有統計經歷的殖民地官員〔註160〕,於同月 14 日,在丸中溫泉舉辦懇親會,決議爲了改善臺灣的統計環境,發起一個統計團體,作爲相互支援的功能。在此背景下,臺灣第一個統計學會「臺灣統計協會」於焉誕生。

臺灣統計協會的創立宗旨,是謀求臺灣統計事業之發達〔註161〕,於臺灣實施正確的統計,改善臺灣人對統計的誤解〔註162〕,更熟知統計的趣味,掃除臺灣人的差不多主義,撤除學者和民眾的藩籬,使統計學理和實際應用可

〔註160〕這些人分別是官房文書課長加藤尚志,畢業於共立統計學校的水科七三郎、新倉蔚、竹村諫;以及參加過東京統計講習會的永野俊吾、相良三熊、生野潛六、田中梓、山崎永太郎、小川義郎、岡村勝次郎、藤村幸之進、中村壽太郎、貝原恆太、酒井隆次、小松力知及窪田貞二等人。參〈本會成立ノ顛末〉,《臺灣統計協會雜誌》,1 號 (1903.11),頁 85～86。

〔註161〕〈臨時刊行ノ趣旨〉,《臺灣統計協會雜誌》,12 號 (1905.8),頁 1。

〔註162〕〈發刊ノ辭〉,《臺灣統計協會雜誌》,1 號 (1903.11),頁 1。

相互輔助〔註163〕。1903 年 11 月 2 日，召開委員會及發起人會，推派總督府財務局長祝辰巳爲會長，文書課長加藤尚志爲副會長，水科七三郎爲幹事長，其他委員則有新倉蔚、竹村諫、永野俊吾、小川義郎、山崎永太郎等人〔註164〕。

新倉蔚、竹村諫前文已提及，在此介紹永野俊吾、小川義郎及山崎永太郎三人。永野俊吾大分縣人，1886 年 9 月畢業於專修學校經濟科。1899 年 2 月來臺，1902 年 7 月兼任大藏省屬；1902 年 9 月，參加內閣統計局的第四回統計講習會取得修業證明，其後在總督府統計講習會中也可見其身影，至 1904 年 3 月因病辭官離臺〔註165〕。

小川義郎爲東京人，1897 年 12 月來臺擔任臺北縣屬，其後歷任總督府屬、總督府鐵道部書記、臺中縣屬、苗栗縣署、總督府鐵道部事務官補等職，曾經在總督府推薦下參加過東京統計講習會，1924 年 12 月離開臺灣〔註166〕。山崎永太郎是三重縣人，1902 年 6 來臺〔註167〕，歷任學務部、臨時臺灣土地調查局等職，同樣參加過東京統計講習會（參表 2-3-1　臺灣統計協會中心人物一覽表）。

表 2-3-1　臺灣統計協會中心人物一覽表

姓　名（本籍）	協會職稱	來臺時間	總督府職稱	相關學歷
祝辰巳（山形）	會長	1896.4	總督府財務局長	帝國大學法科大學
加藤尚志（愛知）	副會長	1896.4	官房文書課長	
水科七三郎（北海道）	幹事	1903.8	總督府技師	共立統計學校
新倉蔚（東京）	委員	1895.5	官房文書課統計主查	共立統計學校

〔註163〕大島久滿次，〈臺灣統計協會總會二於ケル演說〉，頁 31～32。
〔註164〕〈本會成立ノ顛末〉，頁 85～86。
〔註165〕第 1015 號文書，〈屬永野俊吾外二名昇級及ヒ依願免官ノ件〉，《臺灣總督府公文類纂》，31 號，第二門・官規官職，1904 年 3 月 31 日。
〔註166〕第 3870 號文書，〈〔元府鐵道部事務官〕小川義郎普通恩給證書下賜〉，《臺灣總督府公文類纂》，3 號，第一門・秘書，1925 年 2 月 1 日。
〔註167〕第 4337 號文書，〈山崎永太郎（雇二採用）〉，《臺灣總督府公文類纂》，7 號，第一門・秘書，1902 年 6 月。

竹村諫 （兵庫）	委員	1904.4	總督府屬	共立統計學校
永野俊吾 （大分）	委員	1899.12	總督府屬	東京統計講習會
小川義郎 （東京）	委員	1897.12	總督府屬	東京統計講習會
山崎永太郎 （三重）	委員	1902.6	總督府屬	東京統計講習會

資料來源：〈本會成立ノ顛末〉，《臺灣統計協會雜誌》，1 號（1903.11），頁 85～86。第
　　　　 1015 號文書，〈屬永野俊吾外二名昇級及ヒ依願免官ノ件〉，《臺灣總督府公
　　　　 文類纂》，31 號，第二門·官規官職，1904 年 3 月 31 日。第 3870 號文書，〈〔元
　　　　 府鐵道部事務官〕小川義郎普通恩給證書下賜〉，《臺灣總督府公文類纂》，3
　　　　 號，第一門·秘書，1925 年 2 月 1 日。第 4337 號文書，〈山崎永太郎（雇二
　　　　 採用）〉，《臺灣總督府公文類纂》，7 號，第一門·秘書，1902 年 6 月。

　　臺灣統計協會爲統計愛好者提供交流統計知識的管道，臺灣民報社理
事中村啓次郎即認爲，臺灣尚未有完善的統計機構，成立臺灣統計協會具
象徵性的意義〔註 168〕。鹿子木小五郎指出，兵馬倥傯時無法精確地實施統
計，臺灣統計協會的誕生，揭示臺灣已進入有秩序的時代，是邁向進步的
證明〔註 169〕。山中政太則指出，臺灣素來缺乏統計概念，是殖民地施政一
大阻礙，臺灣統計協會可凝聚統計意識，是臺灣統計機關完備的象徵〔註 170〕。

　　臺灣統計協會員則分爲名譽會員、終身會員、特別會員、一般會員四
類，加入者多爲中央和地方的統計官員，或日本有名望的統計學者，但對
一般會員並無特別之門檻限制，凡「贊成本會宗旨」之民眾皆可加入。協
會很受知識界歡迎，初設時一般會員即有 2,631 名，特別會員 222 名，名譽
會員 25 名。就會員結構觀之，以總督府所屬地方廳最多，佔 1,771 名，其
次爲總督府內官員有 1,002 名，總督府官員合計佔 96%。其他之民間銀行、
報社等單位，也可見參加者，有 62 名〔註 171〕。至 1907 年，會員計 1,497

〔註 168〕 中村啓次郎，〈臺灣統計協會發會式二於ケル演說〉，《臺灣統計協會雜誌》，2
　　　　　號（1904.1），頁 14。
〔註 169〕 鹿子木小五郎，〈臺灣統計協會發會式二於ケル演說〉，頁 7。
〔註 170〕 山中政太，〈祝辭〉，《臺灣統計協會雜誌》，2 號（1904.1），頁 18。
〔註 171〕 佐藤正広，〈台湾における統計家の活動—統計講習会および『台湾統計協会
　　　　　雜誌』を中心に—〉，頁 11。臺灣統計協會會員的屬性及單位也請參見該文，
　　　　　頁 12～13。

人，名譽會員 29 人、終身會員 9 人、特別會員 127 人，以及通常會員 1,332 人〔註172〕。

（二）發行《臺灣統計協會雜誌》

為提供交流統計相關智識的場域，1903 年 12 月起，臺灣統計協會以雙月刊方式，發行《臺灣統計協會雜誌》做為該會的機關誌，以研究論文為主體，最後是「雜報」，至 1920 年 10 月為止，計發行 156 號。

論文包含海、內外情報介紹與臺灣研究兩部分。前者舉凡統計議題無所不包，包括各國統計理論、統計思想，統計方法介紹，統計學會活動狀況，以及各國家或殖民地，例如：菲律賓、北美、德國、印度、紐西蘭、南美實施統計的狀況。歸納起來，被報導的地方有其共通性，不是先進的帝國主義國家，英、美、法等，就是其殖民地，菲律賓、印度等，由此可見統計官員對臺灣統計的定位。

其次，就臺灣的研究觀之，議題廣及經濟、社會、政治、人文、教育及氣象等議題，頗為多元。經濟的議題有：臺灣的金融狀況、財務狀況、臺灣的貿易趨勢、臺灣鐵路的發展狀況、臺灣各地年度生產額、歷年稻作量和收貨量、茶葉調查、歷年商船往來狀況、臺灣工業統計、砂糖出國狀況、臺灣糖業的變遷、臺灣物價狀況、職業調查、臺灣農產品與貿易狀況、經濟發展狀況、各地方家禽家畜統計、臺灣人的儲蓄狀況等。

社會的議題有：歷年吸食鴉片者人數和死亡人數統計、臺灣各地人口統計、戶口統計、人口消長、歷年出生率和死亡率、歷年自殺人數統計、各地衛生狀況、臺灣的族群狀態、犯罪統計、日本和臺灣犯罪型態比較、纏足人數的變化、臺灣二十年來的進步等。政治的議題有：日本統治臺灣狀況、臺灣的警察、殖民政策問題等。人文的議題有：臺灣地區風俗習慣的觀察、臺灣的宗教信仰、臺灣祭典數次和花費統計等；教育的議題有：各地學齡兒童的就學率和失學狀況、「蕃人」教化狀況、公學校學生狀況、公學校財產調查等。關於臺灣氣象的議題則有：溫度和雨量的統計、臺灣的暴風雨、臺灣人的氣象與生活等。

雜誌最後為「雜報」，是會員們交流的園地，刊載會員們對統計的看法、重要的統計資訊、總督府統計部門各種活動、會員動態，以及人事資訊等，也不乏各地統計講習會的報導，上課筆記或講義，統計官員設計的提問。進

〔註172〕〈第三回總會事務報告〉，《臺灣統計協會雜誌》，26 號（1907.11），頁 119。

而，總督府統計機關的轉換、統計官員的異動、統計部門的變遷，統計政策的公佈，或統計法規的發表等，也可在雜報欄中得到解答。

歸納刊載的文章可知，雜誌開辦前幾期，刊載最多的是開會祝詞和統計講習會祝詞，最多的是統計官員對基層官吏的訓勉，基於對新領土的期待，語多論及實施統計對經營殖民地的重要性，以及對臺灣統計建設的遠景。而在 1905 年 10 月前後，言論中心則圍繞著第一次臨時臺灣戶口調查，或介紹他國或殖民地實施人口調查的案例，甚至為即將實施而增刊。

總督府每從事新的統計活動，也可從雜誌中見到介紹，例如：1908 年前後，官房統計課著手設計「臺灣犯罪統計」和「臺灣人口動態統計」時，即可見對這兩項統計的介紹、運用及時人的看法。此外，其他不屬總督府統計業務的範圍，如：暴風雨或氣象觀察、宗教信仰觀察等，則是會員自由投稿的部分。

《臺灣統計協會雜誌》從創刊到終刊，總共刊行 4,414 篇文章，最多是雜報 2,030 件，其次為論說 1,460 件，會報 710 件，佔總文章數 95%。以地域研究來看，臺灣研究最多，佔 2,886 件，日本本國研究佔 568 件，其次分別為德國、中國、美國、英國及菲律賓等〔註 173〕。

總之，《臺灣統計協會雜誌》為統計愛好者交換心得的園地，雖然會員多為日本人，也有臺灣人受其影響。1904 年 9 月，協會即收到一位臺灣人寫給水科七三郎的信，指出閱讀《臺灣統計協會雜誌》使其感受到日本帝國的文明和統計的趣味，因而捐贈五圓，希為臺灣的統計事業聊表心意〔註 174〕。臺灣統計協會於 1920 年解散，會務交由《臺灣時報》發行所承接〔註 175〕，解散原因並不可知，推測是因水科七三郎於 1918 年卸下總督府統計主管職務，改以囑託任免，又於 1919 年離開臺灣，造成臺灣統計協會缺少熱心人士主持所致。

二、統計講習會的開辦

從統計官員的復命書可知，總督府雖制訂了統計報告的規範，但地方對於如何蒐集統計材料並無具體認知，導致中央常無法得到精確的統計資料。

〔註 173〕 佐藤正広，〈台湾における統計家の活動―統計講習会および『台湾統計協会雜誌』を中心に―〉，頁 50～51。
〔註 174〕 〈統計學熱心ノ本島人〉，《臺灣統計協會雜誌》，6 號（1904.9），頁 98。
〔註 175〕 〈臺灣統計協會解散〉，《臺灣時報》，1902 年 12 月 28 日。

然而，蒐集統計材料為地方之職責，因此，統計官員也藉著開辦講習會，充實地方官員的統計知識，官房文書課時期，舉行過兩次講習會，對統計材料的蒐集與統計知識的傳遞而言，皆有其正面的效果。

（一）統計講習會的課程

以往官員至東京參加統計講習會，路途遙遠甚為不便，因應統計學術及講解實務之需〔註176〕，使官員更了解統計理論和實務，1903年9月，總督府以訓令第一百七十三號制訂「臺灣總督府統計講習會規程」，規程中指出，社會趨於複雜，對統計事項的瞭解更加迫切，而傳授官員統計的智識，給予統計材料蒐集和編纂一定的方針。同月，制定「統計講習會細則」，在臺北簡易商工學校內開設統計講習會，成為臺灣開設統計講習會之濫觴。

於講習會的開學典禮中，官員莫不一再對參加的講習員強調，統計在國家發展的重要性，例如：持地六三郎即明確指出，總督府自實施民政以來，陸續制訂各種統計樣式，每年定期出版統計報告書，報告書的材料多出自於地方街庄役場之手，若材料收集不確實，即使統計樣式多精密，也無法收其成果。開辦講習會的目的，即是使地方官員充分學習統計知識，有助精確地蒐集統計材料，編製具信度的統計報告〔註177〕，這也是講習會最大的目標。

第一次統計講習會自1903年10月20至11月24日止〔註178〕，每日授課五小時，總時數為150小時，另有10小時的實習課。第二回統計講習會自1904年10月1日至11月7日〔註179〕，同樣每日授課五小時，總時數為111小時。再就講習會的課程觀之，開設課程內容包括：內外統計略史、理論統計、方法統計、人口統計、經濟統計、倫理統計、行政統計、國勢調查法、統計實習等〔註180〕。

〔註176〕〈臺灣統計講習會證書授與式〉，《統計集誌》，273號（1903.12），頁436。

〔註177〕持地六三郎，〈臺灣總督府統計講習會開會式二於ケル演說〉，《臺灣統計協會雜誌》，1號（1903.11），頁14～15。

〔註178〕第4202號文書，〈統計講習會開設二付民政長官ヨリ通達〉，《臺灣總督府公文類纂》，31號，第一門・庶務，1903年9月。

〔註179〕橫澤次郎，〈第二回統計講習會會務報告〉，《臺灣統計協會雜誌》，7號（1904.11），頁77～80。

〔註180〕〈臺灣總督府統計講習會記事〉，《臺灣統計協會雜誌》，1號（1903.11），頁80。

（二）統計講習會的師資

就兩次講習會任課的講師觀之，有總督府參事官持地六三郎，以及統計官員水科七三郎、新倉蔚、竹村諫、永野俊吾、都筑能悌、永山嘉一等人。水科七三郎、新倉蔚、竹村諫及永野俊吾，前文已提及。在此介紹都筑能悌、森山守次及永山嘉一。

都筑能悌千葉縣人，1896 年 10 月來臺，最初任職於民政部，後又兼任製藥所和警部工作事項，在 1905 年的國勢調查中也扮有角色，不過至 1907 年 8 月，因病辭去在總督府的所有職務〔註 181〕。森山守次個人學經歷不詳，只知其以統計事務囑託短暫來臺，1905 年 7 月，因委託事務結束而解除職務〔註 182〕。永山嘉一則為大分縣人，原先服務於三重縣，1899 年 1 月，任職於內閣統計局，1904 年 5 月，因協助國勢調查事項而來臺〔註 183〕，1908 年國勢調查事項結束後回到日本（參表 2-3-2　總督府統計講習會講師與課程一覽表）。

表 2-3-2　總督府統計講習會講師與課程一覽表

	開辦時間	講師		課程
第一回	1903.10.20～1903.11.24	持地六三郎	臺灣總督府參事官	經濟大意
		水科七三郎	臺灣總督府技師	理論統計、統計方法、國勢調查法
		新倉蔚	統計主查	人口統計
		竹村諫	臺灣總督府屬	內外統計略史、行政統計
		永野俊吾	臺灣總督府屬	經濟統計
		都筑能悌	臺灣總督府屬	倫理統計

〔註 181〕 第 111 號文書，〈都筑能悌民政局雇任命ノ件〉，《臺灣總督府公文類纂》，96 號，第二門・官規官職，1896 年 10 月 30 日；第 564 號文書，〈都筑能悌外一名屬二任命〉，《臺灣總督府公文類纂》，39 號，第二門・官規官職，1900 年 3 月 31 日；第 4972 號文書，〈元總督府屬兼警部都筑能悌二退官賜金給與ノ件〉，《臺灣總督府公文類纂》，6 號，第一門・秘書，1907 年 8 月 1 日。

〔註 182〕 第 1126 號文書，〈戶口調查事務囑託森山守次解囑ノ件〉，《臺灣總督府公文類纂》，8 號，第一門・秘書，1905 年 7 月 1 日。

〔註 183〕 第 1368 號文書，〈永山嘉一恩給證書附與ノ件〉，《臺灣總督府公文類纂》，2 號，第一門・秘書，1908 年 4 月 4 日；內閣屬永山嘉一台灣總督府ヘ採用ノ儀二付總督秘書官ヘ回答ノ件〉，《公文雜纂》，公文雜纂・明治三十七年・第一卷・內閣一・內閣一，1904 年。

第二回	1904.10.1～ 1904.11.7	水科七三郎	臺灣總督府技師	理論統計、統計方法、國勢調查法
		森山守次	臺灣總督府囑託	經濟統計、統計大意
		永山嘉一	臺灣總督府囑託	人口統計
		竹村諫	臺灣總督府屬	內外統計略史、行政統計
		都筑能悌	臺灣總督府屬	倫理統計

資料來源：〈臺灣總督府統計講習會記事〉，《臺灣統計協會雜誌》，1 號（1903.11），頁 81；臺灣總督府官房統計課，《臨時臺灣戶口調查顚末》，頁 7；〈第二回統計講習會會務報告〉，《臺灣統計協會雜誌》，7 號（1904.11），頁 77。

（三）統計講習會的學員

就講習會的學員而言，多來自地方廳總務課和警務課，負責統計事務之官員。第一次講習會參學員者共 100 人，另有地方廳總務課、警務課各派 1 名，其他官廳各派 1 名，警察本署 1 名、文書課 2 名、地方課 2 名、學務課 1 名及臺北監獄 1 名等，合計 7 名之旁聽生〔註 184〕。第二次參加學員總計 85 人，由地方廳選出兩名，其他各官廳選出一名之外，又允許 19 名旁聽生〔註 185〕。學員以來自總督府內部的雇、屬及書記最多，地方廳則是因警察為調查時的主力，因此以警部、警部補及巡查等警察系統人員居多。課程結束後舉辦結業測驗，通過者頒發證書，這些結業的講習生，除了在日後地方廳統計事務中發揮功能，在日後總督府統計事業的的推進上，也佔有一席之地，例如：在兩屆講習會第一名結業的優秀學員，窪田貞二和堤一馬。

第一屆統計講習會以第一名結業的窪田貞二〔註 186〕，原身份為軍人。1895 年 2 月，入伍第三師團輜重兵第三大隊，同年 11 月，跟隨軍隊在宇品港出發來臺。1897 年 12 月，擔任陸軍憲兵二等軍曹，1903 年 9 月，滿役退伍離開軍職。退伍之後，1903 年 12 月，擔任臺南廳技手〔註 187〕。窪田貞二在領臺初期，曾經以軍人的身份，協助總督府實施戶口調查，對憲兵草率的

〔註 184〕〈臺灣總督府統計講習會記事〉，頁 80。
〔註 185〕橫澤次郎，〈第二回統計講習會會務報告〉，頁 77～80。
〔註 186〕〈臺灣統計講習會證書授與式〉，《臺灣統計協會雜誌》，2 號（1904.1），頁 53～54。
〔註 187〕第 1601 號文書，〈窪田貞二恩給證書送付ノ件〉，《臺灣總督府公文類纂》，8 號，第一門・秘書，1910 年 1 月 28 日。

調查方式相當詬病，而於 1901 年 10 月，在《統計集誌》上撰文呼籲實施國勢調查〔註 188〕，他也是 1902 年 7 月，被總督府派遣到東京參加統計講習會的講習生〔註 189〕，並成為臺灣統計協會的創會者之一〔註 190〕。1905 年第一次臨時臺灣戶口調查實施時，在臺南廳統計事務的推動也著力甚多〔註 191〕，《臺灣統計協會雜誌》中也可見其著作。不過，窪田在臺南廳僅服務至 1909 年 8 月，即因染病而辭職〔註 192〕。

　　第二屆講習會第一名結業的是堤一馬，參加統計講習會時，不過是鳳山縣屬，僅是一位相當資淺的殖民官員，日後卻在總督府統計事業中發光發熱。堤一馬 1875 年 7 月出生於福岡縣，歷任福岡縣、司法省官員，1904 年 3 月來臺，先於鳳山縣現職。由於具統計講習會第一名結業的優秀資歷，1907 年 8 起，堤一馬轉至中央，擔任總督府屬兼臨時臺灣戶口調查部屬，其後便一直任職於中央統計機關，更於 1920 年 3 月升任統計最高長官：臺灣總督府統計官，至 1924 年 10 月為止〔註 193〕。關於其統計業績，第四章和第五章另有論述。

　　此後，不管總督府統計機關如何變遷，每年均開辦統計講習會，論者指出，從《臺灣統計協會雜誌》的記事觀之，講習會結束之後，講師和學員在懇親會中把酒言歡，暢談統計理念，用彼此才能理解的詞彙溝通和討論，成為外人無法窺其堂奧的世界〔註 194〕，可見統計講習會對於臺灣殖民地官員統計意識的凝聚，起了一定作用。

三、統計專家的理念

　　《臺灣統計協會雜誌》為會員交流統計知識的園地，其中刊載多篇文章；統計講習會主要是為訓練基層人員熟悉統計知識，使其在進行國勢調查能有

〔註 188〕 窪田貞二，〈臺灣に國勢調查の施行を望む〉，頁 471。
〔註 189〕 臺灣總督府，《臺灣總督府民政事務成績提要》，第八編（1901），頁 40。
〔註 190〕 〈本會成立ノ顛末〉，《臺灣統計協會雜誌》，1 號（1903.11），頁 85～86。
〔註 191〕 窪田貞二，〈臨時臺灣戶口調查ヲ追想シテ所感ヲ述ブ〉，《臺灣統計協會雜誌》，44 號（1909.10）。
〔註 192〕 第 1663 號文書，〈臺南廳技手窪田貞二依願免本官〉，《臺灣總督府公文類纂》，第 13 號，第一門・秘書，1909 年 8 月 1 日。
〔註 193〕 參第 3761 號文書，〈堤一馬普通恩給証書下付〉〉，《臺灣總督府公文類纂》，24 號，第一門・秘書，1924 年 5 月。
〔註 194〕 佐藤正廣，〈台灣における統計家の活動—統計講習會および『台灣統計協會雜誌』を中心に一〉，頁 21～23。

其概念。以下以這兩種素材，觀察統計家團體對臺灣實施統計的理念。

（一）新領土的統計空間

對日人統計家而言，臺灣爲尚未開發，亟待雕琢，且足以一展長才的新領地。1903 年 10 月，後藤新平在臺灣統計協會開會演說中指出，美國是世界新興之地，成爲新智識的匯集地與國際統計事業的重鎮，臺灣與美國同樣爲新領土，具有相同的條件，相信也能與美國一般，統計事業有長足進步〔註 195〕，期望臺灣的統計也能如美國一般興盛〔註 196〕。

警務總長大島久滿次指出，臺灣與日本風俗文化頗多不同，統治者應先對臺灣實施精確的測量，才能施行適當的政策。歐洲先進國家向來頗爲注意殖民地統計，或以本國政府之力對殖民地實施統計調查，或在殖民地設置統計官廳。例如：英國的殖民地統計技術即頗爲發達，對殖民地實施各種人口、殖產、通商及教育等。大島久滿次指出，唯有在殖民地臺灣實施各種統計調查，擁有健全的資訊，才足以一窺殖民地實況〔註 197〕。

1903 年 10 月，祝辰巳於第一次統計講習會長致詞時指出，統計是國家施政的基礎，關係著政府事業或民間工作是否順利進行，一國消長盛衰或強弱優劣，皆可由統計結果來做判斷。統計技術的優劣，足以顯示國家的文明程度，若以房子來比喻各國的統計技術，歐美先進國家就像一棟以堅固的石材和煉瓦建造的壯麗家屋；日本就像一棟木造家屋；但臺灣就像一間破敗頹圮的房子。雖然在臺灣實施統計遠比日本更爲困難，但爲了適應時代，必須對社會狀況有基本認知，這是統計的職責和任務〔註 198〕。

（二）在臺灣實施統計的重要性

水科七三郎在 1904 年的嘉義讀書會中指出，統計是以數字解釋人類和社會的關係，由一國統計發達與否，可看出該國是否文明，統計之於國家，如同指南針之於航行在大海中的船隻，只要有指南針，船隻不論在哪裡，皆能朝著正確的方向前進。以統計的結果看社會，就如同從望遠鏡中看世界，由

〔註 195〕後藤新平，〈臺灣統計協會發會式ニ於ケル演說〉，《臺灣統計協會雜誌》，1號（1903.11），頁 26～27。

〔註 196〕後藤新平，〈臺灣總督府統計講習會開會式ニ於ケル演說〉，《臺灣統計協會雜誌》，1號（1903.11），頁 26。

〔註 197〕大島久滿次，〈臺灣統計協會總會ニ於ケル演說〉，頁 30～31。

〔註 198〕祝辰巳，〈臺灣總督府統計講習會開會式ニ於ケル式辭〉，《臺灣統計協會雜誌》，1號（1903.11），頁 8～10。

小見大，清楚地呈現人類的生活、經濟、教育及發展等樣貌〔註199〕，進一步比較和分析，即可發現社會的疾病，依此對症下藥，改良社會問題〔註200〕。殖民地各種施政建設，皆須仰賴統計作爲基礎，若無完善的統計報告，教育、殖產、貿易、農、工、商等各項措施，就無法順利推行。

再則，臺灣約三百萬人口中，蕃族約八萬人，內地人約五萬人，人口數最多的則是本島人，其中又包括廣東人、漳州人、泉州人等，以及稱爲熟蕃的住民，必須實施完善的統計調查，否則無法瞭解臺灣人口的複雜關係〔註201〕。此外，臺灣社會存在許多日本人不了解的慣習，例如：纏足問題、鴉片吸食問題，以及查媒嫺究竟是養女還是下女等問題，這些對日人的生活經驗來說陌生，卻普遍存在於臺灣社會的現象，實有徹底調查和瞭解的意義〔註202〕。

進而，對臺灣實施統計調查，是熟悉母國和新領土關係的方法。花房直三郎指出，現今日本和臺灣雖同屬一國，但內地人和本島人不論身體上、道德上、智育上，或經濟上皆大不相同〔註203〕，尤其臺灣地區語言種類甚多，一地之內彷彿有好幾個國家，如能明白臺灣各種語言的變化，即可明白臺灣的風俗和文化，對施政將有極大助益〔註204〕。

再就治安問題而言，日本領有臺灣時，武裝抗日方興未艾，造成甚多死傷，原住民也常掀起抗爭，臺灣各族群的械鬥也尚未平息〔註205〕，種種治安紛擾，成爲當局施政的隱憂。進而，臺灣除了定居的人口外，尚有許多浮動人口，浮動人口除了少數歐美人士之外，大部分爲對岸的清國人。清國人和本島人文化程度相當，語言風俗接近，往來親密頻繁，本島人與清國人間的往來，是必須注意的問題〔註206〕，若能實施精確的調查，即能明白臺灣住民的分佈情形，對政權穩定來說確有其必要性。

〔註199〕〈嘉義讀書會二於ケル統計談・水科總督府技師ノ統計談〉，《臺灣統計協會雜誌》，3 號（1904.3），頁 93。

〔註200〕〈彰化廳統計講習會・講師水科七三郎演說〉，《臺灣統計協會雜誌》，8 號（1905.1），頁 71。

〔註201〕水科七三郎，〈社會物理學〉，《臺灣統計協會雜誌》，2 號（1904.1），頁 30～31。

〔註202〕祝辰巳，〈警務課長會議二於ケル演說〉，《臺灣統計協會雜誌》，12 號（1905.8），頁 9。

〔註203〕花房直三郎，〈臺灣戶口調查二就テ〉，頁 36～37。

〔註204〕花房直三郎，〈國勢調查に就て〉，《臺灣統計協會雜誌》，10 號（1905.5），頁 20～21。

〔註205〕〈水科總督府技師ノ統計談〉，頁 94。

〔註206〕花房直三郎，〈臺灣戶口調查二就テ〉，頁 36～37。

（三）在臺灣的統計官員應具備的條件

警視總長大島久滿次在臺灣統計協會演講時指出，統計是國家的良心事業，是為了解決社會複雜的現象而誕生，實施統計需平心靜氣，採取公平的立場，才能製作符合施政需求的統計報告，以精準的數字來掃除本島人的「差不多主義」〔註207〕。

山崎永太郎指出，為早日達成與日本同化的目標，必須趁早在臺灣實施統計調查，而身為在臺灣的統計家，首先必須熟悉臺灣的語言，就像西方的傳道者，以流利的土語講解基督教義，若實施調查必須仰賴通譯，就像是隔靴搔癢，無法達到統計的功效。其次，必須瞭解臺灣的舊慣、歷史及地理，中國的事情，以及世界各殖民地的形勢，才能保有對臺灣更敏銳的觀察度。最後，由於臺灣是多元民族，複雜的種族和多語言，惡劣的風土氣候，以及治安的不靖，在臺灣的統計專家需經過更嚴格的訓練〔註208〕。

作為採集資料的第一線，基層統計官員責任不可謂不重。1904 年 7 月，水科七三郎於桃園廳統計講習會演說時，引用日本杉亨二和法國哥魯尼兩位統計前輩的話作為訓誡，認為身為統計家必須站穩立場，體認責任重大，態度要謹慎不可輕忽，堅守中立不偏頗，對統計結果的數字不可灌水，也不得任意更改，要細心觀察社會狀態和習慣，保持獨立的性格，探討事務之真偽，不能被政治、經濟或宗教等外在因素影響心智〔註209〕。由此可知，除專業知識之培訓外，統計家更需具備職業操守和個人品德。

綜上可知，明治維新之後，日本在中央建立統計機關，逐漸進行統計建設，日本統計制度受德國影響最深，不論就統計機關組織機構，統計人才的培育，或統計業務的規劃等項，皆拷貝自德國。日本統計家自始即頗留意歐美統計制度的發展，以及國際統計組織的訊息，取得臺灣之後，也在臺灣設立統計機關，派遣統計官員來臺，建立殖民地的統計體系。

日人統計家認為，統計是帝國拓展新領土的急先鋒，如高橋二郎所言，新開發的國家或是殖民地，統計事業尤較本國來的重要，澳洲、南美洲等，世界新興地區的統計活動，都比歐州傳統國家發達，新領土臺灣也需進行各

〔註207〕 大島久滿次，〈臺灣統計協會總會二於ケル演說〉，頁 31～33。
〔註208〕 山崎永太郎，〈臺灣二於ケル統計家〉，《臺灣統計協會雜誌》，1 號（1903.11），頁 71～73。
〔註209〕 〈桃仔園廳統計講習會・水科技師ノ演說〉，《臺灣統計協會雜誌》，6 號（1904.9），頁 91。

種統計事業，確保殖民地的施政成效〔註210〕。第一批來臺的統計官員，是新倉蔚、水科七三郎、竹村諫，三人共同特色為：畢業於共立統計學校，有北海道經驗，具內閣統計局的經驗或人脈，此共同點應非偶然。

　　歸納來說，統計官員認為占領初期的臺灣治安不靖，種族複雜，若沒有實施正確的統計，則難收統治之效，且實施統計可建立本島人對數字的概念，掃除差不多的習性，且由於臺灣特殊的風俗民情，因此在臺灣實施統計，需具備更多的條件和技術。要言之，日治初期第一批來臺的統計官員，秉持對統計的熱誠，為殖民政府服務，成為殖民當局在臺灣各種施政問題的解答者。

〔註210〕高橋二郎，〈統計と拓殖の關係〉，頁 450。

第三章　統計調查的開始

（1903.8～1908.3）

　　1905 年 10 月 1 日，總督府實施第一次臨時臺灣戶口調查，爲殖民地臺灣統計調查的開始〔註1〕。臨時臺灣戶口調查（或稱國勢調查）原名人口調查（census），是編製人口統計書之前，取得統計數據的步驟〔註2〕，目的在確認某一時期、一定場所之內，人口的數目及其自然和社會的狀態〔註3〕，向來是先進國家普遍注重的統計調查。總督府參酌殖民範例在臺灣實施，由於施調對象爲多元民族，爲獲得有效的數據，統計官員除須瞭解人口調查的專業知識，更需瞭解臺灣住民的特性，困難度尤甚於本國。臺灣住民在接受調查的過程中，同樣歷經一場文明的洗禮。本章擬探討第一次臨時臺灣戶口調查的背景、過程及成果，究明總督府第一次實施統計調查的歷程〔註4〕。

〔註1〕第 1059 號文書，〈戶口調查二關スル敕令制定ノ件〉，《臺灣總督府公文類纂》，4 號，第二門・文書，1905 年 5 月 29 日。

〔註2〕人口統計分爲人口靜態統計和人口動態統計兩種，前者主要觀察人口構成狀態，後者主要觀察人口變動狀態，臨時臺灣戶口調查屬於人口靜態統計。參藪內武司，〈国勢調査前史〉，《日本統計発達史研究》（京都：法律文化社，1995.7），頁 150。

〔註3〕森孝三，〈國勢調查ノ實用〉，《臺灣統計協會雜誌》2 號（1904.1），頁 35。

〔註4〕至於人口動態調查及《臺灣人口動態統計》，係於 1908 年官房統計課成立後執行，將於「第四章第二節」中說明。

第一節　臨時臺灣戶口調查之籌備

　　人口是國家的基本要素〔註5〕，掌握人口狀態是執政者施政的先決條件〔註6〕，早在西元前550年，羅馬的奧古斯都皇帝即實施過人口調查，並將調查結果編成統計書，此爲歐美人口統計的胚胎〔註7〕。最早實施符合現代統計學規範之人口調查的國家是美國，爾後，鑑於實施國家的逐漸增多，國際統計會議遂制定人口調查的規範。日本方面，人口調查向來爲杉派成員所重視，在統計學會或統計學校等言論發聲場域，均可見其論述和主張。然而人口調查所費不貲，日本不敢貿然實施，而將臺灣作爲實驗場域，加以後藤新平等殖民地官員的支持，反使臺灣成爲早於日本實施人口調查的區域。以下說明人口調查的歷史、臺灣的籌備情形，以及調查人員的訓練狀況等議題。

一、人口調查歷史

（一）西方人口調查的發展

　　最早實施符合近代統計學規範之人口調查的是美國，1790年，美國因需清查各州總人口數，以作爲眾議員選舉名額分配的標準，而規定各州必須在同一時間，一齊調查該地人口、年齡及性別等項目，將結果編製成按照人種和地區分類的人口統計表，由是開啓人口調查的契機。其後，又加入農業、工業、商業、交通、出生、死亡、物產、財政及教育等調查項目〔註8〕。繼之1801年，英國也開始舉行人口調查，內容爲家族、性別、家畜數目、住宅數及農工商人數等，週期同樣十年一次。爾後法、德、荷、俄、挪威等國也接力實施〔註9〕，並將結果編製統計書，人口調查逐漸成爲各國的行政慣例。

　　因應人口調查逐漸盛行，國際統計組織進一步確立調查規範〔註10〕。1853年第一屆國際統計會議審議了調查的內容，指出人口調查於十年舉行一次，

〔註5〕 橫山雅男，〈國勢調查に就て〉，《統計集誌》，356號（1910.10），頁798。

〔註6〕 水科七三郎，〈臺灣センサスの由來〉，《統計集誌》，356號（1927.4），頁151～152。

〔註7〕 橫山雅男，〈南滿洲長春に於ける國勢調查講演〉，《統計學雜誌》，469號（1925.7），頁273。

〔註8〕 相原重政，〈歐美各國國勢調查の來歷及其現況〉，《統計集誌》，359號（1911.1），頁122。

〔註9〕 水越幸一，〈國勢調查施行に就て〉，《臺灣協會雜誌》，一月號（1920.1），頁43。

〔註10〕 相原重政，〈歐美各國國勢調查の來歷及其現況〉，頁122。

最好於 12 月實施，應設置調查特別委員會，製作成以家庭為單位的調查票，調查內容為：姓名、年齡、出生地、常用語言、宗教、婚姻關係、職業等項目〔註 11〕。其後，1872 年召開的第八屆國際統計會議，取得人口調查實施的標準，指出內容需包括：姓名、年齡、家族關係、配偶、職業、宗教、語言、閱讀能力、國籍、住所，是否有疾病等。換言之，人口調查的項目分為三大類：第一、人類自然上的差異：即為性別、年齡、國籍、語言及精神上的疾病；第二、人類道德上及智慧上的差距：即為宗教、教育；第三、人類社會上的差異：即家族關係、配偶、職業、地址等〔註 12〕。

　　國際統計會議中斷之後，繼之而起的國際統計協會更有突破性的創舉。於 1887 年的會議中提出「世界人口調查」計畫，主張各國可在 1900 年「最好的世紀」時，一起舉行人口調查，之後每十年固定實施一次。該提案經各國同意之後，緊接著討論調查內容和調查表樣式〔註 13〕。而前章也論及，西方殖民國家如英國，在其殖民地也實施人口調查，作為施政方針的參考與掌控住民的手段。可見 19 世紀之後，定期實施人口調查，已成為國際的普遍共識。

（二）日本國勢調查的發展

1. 甲斐國試行調查

　　日本方面，推動人口調查重要人物為杉亨二。19 世紀是西方開始實施人口調查的時期，杉亨二接觸了西方的人口統計資料，視調查為畢生最大的目標。1869 年 2 月，杉亨二得到開成所時期的學生，沼津奉行阿部國之助與府中奉行中臺伸太郎兩人的支援，在府中、江九、沼津、原、清水港等，靜岡 96 町（今之日本靜岡縣北部及東北部）實施試驗性人口調查，相繼完成「駿河國沼津政表」、「駿河國原政表」兩部統計報告〔註 14〕。以今日眼光觀之，調查方法雖頗為粗淺，但說是近代日本人口統計的端緒也不為過〔註 15〕。

〔註 11〕 二階堂保則，〈國勢調查に就て（一）〉，《統計集誌》，455 號（1919.1），頁 13～14。

〔註 12〕 高橋二郎，〈人口統計大意〉，《統計集誌》，278 號（1904.5），頁 220～221。

〔註 13〕 高橋二郎，〈千九百年萬國世紀仙察斯の歷史、各種萬國會の決議、萬國共通表式並に各國の形勢〉，《統計集誌》，224 號（1899.11），頁 524。

〔註 14〕 河合利安，〈杉先生略傳〉，頁 37。

〔註 15〕 藪內武司，〈国勢調查前史〉，頁 154～155。

　　明治維新初期，日本社會仍不甚安定，對新政府不滿的浮浪人〔註 16〕動輒滋事，對政府而言為極大威脅。為掌握脫籍浮浪人的數目，必須規劃健全的戶籍制度。1871 年 4 月，太政官公佈「戶籍法」，定於隔年 1 月 29 日實施戶口調查〔註 17〕。當時杉亨二服務於民部省，戶籍法公佈之後，民部省希望杉亨二能根據戶籍簿規劃人口調查，然而，杉亨二認為，人口調查不應僅是戶籍調查，應實施以究明全國人口變遷為目的之統計調查。

　　7 月 29 日〔註 18〕，杉亨二向大藏大輔兼民部大輔大隈重信提出建議書，指出統計調查是以統計表方式呈現人口、物產等天下事，結果影響政治深遠，目前日本社會累積許多數百年，對統計調查頗多妨礙的陋習。杉亨二認為應撤廢奴隸，允許四民通婚，以及廢除土下座〔註 19〕，唯有實現人民平等，才能正確地實施統計調查〔註 20〕。然而，杉亨二的建言當時並沒有受到重視〔註 21〕。

　　1871 年 12 月，杉亨二擔任政表課大主記之後，仍不放棄人口調查。他不斷地學習歐洲統計理論和學說〔註 22〕，基於在駿河國的調查經驗，提出實施人口調查的構想。1873 年 3 月，更上書批判 1872 年戶籍調查之缺陷，強烈批判以戶籍為目的之人口調查，建議應儘速實施全國的人口統計調查，同時，也藉著政表會議陳述人口調查的重要性，與介紹荷蘭實施人口調查的情形。

　　為催生日本的人口調查，1878 年 9 月，杉亨二召集部屬世良太一、小野彌一、寺田勇吉、高橋二郎、吳文聰、小川為次郎、宇川盛三郎、物集女清久、岡松徑、吳文聰等，商討人口調查實施事項。經過兩個半月擘劃及籌備，完成人口調查計畫書，希望政府能同意挑選東京附近地方，實施試驗性的人口調查。計畫書獲得同意之後，1879 年 2 月，杉亨二選中東京附近的甲斐國

〔註 16〕脫離本籍在其他地方流浪或寄居者。
〔註 17〕藪內武司，〈国勢調査前史〉，頁 160～163。
〔註 18〕横山雅男，〈日本統計の誕生日－明治三年七月二十九日〉，《統計學雜誌》，554 號（1932.8），頁 279。
〔註 19〕雙腿跪在地上，把頭壓低貼到地板表示尊敬的行禮方式。
〔註 20〕日笠研太，〈杉亨二博士と明治維新の統計（二）〉，頁 64～66。
〔註 21〕河合利安，〈杉先生略傳〉，頁 52。
〔註 22〕華山親義，〈明治初年の官府統計雜考（一）〉，《統計集誌》，612 號（1932.6），頁 6；高橋二郎，〈本邦中央統計機關の沿革〉，《統計集誌》，359 號（1911.1），頁 73。

（今日的山梨縣）〔註 23〕作為調查的試驗地區，他與縣令藤村紫朗協議，召集縣下九郡郡長和郡書記官，印刷 11 萬份調查表發送至各町村，調查姓名、地址、家族成員、年齡、性別、婚姻狀況、職業、出生地及健康狀況等。

此次調查具有現代人口統計的影子。當時國際統計會議正於聖彼得堡舉辦，會議中決定「人口統計的國際調查事項」，甲斐國的調查深受其影響〔註 24〕。原先預定隔年 2 月完成調查，適逢天皇巡幸與徵兵令改正，直到 8 月下旬才完成，同年 11 月調查票送至統計課，1881 年 10 月，由改組後的統計院公佈調查成果〔註 25〕。

1882 年 6 月 27 日，統計院完成數據的統整，10 月刊行「甲斐國現在人別調」報告書。結果顯示，甲斐國人口數為 39 萬 7,416 人〔註 26〕。杉亨二又於 1883 年繼續實施甲斐國人口動態調查〔註 27〕。論者認為，甲斐國試行調查為杉亨二多年來吸收各國統計思想，特別是德國社會統計學體系理論的具體實踐〔註 28〕，也是近代日本國勢調查的試驗〔註 29〕，可說殊具意義。

2. 國勢調查促進運動

當時日本正忙於對外擴張，無暇注意人口調查，統計團體的鼓吹和提倡具有重要作用。1884 年 4 月，東京統計協會開始在定期會議中，討論國勢調查的議題，緊接著推舉七位調查委員，從事國勢調查方法的研究〔註 30〕。1892 年 2 月，橫山雅男於例行演講中指出，人口統計是各種統計的根本，有精確的人口統計，才能探究國家農、工、商、財政、軍事、司法、教育及衛生的狀態〔註 31〕。

〔註 23〕 之所以選擇甲斐國，主要考量在於該地山林環繞，空間自成一區，人民出入單純，交通方便，花費用較低。當地官員施政治績頗佳，深得人民信任，實施調查較無阻礙。參藪内武司，〈国勢調査前史〉，頁 173。

〔註 24〕 藪内武司，〈国勢調査前史〉，頁 173～175。

〔註 25〕 高橋二郎，〈明治十二年末甲斐國現在人別調顛末〉，《統計集誌》，288 號（1905.3），頁 112。

〔註 26〕 同上註 25。

〔註 27〕 島村史郎，《日本統計発達史》，頁 48。

〔註 28〕 藪内武司，〈国勢調査前史〉，頁 176。

〔註 29〕 花房直三郎，〈明治十二年末の甲斐國〉，《統計學雜誌》，264 號（1908.6），頁 105。

〔註 30〕 橫山雅男，〈國勢調査問題と我が東京統計協會〉，《統計集誌》，359 號（1911.1），頁 186。

〔註 31〕 橫山雅男，〈人口調の實行に就て〉，《統計集誌》，126 號（1892.2），頁 50。

隔年 1 月，橫山雅男又指出，國家的基礎是土地和住民，恰如車子的兩輪，政府根據土地支配人民，根據人民支配土地，是自古以來統治國家不變的道理。橫山以法王路易十四獎勵生產，鼓勵外人移居法國的例子，認為人口數量與國家強弱成正比，不可輕忽人民的重要性〔註 32〕。指出近來日本從全國人民中推選三百位代議士，進帝國議會審議國事，由於無法掌握全國精確人口，選出標準備受質疑，而近日引起社會關注的職工問題，也必須先掌握精確的人口，才能瞭解基層社會的經濟狀態〔註 33〕。要言之，惟有實施人口調查，各項政策才有實現的可能。

1895 年 8 月，國際統計協會在瑞士召開，各國決議於 1900 年聯合舉辦「世界人口調查」〔註 34〕，協會主席邀請日本內閣統計局實施。此邀約在國內獲得迴響，造成一股「國勢調查促進運動」的旋風〔註 35〕，給國勢調查帶來契機。有志者認為，若能與歐美同步於 1900 年實施調查，將是日本躋身文明國之列的證明。

1896 年 3 月，東京統計協會會長花房義質向伊藤博文提出「民勢大調查建議書」；渡邊洪基等 19 位東京統計協會會員，也向貴眾兩院提出「明治三十三年國勢調查施行請願」〔註 36〕。眾議院議員江原素六、石塚重平、和田彥次郎、高田早苗等人，也聯合提出將「國勢調查執行建議案」排入議程，並將建議案交付內閣；貴族院議員船越衛、千阪高雅等人也提出「國勢調查建議案」〔註 37〕等，各種請願均希望能於 1900 年與歐美共同實施國勢調查。

然而，即使國勢調查促進運動以驚人的氣勢展開，政府反應仍頗為遲鈍。當時日本正展開帝國主義的序幕，先是對朝鮮出兵，接著爆發中日甲午戰爭，隨後派遣軍隊接收臺灣。擴充軍備與戰後恢復的龐大經濟負擔，使日本政府

〔註 32〕 橫山雅男，〈人口實查の急務〉，《統計集誌》，137 號（1893.1），頁 11〜13。
〔註 33〕 橫山雅男，〈人口實查の急務（接第百三十七號）〉，《統計集誌》，140 號（1893.4），頁 139〜141。
〔註 34〕 高橋二郎，〈千九百年萬國世紀仙察斯の歷史、各種萬國會の決議、萬國共通表式並に各國の形勢〉，頁 524。
〔註 35〕 佐藤正広，《国勢調査と日本近代》，頁 27。
〔註 36〕 這 19 人分別是伊東祐穀、細川雄二郎、岡松徑、渡邊洪基、河合利安、込啓一郎、高橋二郎、多久米三郎、永井久一郎、中村金藏、吳文聰、相原重政、齋藤信一、篠崎亮、廣瀨吉雄、世良太一、關三吉郎、鈴木敬治及橫山雅男。參橫山雅男，〈國勢調查問題と我が東京統計協會〉，頁 86〜87。
〔註 37〕 藪内武司，〈国勢調査前史〉，頁 201。

對國勢調查並無反應，1898 年 5 月江原素六等人再度陳請，政府仍以統計機關尚未完備爲由，拒絕了提案〔註 38〕。

　　直到 1898 年 6 月，伊藤內閣總辭，大隈內閣成立。大隈內閣上任的新氣象，給日本統計活動帶來契機〔註 39〕。大隈重信向來支持統計活動，10 月成立內閣統計局，花房直三郎就任局長。花房直三郎向來熱心於推動國勢調查，與研究歐美各國人口統計，上任之後，國勢調查成爲內閣統計局的主力業務〔註 40〕。1900 年 5 月，審查官吳文聰赴美考察人口調查〔註 41〕，回國後發起「國勢調查法律私案」，提出應於 1905 年實施第一次國勢調查，爾後每五年於帝國版圖內實施，第一次爲小調查，調查人口事項，第二次爲大調查，另加入經濟事項，此後小調查、大調查交替實施，以及調查範圍應及於臺灣等主張〔註 42〕。

　　3.「國勢調查法」的制訂與頓挫

　　在內閣統計局的努力下，統計家的呼籲終獲回應，1902 年 2 月，眾議員內藤守三等 11 人在議院提出「國勢調查法律案」，該案獲得 70 名議員支持，同月，法案呈至第十六回帝國議會，並送交至貴族院。12 月，內閣以法律第四十九號通過「國勢調查法」，載明每十年在帝國版圖內實施國勢調查，範圍包括殖民地臺灣〔註 43〕。

　　第一次調查於 1905 年實施，並於五年後實施第二次，調查內容包括國民相關事項、建設物及居住地相關事項、農業及畜牧相關事項、工業相關事項，以及商業和交通事項等〔註 44〕。換言之，調查內容不僅單純的人口調查，還廣及住宅調查、農業調查、工業調查、商業調查及運輸調查等，爲美國式的調查。其後，花房直三郎向內閣總理大臣提出「國勢調查意見」，指出國勢調查範圍過廣，不僅經費頗爲負擔，就調查正確性而言難免疏漏。最後，決議以歐洲的狹義調查，也就是僅限於人口調查取代〔註 45〕。

〔註 38〕 藪內武司，〈国勢調査前史〉，頁 201～202。
〔註 39〕 〈統計院設置の議〉，《統計集誌》，206 號（1898.7），頁 369；〈都新聞の統計院再興論〉，《統計集誌》，207 號（1898.8），頁 411。
〔註 40〕 高橋二郎，〈明治三十八年十月一日　臺灣戶口調查視察談（續）〉，《統計學雜誌》，236 號（1905.12），頁 588。
〔註 41〕 藪內武司，〈国勢調査前史〉，頁 204。
〔註 42〕 橫山雅男，〈國勢調查問題と我が東京統計協會〉，頁 87。
〔註 43〕 〈國勢調查〉，《臺灣日日新報》，1902 年 11 月 2 日，2 版。
〔註 44〕 藪內武司，〈国勢調査前史〉，頁 204～210。
〔註 45〕 藪內武司，〈国勢調査前史〉，頁 206。

國勢調查原訂以七年的事業，預定花費 236 萬 6,665 圓，第一年（1903年）預算額爲 43 萬 3,928 圓。然而，1903 年，由於英日同盟海軍擴張計畫的財源地租增徵法，帝國議會與政府無法取得妥協，桂內閣因此解散眾議院，導致國勢調查的預算無法成立。緊接著，1904 年也因日俄戰爭戰事緊迫，行政整理和財政緊縮，調查準備費遲遲無法編列。期間，東京統計協會等團體持續對桂內閣上書請願〔註46〕，希望能如期於 1905 年實施國勢調查〔註47〕。

然而，日本政府傾全國之力參與日俄戰爭，至 12 月，內閣指出，政府財政困難，且因國民戰歿之故，失去全國人口、職業等常態，此刻並非實施國勢調查的時機，因而提出延後實施的法案，法案經由特別委員會審議後採行，國勢調查遂因此暫停舉行。歸納而言，日本暫停國勢調查原因有二：一，財政的問題，日俄戰爭耗費 19 億 8,400 萬圓鉅額的軍事費用，對只打算花費 3 億圓的日本來說，遠遠超乎預期。二，由於戰爭之故，國內狀態與平時不同，不宜以戰時的調查結果，作爲戰後的政策參考〔註48〕。

值得注意的是，當 12 月 28 日，延後實施的法案被送至貴族院，交由特別委員會審議時，向來熱心統計事務的委員長柳澤保惠指出，國勢調查可了解國家的組成，日本作爲領導東洋的國家，無法實施則無法稱爲文明國，雖因時局暫停舉辦，但延後時間應明確爲宜。1910 年爲歐美實施調查之年，若日本可於該年恢復實施，調查成果不僅可與國外對照，更可明瞭日本國勢〔註49〕。進而，臺灣的狀況亦被列入討論，柳澤保惠指出，調查殖民地臺灣人口實況刻不容緩，臺灣不可因日本停辦而停辦。在其建議下，遂決定臺灣如期於 1905 年實施〔註50〕。

（三）國勢調查與臺灣施政

由上可知，近代日本國勢調查運動與世界潮流不無關係，然就臺灣的狀況而言，則有更實際的統治策略。早在國勢調查法公佈以前，臺灣即有應實施調查相關言論，重要人物自然是後藤新平。如前言所述，後藤新平

〔註46〕 例如：水科七三郎便曾撰文質疑，爲何既然核准實施國勢調查，卻沒有實際準備動作，是否要如期調查，或是另有其他安排。參水科七三郎，〈國勢調查に就て〉，《統計學雜誌》，194 號（1902.6），頁 135。

〔註47〕 藪內武司，〈国勢調査前史〉，頁 211。

〔註48〕 〈國勢調查實施延期の顛末〉，《統計集誌》，287 號（1905.2），頁 51。

〔註49〕 〈國勢調查實施延期の顛末〉，頁 56〜59。

〔註50〕 〈臨時臺灣戶口調查部史略〉，《統計集誌》，326 號（1908.5），頁 294。

自德國返國後，即大力主張實施人口統計，並對樺山資紀提出人口調查的方法和費用預算書〔註 51〕，來臺之後，更本著特殊的生物學原則，著手實施各項大規模的調查〔註 52〕。後藤認爲地籍和民籍是殖民地施政兩大根本，但人口會流動，不像土地般固定，因此先實施容易的土地調查，接著再實施人口調查〔註 53〕。因此，臺灣能不受國內政治氣氛影響，繼續實施調查，後藤新平的大力支持功不可沒〔註 54〕。

此外，臺灣殖民官員也提出建議。例如：1901 年 9 月，官房文書課技手加藤隆作〔註 55〕在《統計學雜誌》中撰文，建議先在臺灣實施人口調查。指出土地和住民是國家的生命財產，探究其內容爲施政的要點，既然已實施土地調查，遲早可收其效果。但探究住民與探究土地互爲唇齒，臺灣尚未有完整的戶籍簿，實施人口調查可建立完整的戶籍制度。加藤隆作認爲，應盡快實施人口調查，既可實施統計調查，確立統計制度，也可編製戶籍簿，以收有效治理之資。況且日本遲早要實施，臺灣正好作爲人口調查的試驗場所。加藤進一步建議，可採取連名票的方式辦理，調查每戶家族關係、職業、婚姻、精神及身體狀態等，同時兼有編製戶籍簿的目的。

加藤隆作建議總督府，應於中央設臨時島勢調查局，縣和廳設臨時島勢調查支局，辦務署設臨時島勢調查係。由街庄社長、保正牌長充任調查員，巡查、憲兵擔任監督，街庄社作爲調查單位，在一定期限內送至所轄辦務署臨時島勢調查係，由臨時島勢調查係製作成街庄社的戶籍簿，若能實施島勢調查，不僅可製作戶籍簿，還可逐行統計調查，是一舉兩全之策〔註 56〕。

此外，1901 年 10 月，曾經於日軍臺灣接收之初，協助實施戶口調查的窪田貞二，也以治安的立場撰文支持。指出臺灣地區人種複雜，包含漢人和「蕃人」，兩者又各自包含各種不同族群，人口的增減或消長，將對殖民地施政產生重大影響。臺灣自清領以來，即爲治安不靖之地，動輒「生蕃」鬧事、土

〔註 51〕〈男爵後藤新平氏の演說大意〉，《統計集誌》，308 號（1906.11），頁 536。

〔註 52〕村上綱實，〈植民地調查と後藤新平〉，頁 242。

〔註 53〕〈地方官會議二於ケル總督代理後藤民政長官ノ訓示〉，《臺灣統計協會雜誌》，12 號（1905.8），頁 3。

〔註 54〕〈國勢調查談〉，《統計學雜誌》，234 號（1905.10），頁 140～141。

〔註 55〕第 9562 號文書，〈技手加藤隆作外一名屬二任用〉，《臺灣總督府公文類纂》，67 號，第一門・秘書，1901 年 6 月。

〔註 56〕加藤隆作，〈先づ臺灣に「センサス」を施行す可し〉，《統計學雜誌》，185 號（1901.9），頁 213～215。

匪劫掠，每每造成財產損失，應徹底實施人口調查，以收治安管理之效。並認爲臺灣地方自治精神發達，可善加利用地方街庄長的職權實施〔註57〕。

總之，歸納臺灣實施人口調查的原因，以日本受國際統計組織邀請爲契機，基於臺灣做爲殖民地的特殊性，必須掌握臺灣住民狀態，作爲有效經營之據。而後藤新平的大力倡導，花房直三郎、柳澤保惠等日本官員的支持，加以統計家也有將臺灣作爲統計調查實驗場域的意圖。

二、人口調查準備

如前所述，總督府兩度派員參加內閣統計局的統計講習會，這群參加過講習會的官員，成爲總督府國勢調查的策劃先鋒。1902 年 11 月，官房文書課長加藤尙志召集參加過統計講習會的官員，組織國勢調查準備會，思考調查實施時，臺灣與母國差異的因應策略〔註58〕，並於會中決定初步的調查方針、表格樣式，以及調查項目與內地同異處等議題〔註 59〕，此爲臺灣國勢調查的籌備先聲。緊接著，行政事務的具體步驟，則是整理住民戶籍資料，與對基層官員實施調查訓練。

（一）整理臺灣住民戶籍資料

掌握住民基礎資料是人口調查的基本措施〔註 60〕，1905 年實施人口調查時，總督府使用「戶口調查簿」作爲調查根據〔註 61〕。戶口調查簿是臺灣住民的登記簿，爲轄區警察所持有，不過，日治前期，具有臺灣住民資料登記作用還有街庄長握有的「戶籍簿」。在此，先介紹戶籍簿和戶口調查簿兩種戶口資料。

1.「戶籍簿」與「戶口調查簿」

日治初期，總督府爲掌握臺灣住民，並編製臺灣住民戶籍資料，1896 年 7 月，以訓令第八十五號發佈〈臺灣住民戶籍調查規則〉，於 9 月到 12 月間，由憲兵隊和警察調查各戶的家主和眷屬，每一位的姓名、年齡等資料，爲不使調查造成民眾不安，還特地於 8 月 1 日，先向臺灣民眾發出告示，指出民眾應該在政府保護下各得其所，使生命財產獲得保障，因此，必須由憲兵

〔註57〕 窪田貞二，〈臺灣に國勢調查の施行を望む〉，頁 471～473。
〔註58〕 〈國勢調查〉，《臺灣日日新報》，1902 年 11 月 2 日，2 版。
〔註59〕 〈國勢調查會の開始〉，《臺灣日日新報》，1902 年 11 月 12 日，4 版。
〔註60〕 水科七三郎，〈臺灣戶口調查の實驗〉，《統計集誌》，450 號（1918.8），頁 402～403。
〔註61〕 〈臨時臺灣戶口調查史略〉，《統計集誌》，326 號（1908.5），頁 64。

隊和警察來調查戶口，希望民眾能配合調查。當局將結果編製成「戶籍簿」，
存放於各街庄役場，成為臺灣住民的憑證（參圖 3-1-1　1896 年 7 月戶籍簿的
樣式）〔註 62〕。

圖 3-1-1　1896 年 8 月戶籍簿的樣式

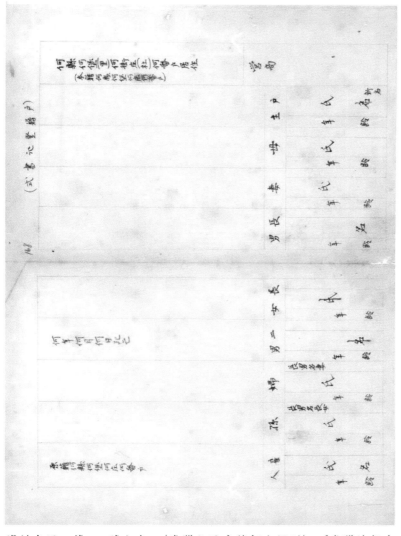

資料來源：第 61 號文書，〈臺灣住民戶籍調查規則〉，《臺灣總督府
　　　　　公文類纂》，27 號，第八門‧戶籍人事，1896 年 8 月。

〔註 62〕第 61 號文書，〈臺灣住民戶籍調查規則〉，《臺灣總督府公文類纂》，27 號，第
　　　　八門‧戶籍人事，1896 年 8 月。

　　另一方面，後藤新平來臺之後，1898 年 8 月參酌臺灣舊慣，以律令第二十一號發佈〈保甲條例〉和〈保甲條例施行細則〉，將保甲作為警察的輔助機關，負責監督保內的安寧〔註 63〕。保甲的任務為清查戶籍、查拏匪盜、庄中守望相助、嚴查街中盜賊、禁止人民與盜勾結及藏匿、禁止賭博、獎勵慈善事業、遇警時酌議僱傭壯丁等〔註 64〕。

　　至 1903 年 5 月，又以訓令第九十七號，發佈〈保甲條例施行細則標準〉，明確地指出保甲的任務之一即為調查戶口，負有整理「戶口調查簿」之責，若地方住民資料有所異動，亦需向轄區警察申告〔註 65〕。不久，基於各廳戶口調查皆自各行事，不論就戶口調查簿格式，或調查次數等皆不統一，造成總督府監督的困難，為使保甲施行條例細則中，保甲和警察戶口調查的更明確，1903 年 5 月，總督府以訓令第一〇四號，訂正〈戶口調查規程〉〔註 66〕。

　　規程中，對臺灣各戶的現住者實施身份、職業及異動的調查，並且視察其生計的狀況，將臺灣住民分為甲乙丙三種，甲種為官公吏或具正當職業，而素行優良者，丙種為受刑者或警察必須特別注意者，乙種為不是甲種也不是丙種者。由外勤巡查和巡查補負責調查，為防止脫漏或重複，每戶須附上警察番號，以一街庄一冊，編製成戶口調查簿，若有任何異動也必須加以訂正〔註 67〕。被登記者依序是戶主、尊屬親、卑屬親、附籍者、故人、同居寄留者，調查家族地位、性別、年齡、婚姻關係、職業、種痘、天然痘、鴉片吸食、原籍等（參圖 3-1-2　1903 年 5 月戶口調查簿的樣式）〔註 68〕。

〔註 63〕　〈保甲條例〉，《臺灣總督府府報》，第 361 號，1898 年 8 月 31 日，頁 66；〈保甲條例施行規則〉，《臺灣總督府府報》，第 361 號，1898 年 8 月 31 日，頁 66。

〔註 64〕　洪秋芬，〈日據初期臺灣的保甲制度（1895～1903）〉，《中央研究院近代史研究所集刊》，第 21 期（1992.6），頁 437～471。

〔註 65〕　〈保甲條例施行規則標準〉，《臺灣總督府府報》，第 1339 號，1903 年 5 月 9 日，頁 14。

〔註 66〕　第 854 號文書，〈戶口調查規程發布ノ件〉，《臺灣總督府公文類纂》，2 號，第八門・戶籍人事，1903 年 5 月。

〔註 67〕　〈戶口調查規程〉，《臺灣總督府府報》，1345 號（1903.5），頁 31。

〔註 68〕　花房直三郎，〈臺灣戶口調查に就て〉，頁 203～206。

圖 3-1-2　1903 年 5 月戶口調查簿的樣式

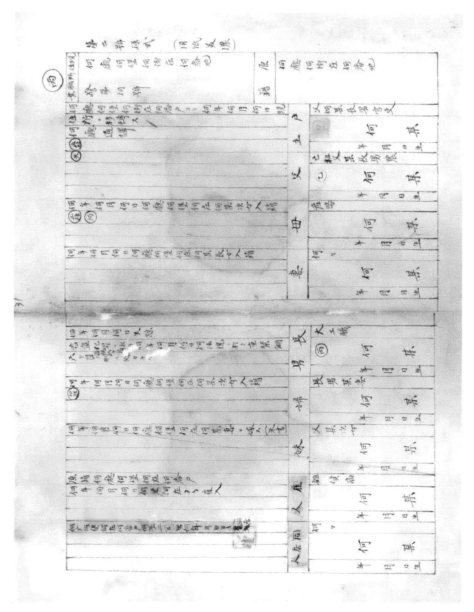

資料來源：第 854 號文書，〈戶口調查規程發布ノ件〉，《臺灣總督府公文類纂》，
　　　　　2 號，第八門・戶籍人事，1903 年 5 月。

　　戶籍簿和戶口調查簿兩者性質不同，看似互不相關，但雙軌並行的登錄
制度，卻成為人口調查的阻礙，也使地方官員無實施標準。新倉蔚指出，總

督府向來僅知臺灣的人口概數，對年齡、職業、死亡等狀況不甚瞭解，因戶口資料不確實，無法統一戶籍各種申報事項，即使是號稱統計業務最完善的是臺南縣，同樣的地方，街庄長的戶籍簿掌握的人口數字，卻與警察的戶口調查簿掌握的數字大不相同，成為人口調查的困擾。新倉蔚建議，人口變動應有規格化的申報書，殆慢申報者應予適當的制裁，並呼籲早日制定戶籍法〔註69〕。

此外，從 1903 年 12 月，水科七三郎到各地視察國勢調查及統計事務的復命書中，也可見同樣問題。這份復命書包含總說、國勢調查及各種統計三部分，以國勢調查來說，水科發現，地方官員對調查方式仍感困惑，不知如何實施，就其觀察乃是因向未明確戶籍辦法之故〔註70〕。

水科指出，雖然「戶口調查規則」已明訂戶口調查簿紀錄方式，但成效有限，各地仍未統一登錄格式和程序，特別是人口異動，有些地方是由街庄役場向廳總務課申報；有些地方是保甲經由街庄役場，再向廳總務課申報；有地方先由保甲向警察申報，再透過街庄役場轉至廳總務課，各地程序皆不相同。不僅如此，戶口調查簿參差不齊，沒有統一的規格和樣式，有些地方紀錄的很詳實，有些地方則很簡略，或是年齡登錄不實、或是姓名登錄不實、或是同音異字等，有些地方則是因住民流動頻繁，造成登錄的困難。

水科七三郎認為，戶口調查簿是國勢調查的基礎資料，足以影響調查成敗，應確實地校正戶口調查簿，使住民戶籍資料得以確實，他提出校訂戶口調查簿的方法，建議可向街庄役場總務課提出，或經由地方保甲提出。水科也對保甲持以肯定態度，認為保甲制度不僅在戰時可發揮功能，平常也能扮演警察的輔助角色，讓國勢調查得以順利實施〔註71〕。因應其建議，1904 年12 月，總督府展開戶口調查簿整理作業，訂正登錄錯誤和脫漏之處，並統一戶口調查簿樣式〔註72〕。至 1905 年 6 月，針對國勢調查的內容，進一步追加

〔註69〕 第 4636 號文書，〈統計事務視察新倉屬復命書〉，《臺灣總督府公文類纂》，5號，第二門‧官規官職，1901 年 12 月。

〔註70〕 第 4839 號文書，〈國勢調查并統計事務視察復命書〉，《臺灣總督府公文類纂》，12 號，第二門‧官規官職，1904 年 3 月 1 日。

〔註71〕 第 4839 號文書，〈國勢調查并統計事務視察復命書〉，1904 年 3 月 1 日。

〔註72〕 栗原純，〈『台湾総督府公文類纂』にみる戶口規則、「戶籍」、国勢調查—明治 38 年の臨時台湾戶口調查を中心として—〉，頁 60～61。

戶口調查簿記入事項，分別爲：種族、婚姻身份、本業身份、副業身份、常用語、常用語以外的語言、假名讀寫程度、不具的原因、國籍等〔註73〕。

（二）調查人員訓練

調查、統整及分析，爲實施統計調查三個步驟，第一階段是地方的任務，第二、三階段則是中央的任務〔註74〕。作爲調查的第一線，基層調查人員責任重大，訓練和教育爲一重要事項，可分爲地方講習會和警察訓練會兩類說明。

地方講習會方面：1903年12月至1905年3月，爲使地方官員明白人口調查之要旨，宜蘭、阿猴、臺北、基隆、深坑、桃園、嘉義、鹽水港、新竹、彰化、臺中、恆春等廳，分別舉行統計講習會〔註75〕，授課講師少部分是中央的統計官員，大部分是地方廳所屬官員或警部，教授課程爲倫理統計、方法統計、行政統計、經濟統計、統計學大意、統計學史等課程（參表3-1-1　1903年12月至1905年3月地方統計講習會一覽）。

表3-1-1　1903年12月至1905年3月地方統計講習會一覽

地　點	開辦時間	講　師		課　程
宜蘭廳	1903.12.16～ 1904.2.5	永吉綱	宜蘭廳警部	倫理統計、方法統計
		宮田乙馬	宜蘭廳屬	行政統計、經濟統計、人口統計
阿猴廳	1903.12.20～ 1903.12.24	石橋正光	總督府警部	統計學大意
臺北廳	1904.3.5～ 1904.3.26	都筑能悌	臺灣總督府屬	統計略史、倫理統計
		森田高一郎	臺北廳屬兼警部〔註76〕	方法統計、實習
		江口形太郎	臺北廳屬〔註77〕	人口統計

〔註73〕　第4841號文書，〈戶口調查簿記入欄ノ義二付各廳へ通達ノ件〉，《臺灣總督府公文類纂》，3號，第三門・警察，1905年6月1日。

〔註74〕　水科七三郎，〈國勢調查ハ困難ナリヤ〉，《臺灣統計協會雜誌》，10號（1905.5），頁54～55。

〔註75〕　臺灣總督府官房統計課，《臨時臺灣戶口調查顚末》，頁7。

〔註76〕　第1123號文書，〈森田高一郎臺北廳屬兼警部任用ノ件〉，《臺灣總督府公文類纂》，40號，第一門・秘書，1905年4月15日。

〔註77〕　第2219號文書，〈江口形太郎恩給證書下付〉，《臺灣總督府公文類纂》，18號，第一門・秘書，1914年12月1日。

		川村輝一	臺北廳屬〔註78〕	經濟統計
		名越常一	原臨時土地調查局屬〔註79〕	行政統計、倫理統計、實習
基隆廳	1904.5.2～1904.5.26	古田種次郎	基隆廳屬	統計歷史、理論統計、人口統計、經濟統計、實習
		宇佐見又次	基隆廳警部	方法統計、行政統計、倫理統計、實習
深坑廳	1904.6.2～1904.5.25	水科七三郎	總督府技師	統計方法及理論、國勢調查法
		浦西善四郎	深坑廳屬	經濟統計、行政統計、統計實習
		今村鐵太郎	深坑廳屬	人口統計、倫理統計、內外統計略史
桃仔園廳	1904.7.15～1904.8.4	水科七三郎	總督府技師	方法統計及國勢調查法
		小島弟助	桃仔園廳警部	人口統計、行政統計、殖產統計
嘉義廳	1904.8.10～1904.8.31	（未載明）	（未載明）	內外統計略史、理論統計、方法統計、人口統計、經濟統計、倫理統計、行政統計、國勢調查法、統計實習
鹽水港廳	1904.8.16～1904.8.29	木原直熊	鹽水港廳屬	方法統計、經濟統計、行政統計、實習
		堤寬一郎	鹽水港廳警部	理論統計、人口統計、倫理統計、實習
新竹廳	1904.9.1～1904.9.15	水科七三郎	總督府技師	方法統計、國勢調查
		宮新〔註80〕	新竹廳屬	人口統計、殖產統計
		東恩納盛益	新竹廳警部	倫理統計
彰化廳	1904.11.21～1904.12.11	水科七三郎	總督府技師	理論統計、方法統計、國勢調查法

〔註78〕第 3766 號文書，〈川村輝一普通恩給証書下付〉，《臺灣總督府公文類纂》，18號，第一門・秘書，1924 年 11 月 1 日。

〔註79〕第 4350 號文書，〈屬名越常一依願免本官〉，《臺灣總督府公文類纂》，49 號，第一門・庶務課，1903 年 5 月 1 日。

〔註80〕全名不得而知。

		齋藤〔註81〕	總督府屬	經濟大意、經濟統計
		岩本虎夫	彰化廳警部	倫理統計
		黑田清政	彰化廳屬	內外統計略史
		鹿山壽作	彰化廳屬	人口統計（靜態）
		吉本實馬	彰化廳屬	人口統計（動態）
		中田直久	彰化廳警部	行政統計
		服部秀幸	彰化廳屬	統計實習
臺中廳	1904.12.1～ 1904.12.13	（未載明）	（未載明）	方法統計、國勢調查法、經濟大意、經濟統計、人口統計、倫理統計、行政統計
阿猴廳	1904.12.12～ 1904.12.22	（未載明）	（未載明）	內外統計略史、理論統計、方法統計、人口統計、經濟統計、倫理統計、行政統計、國勢調查法、統計實習
宜蘭廳	1905.1.9～ 1905.2.27	越山正彥	宜蘭廳屬	理論統計
		永吉綱	宜蘭廳警部	經濟統計、人口統計
		高橋周平	宜蘭廳警部補	方法統計
		宮田乙馬	宜蘭廳屬	國勢調查、行政統計、統計實習
恆春廳	1905.2.15～ 1905.2.18	秋草龍藏	（未載明）〔註82〕	理論統計、人口統計、行政統計、內外統計學史
		谷山愛太郎	恆春廳屬〔註83〕	方法統計、經濟大意、經濟統計、倫理統計

資料來源：〈臺北廳統計講習會〉，《臺灣統計協會雜誌》，3 號（1904.3），頁 84～85；
〈阿猴廳統計講習會〉，《臺灣統計協會雜誌》，3 號（1904.3），頁 85；〈宜
蘭廳統計講習會概況〉，《臺灣統計協會雜誌》，3 號（1904.3），頁 81；〈基
隆廳統計講習會〉，《臺灣統計協會雜誌》，5 號（1904.7），頁 75；〈深坑廳
統計講習會〉，《臺灣統計協會雜誌》，5 號（1904.7），頁 76；〈鹽水港廳統

〔註81〕 全名不得而知。
〔註82〕 1909 年 3 月，以雇任命於恆春廳就職，但 1909 年 3 月以前的履歷則未知。第
1557 號文書，〈秋草龍藏雇ヲ命ス〉，《臺灣總督府公文類纂》，101 號，第一
門・庶務課，1909 年 3 月 1 日。
〔註83〕 第 4341 號文書，〈恒春廳屬谷山愛太郎屬二兼任〉，《臺灣總督府公文類纂》，
16 號，第一門・庶務課，1902 年 12 月 1 日。

計講習會規程〉,《臺灣統計協會雜誌》,5 號(1904.7),頁 81〜82;〈桃仔園廳統計講習會〉,《臺灣統計協會雜誌》,6 號(1904.9),頁 86〜87;〈嘉義廳統計講習會〉,《臺灣統計協會雜誌》,6 號(1904.9),頁 92;〈新竹廳統計講習會〉,《臺灣統計協會雜誌》,6 號(1904.9),頁 94;〈鹽水港廳統計講習會〉,《臺灣統計協會雜誌》,7 號(1904.11),頁 74〜75;〈彰化廳統計講習會〉,《臺灣統計協會雜誌》,8 號(1905.1),頁 74〜75;〈臺中廳統計講習會〉,《臺灣統計協會雜誌》,8 號(1905.1),頁 78;〈阿猴廳統計講習會〉,《臺灣統計協會雜誌》,8 號(1905.1),頁 84;〈宜蘭廳統計講習會〉,《臺灣統計協會雜誌》,8 號(1905.1),頁 85〜86;〈宜蘭廳統計講習會〉,《臺灣統計協會雜誌》,9 號(1905.3),頁 67〜68;〈恆春廳統計講習會〉,《臺灣統計協會雜誌》,9 號(1905.3),頁 69。

　　地方統計講習會不僅只有口頭授課,也具備實務課程。爲了試驗各項立案的適用性,與驗收講習員訓練的成效,1904 年 8 月 14 日,水科七三郎到桃園廳擔任講師時,特別帶領學員對桃園廳桃澗堡桃園街,進行試行調查〔註 84〕。試行調查完全比照正式調查,以戶口調查簿爲基礎,將全區分爲 32 個調查區,由地方屬、警部補、巡查、小公學校教諭、學校囑託及雇員擔任調查員,調查項目爲:家族人員姓名、關係、種族、性別、出生日期、婚姻狀況、職業、常用語言、疾病狀況、鴉片狀況,以及種痘、纏足狀況等〔註 85〕。

　　首先,由講習員根據調查項目詢問受調者,將所得結果記入調查票中,再依照門牌順序登錄,接著進行資料統整,製作成小區表,再集若干小區表,做成中區表。最後,針對表格進行分析和判讀。調查結果顯示,當地實際戶數爲 722 戶,人口爲 3,319 人,所得數據與原來戶口調查簿登錄的資料大不相同。據報載,桃仔園試行調查頗爲成功,是臺灣國勢調查的先河〔註 86〕。

　　再則,國勢調查主要人力爲警察,對警察的訓練也頗爲重要。就警察訓練會而言:1904 年 2 月,總督府對警察官和司獄官進行調查訓練,使其熟悉調查方法和臺灣語言,而因應調查的來臨,警察官及司獄官練習所的授課,也加上國勢調查法課程〔註 87〕。1904 年 6 月,又召開戶口調查規則講習會,

〔註 84〕　〈國勢調查會の準備〉,《臺灣日日新報》,1904 年 8 月 11 日,2 版。

〔註 85〕　福田眞鷹,〈桃仔園廳二於テ施行セラレタル試驗的國勢調查二就テ〉,《臺灣統計協會雜誌》,6 號(1904.9),頁 72〜74。

〔註 86〕　〈國勢調查方法〉,《臺灣日日新報》,1904 年 8 月 21 日,5 版。

〔註 87〕　水科七三郎,〈臨時臺灣戶口調查と帝國國勢調查〉,《統計集誌》,359 號(1911.1),頁 45。

說明國勢調查的要領，回答地方官員對調查的疑問，並詢問官員是否有必須加入的調查事項。會議中，地方提出檢驗種痘需醫師專業判斷，普通人員無法辨別，建議刪除種痘調查；再則，瞭解臺灣人識字狀況亦頗為重要，建議加入讀寫程度調查等〔註88〕，經由與第一線調查官員的諮詢和商討，逐步調整調查事項。

綜上可知，人口調查是為編製人口統計而實施的統計調查。最早實施國家為美國，歐洲各國陸續實施而成為定制，並在國際統計協會取得調查實施的規律。日本方面，提倡人口調查最有力者為杉亨二，及東京統計協會、統計學社等統計團體。最初，日本政府不瞭解調查的意義，對人口調查並不重視。

然而，在國際統計協會的邀請下，對統計有興趣的官員和專家，紛紛展開請願，促使了國勢調查促進運動。終於在1902年通過國勢調查法，定1905年實施第一次人口調查。而因應日本國內的局勢，後藤新平特殊的殖民統治策略，以及殖民地施政的實際需求等因素，總督府也展開國勢調查準備作業，商討調查樣式，並聘請熟諳人口調查事務的水科七三郎來臺籌辦調查事宜。

水科七三郎來臺之後，一方面籌備臺灣統計協會凝聚統計共識；再則舉行統計講習會，普及統計思想。臺灣人口調查與日本最大的不同，是以警察為主要調查人力，並以戶口調查簿做為基礎資料，因此，籌備人口調查首要步驟，即是整理戶口調查簿，精確地掌握住民戶口狀態。緊接著召開戶口調查講習會和說明會，教授地方官員調查訓練事項，並聽取地方人員的建議，逐步地調整調查內容和樣式。

第二節　臨時臺灣戶口調查之實施

1904年3月，總督府發佈「國勢調查要件」，仿效美國設置臨時國勢調局的模式〔註89〕，在臺灣設置臨時機關，作為國勢調查全權機構〔註90〕，於該年4月，向內務省提出設置特設調查機關的要求〔註91〕，隔年5月，成立臨

〔註88〕臺灣總督府官房統計課，《臨時臺灣戶口調查顛末》，頁57。
〔註89〕橫山雅男，〈國勢調查に就て〉，頁800。
〔註90〕水科七三郎，〈臺灣戶口調查ノ實驗〉，《統計集誌》，450號（1918.8），頁401。
〔註91〕第1059號文書，〈戶口調查ニ關スル勅令制定ノ件〉，《臺灣總督府公文類纂》，4號，第二門・文書，1905年5月29日。

時臺灣戶口調查部。臨時臺灣戶口調查部的成立，昭示著調查正式起步。以下以調查機關與人員安排、統計家對調查的看法、對異民族調查的困難與調適、對異民族文化的認識與理解，以及調查實施情形等議題，探討臨時臺灣戶口調查實施的過程。

一、調查機關與人員

（一）機關組織

1905 年 5 月，總督府以勅令第一七五號，發布「臨時臺灣戶口調查部官制」，設置臨時臺灣戶口調查部，作為調查全權機關〔註92〕。至此，向來分歧的人口調查名稱，也正式統一，稱為「臨時臺灣戶口調查」。「臨時臺灣戶口調查部官制」主要規定調查人員配置及執掌。設部長、副部長各一人，書記各一名、主事二名，掌管庶務和調查課二課〔註93〕。民政長官後藤新平擔任部長、警視總長大島久滿次擔任副部長，主事財務部長祝辰巳擔任主事兼任庶務課長，水科七三郎擔任主事兼任調查課長〔註94〕。

庶務課負責執行各種行政庶務，如：保管部長官印和部印、任免職員、文書往來，以及經費運用事宜。調查課則負責實際調查之所有相關事項〔註95〕。調查課設課長一人，其下有倉庫係、檢查係、集計係、結果係及動態係等五係，分別負責調查票的保管、調查票的製作和檢查、統計表的統整和分析，以及人口動態統計等業務〔註96〕。由調查課長水科七三負責監督、統籌各係工作之推行、調查事務之訓練、統計表之編製，以及論文之發表等〔註97〕。

再就相關機構而言，臺灣雖然為帝國版圖，但相較於本土風俗民情仍然不同，內閣統計局原先規劃的調查方法，大體適用於臺灣，但並非完全適用。因此，總督府於臨時臺灣戶口調查部之外，又設「臨時臺灣戶口調查準備委員會」，作為諮詢機關，後改名為「臨時臺灣戶口調查部評議會」〔註98〕。該會設幹事

〔註92〕〈臨時臺灣戶口調查諸法規〉，《臺灣統計協會雜誌》，11 號（1905.7），頁 1 ～2。
〔註93〕祝辰巳，〈臨時臺灣戶口調查諸規則講習會二於ケル演說〉，頁 19～20。
〔註94〕〈戶口調查部職員〉《臺灣統計協會雜誌》，11 號（1905.7），頁 77。
〔註95〕〈臨時臺灣戶口調查部分課規程〉，《臺灣總督府府報》，1762 號，1905 年 6 月 3 日，頁 5。
〔註96〕〈調查課ノ分掌〉，《臺灣統計協會雜誌》，14 號（1905.11），頁 40。
〔註97〕〈臨時臺灣戶口調查部分課規程〉，《臺灣總督府府報》，頁 5。
〔註98〕水科七三郎，〈臨時臺灣戶口調查と帝國國勢調查〉，頁 44。

一名、書記兩名，幹事由主事擔任，接受會長指揮，從事整理庶務工作，書記由臨時臺灣戶口調查部書記擔任，接受會長和幹事命令從事庶務工作。戶口調查評議員則是由大島久滿次、中村是公、大內丑之助、持地六三郎、大津麟平、佐藤友熊、宮尾舜治、橫澤次郎、圖師庄一郎、高木友枝等人擔任。

　　就地方權責分配而言，各廳則有地方委員長、監督委員、監督補助委員、調查委員等〔註99〕。各地方廳有戶口調查委員長合計20人，由廳長擔任其職，於轄區內規劃調查區，集數個調查區設監督區，分別設置調查委員和監督委員。委員長須先確定調查區和監督區總戶數及其狀況，做為調查的依據〔註100〕。

　　第一線調查委員為名譽職〔註101〕，由巡查、巡查補及學校教員擔任，保正及甲長等地方協力者，或街庄社長等官員，皆為協助人員，必須協助調查委員實施調查。調查委員責任重大，必須接受嚴格的訓練，先熟悉調查各項規定和法令，誠實且敏捷地擔當任務，執行任務前，先向監督委員領取調查資料和文件，再依序前往調查，對內容必須保密，不得向他人洩漏〔註102〕。

（二）機關人員

　　就機關負責人員而言，統計調查需要大量的專業統計官員，然而1904年4月，新倉蔚退職回到日本，官房文書課內原來的編制不敷需求，總督府乃向內閣統計局要求增派人力。內閣統計局陸續派遣數位統計官員來臺，協助調查實施事項。

　　1904年5月，協調內閣統計局屬永山嘉一至臺灣〔註103〕。永山嘉一為九州大分縣人，原服務於三重縣，同樣畢業於共立統計學校，1899年1月，至內閣統計局任職，1904年5月來臺〔註104〕。1905年5月，又協調關三吉郎和村重俊槌兩人至臺灣，擔任戶口調查事務囑託。兩人服務統計局多年，

〔註99〕　第1116號文書，〈臨時戶口調查委員等選定及執務二關シ便宜ヲ與フヘキ旨通達ノ件〉，《臺灣總督府公文類纂》，21號，第十二門・戶口調查，1905年7月4日。

〔註100〕　〈臨時臺灣戶口調查事務取扱規程〉，《臺灣總督府府報》，1675號，1905年6月8日，頁13。

〔註101〕　橫山雅男，〈國勢調查に就て〉，頁801。

〔註102〕　〈調查委員心得〉，《臺灣總督府府報》，1765號，1905年6月8日，頁14～15。

〔註103〕　〈內閣屬永山嘉一台灣總督府ヘ採用ノ儀二付總督秘書官ヘ回答ノ件〉，《公文雜纂》，公文雜纂・明治三十七年・第一卷・內閣一・內閣一，1904年。

〔註104〕　第1368號文書，〈永山嘉一恩給證書附與ノ件〉，《臺灣總督府公文類纂》，2號，第一門・秘書，1908年4月4日。

對統計集計事務頗為嫻熟〔註105〕。關三吉郎是九州大分縣士族，1885 年 7 月進入統計院服務，內閣成立後順勢進入內閣統計局〔註106〕，1905 年 2 月來臺〔註107〕。事實上，關三吉郎有此經驗之後，當 1920 年日本實施國勢調查時，即擔任國勢調查局統計官〔註108〕，可說是經驗的傳承。

1905 年 6 月，總督府又協調內閣統計局屬阪本敦來臺。阪本敦為福島縣士族，進入政界後，先後服務於遞信省、農商務省及大藏省等，1894 年 6 月進入內閣統計局〔註109〕。阪本敦在臺職務為擔任臨時臺灣戶口調查部集計係係長，多項戶口調查法規的擬定皆出自其手，不過他停留臺灣時間並不長，1907 年 3 月，即因腦血虛症辭職離開臺灣〔註110〕。

此外，1905 年 9 月，又敦聘原北海道廳屬濱田文之進來臺。濱田文之進是北海道札幌區出生的平民，共立統計學校畢業後，先在東京擔任小學校訓導，後至東京遞信管理局任職。1890 年 12 月，轉任北海道廳，服務至 1902 年 10 月，之後轉任殖民部，在北海道廳任職長達 11 年。1905 年 9 月來臺，擔任臨時臺灣戶口調查部囑託〔註111〕。

至於調查課結果係長福田眞鷹，經歷則與前述官員不同。福田 1904 年 3 月來臺，先服務於基隆海港檢疫所，同年 4 月，轉任官房文書課，擔任一般統計工作〔註112〕。因應調查來臨，1905 年 6 月至 1908 年 3 月，專任臨時臺

〔註105〕　〈統計事務囑託〉，《臺灣統計協會雜誌》，11 號（1905.7），頁 78。

〔註106〕　〈臨時台湾土地調查局技手吉田耕作外四十三名叙位ノ件　內閣屬關三吉郎外一名、土木監督署技手黑沢庯祐外十八名、專売局屬中谷吉太郎外七名、陸軍騎兵一等蹄鉄工長寺戸岩太郎外一名、海軍一等筆記高木彥七、裁判所書記葉室侃温外六名、東京高等商業学校助教授村林建蔵外二名〉，《叙位裁可書》，明治三十六年・叙位卷十六，1903 年。

〔註107〕　〈內閣屬關三吉郎へ事務囑託ノ儀ニ付台湾總督秘書官へ回答ノ件〉，《公文雜纂》，明治三十八年・第一卷・內閣一・賞勳局，1905 年 2 月。

〔註108〕　〈臨時国勢調查局統計官關三吉郎叙勳賞勳局総裁へ申牒ノ件〉，《叙勳裁可書》，大正九年・叙勳卷四・內国人四止，1920 年 2 月。

〔註109〕　第 1125 號文書，〈內閣屬阪本敦戸口調查部屬ニ任命ノ件、百田英太郎一級俸ニ昇進ノ件、元國語傳習所教諭小野田鎮三郎台灣小學校教諭任用ノ件、內閣屬阪本敦台灣總督府屬任用ノ件〉，《臺灣總督府公文類纂》，12 號，第一門・秘書，1905 年 6 月 1 日。

〔註110〕　第 1334 號文書，〈戸口調查部屬阪本敦依願免官〉，《臺灣總督府公文類纂》，54 號，第一門・秘書，1907 年 4 月。

〔註111〕　同上註 110。

〔註112〕　第 2875 號文書，〈〔府屬〕福田眞鷹（任統計官）〉，《臺灣總督府公文類纂》，第 31 號，高等官進退原議五月份，1918 年 5 月。

灣戶口調查事務。調查籌備期間，曾至深坑、桃園、臺中、彰化、南投、鳳山、蕃薯寮、阿猴及恆春各廳，視察戶口調查簿整理情形。調查當天，並連續至桃園、新竹、苗栗等地視察各地調查情形，並至監督委員事務所巡視，各地所帶票統整和記入狀況。調查結束之後，10月16日起擔任調查課倉庫係兼檢查係長，負責保管和檢查所帶票和要計表，同時參與起草「所帶票及要計表檢查手續」和「集計原表檢查規程」，完成所帶票檢查，調查票謄寫，職業名字彙編纂及集計原表檢查等工作，並接任調查課結果係長，同時為第一回《臨時臺灣戶口調查記述報文》主筆之一〔註113〕。

　　相較於前述幾位臨時來臺支援的官員，調查結束不久即離開，未協助統整統計調查的結果，福田眞鷹從規劃、實施至結果統整，皆參與其中，他參與總督府統計工作長達18年，自官房文書課、官房統計課至官房調查課，也是總督府第一任統計官，最後卒於任內。福田眞鷹在官房統計課時期的業績，於第四章另有介紹（參表3-2-1　1905年臨時臺灣戶口調查部主要人員）〔註114〕。

表3-2-1　1905年臨時臺灣戶口調查部主要人員

職　稱	人　員	來臺時間	執　掌	原屬單位	備註
部長	後藤新平	1898.4		總督府民政長官	
副部長	大島久滿次	1896.4〔註115〕		總督府警視總長	
主事（兼庶務課長）	祝辰巳	1896.4〔註116〕	保管部長官印、部印；任免職員、文書往來及經費運用事項	總督府財務局長	
主事（兼調查課長）	水科七三郎	1903.8	實際調查相關事項，監督、統籌各係工作、調查	總督府官房文書課技師	◎★

〔註113〕第1018號文書，〈屬福田眞鷹總督府府報主任ヲ命セラル〉，《臺灣總督府公文類纂》，10號，第二門・官規官職，1904年4月。

〔註114〕第2980文書，〈〔統計官〕福田眞鷹（陞等、昇級、賞與、危篤）〉，《臺灣總督府公文類纂》，8號，高等官進退原議十二月份，1919年12月1日。

〔註115〕第1612文書，〈大島久滿次恩給證書送付ノ件〉，《臺灣總督府公文類纂》，5號，第一門・秘書，1910年10月14日。

〔註116〕第119文書，〈祝辰巳事務官二任命ノ件〉，《臺灣總督府公文類纂》，25號，第二門・官規官職，1896年4月21日。

			事務訓練、統計表編製及論文發表事項		
調查課檢查係長	竹村諫	1904.4	製作和檢查調查票	總督府官房文書課屬	◎●★
調查課倉庫係長	福田眞鷹	1904.3	保管調查票	總督府官房文書課屬	
調查課結果係長	永山嘉一	1904.4	統整各種統計表	總督府官房文書課囑託	●◎
調查課集計係長	阪本敦	1905.6	分析各種統計表	內閣統計局屬	●
調查課動態係長	濱田文之進	1905.9	實施人口動態調查	北海道廳屬	◎★
囑託	關三吉郎	1905.5	協助調查票統整事項	內閣統計局屬	●
囑託	村重俊槌	1905.5	協助調查票統整事項	內閣統計局屬	●

附註：◎爲共立統計學校畢；●爲內閣統計局派遣；★爲具北海道經驗者。

資料來源：〈戶口調查部職員〉，《臺灣統計協會雜誌》，11 號（1905.7），頁 77；高橋二郎，〈臺灣詮查斯第四紀念期二際シ感ヲ書ス〉，《臺灣統計協會雜誌》，44 號（1909.10），頁 52；台灣總督府統計課，〈臨時臺灣戶口調查顚末〉頁 275～281。

　　歸納來臺灣支援人口調查的統計官員，可看出幾點特色。第一、多爲共立學校畢業者：水科七三郎、竹村諫、濱田文之進等人，皆爲共立統計學校同期生，使該校在殖民地臺灣的統計事業中佔有一定角色。第二、多具有北海道經驗：水科七三郎、竹村諫、濱田文之進等人，來臺前有北海道廳的任職經驗，這其中的巧合，可能是同僚間相互牽線，也可能是基於同屬帝國新領土，若任職過北海道，再到殖民地臺灣可較爲適應。

　　第三、內閣統計局多位官員前來協助：永山嘉一、阪本敦、關三吉郎、村重俊槌等人，皆是因臨時臺灣戶口調查實施之故，短暫來臺協助辦理，待調查業務結束，於 1908 年左右，也就是臨時臺灣戶口調查部關閉時，即先後離開臺灣，是任務型的支援，也可見內閣統計局對臺灣國勢調查的重視。

二、統計家對調查的看法

　　即將來臨時臺灣戶口調查，為帝國首次統計調查，統計官員莫不報以期待。就臺灣島內情形而言，因應臨時臺灣戶口調查到來，《臺灣統計協會雜誌》還增刊強力宣傳。在增刊號卷頭語中，指出將於 10 月 1 日實施的國勢調查，是帝國曠古以來的盛舉，結果可闡明臺灣住民的構成與狀態，作為各種統計的基礎，也是總督府大力改善統計事務，期望能百尺竿頭，更進一步的結果〔註 117〕。

　　財政部長祝辰巳認為，臺灣於 1905 年實施第一次國勢調查，此後每五年或每十年再實施一回，即可知道原來是支那民族的本島人，在日本政府施政下如何變化，對殖民地統計具有重要意義〔註 118〕。水科七三郎則認為，國勢調查是統計學應用的有趣事業，從一國是否有能力實施，便可判斷該國的文明程度，日本領臺僅十年便能規劃此壯舉，有助臺灣行政和社會秩序的革新，尤其臺灣與日本文化仍然懸殊，實施人口調查可瞭解臺灣社會，作為施政的參考依據〔註 119〕。

　　伊能嘉矩指出，日本領臺初期，僅知臺灣人口約三百萬，但不清楚人口組成狀態，實施國勢調查可解決臺灣人口狀態渾沌不明，戶口總數不清的問題。由於本島人不瞭解調查的意義，民間存在謠言風說，或以為是徵收新賦稅的手段，或以為是徵兵的準備等，以致人心惶惶，這不是本島人的錯，而是舊政府向來以戶口調查作為徵兵和收稅之手段。因此，實施國勢調查另一好處，即是可破壞本島人的舊思維，將臺灣社會帶進嶄新的階段〔註 120〕。

　　調查在日本同樣受到關注，日本的國勢調查延期，使統計家將注意力轉移，表達對臺灣國勢調查的支持。統計院的寺田勇吉認為，人口是解決政治、經濟、社會各種問題的依據，非調查不可，也是統計家向來的主張，雖然國內不得已延期實施，但臺灣在兒玉總督真知灼見下如期實施，令人欣喜若狂。寺田勇吉曾參與過甲斐國的試行人口調查，認為當時技術簡單，稱不上正式

〔註 117〕　〈臨時刊行ノ趣旨〉，《臺灣統計協會雜誌》，12 號（1905.8），頁 1。
〔註 118〕　祝辰巳，〈警務課長會議ニ於ケル演說〉，《臺灣統計協會雜誌》，12 號（1905.8），頁 1。
〔註 119〕　〈國勢調查法〉，《臺灣統計協會雜誌》，8 號（1905.1），頁 87。
〔註 120〕　伊能嘉矩，〈舊政府時代に於ける臺灣の戶口調查〉，《臺灣統計協會雜誌》，12 號（1905.8），頁 74。

調查，認為臺灣的調查才是日本國勢調查的嚆矢〔註121〕。內閣統計局審查官高橋二郎也認為，臺灣國勢調查可作為日本詮查斯的模範〔註122〕。

內閣統計局審查官相原重政則認為，臺灣國勢調查並非僅是試驗性質，而是臺灣施政的基礎，對民眾的生活狀態進行徹底探索。德國對其保護領域尚未能實施人口調查，日本領有臺灣僅十年，完成土地調查之後，又即將實施國勢調查，對殖民地施政頗有助益〔註123〕。貴族院議員阪谷芳郎則認為，臺灣國勢調查是東亞破天荒的偉大事業，臺灣成為日本帝國的版圖僅十年，即能實施媲美歐美諸國的國勢調查，可作為東亞的範本〔註124〕。

東京統計主務石川惟安指出，人口是國家組成最重要的元素，日本沒有實施國勢調查，無法具體估算學齡兒童和壯年人口的比例，只能以空泛的推定數字，作為制訂兵役制度和教育方針的參考依據。臺灣獲得內閣統計局大力協助，實施第一回國勢調查，是日本帝國文化向海外推廣的例證。10 月 1 日當天，他必定面朝西南方臺灣的方向，連呼臺灣總督萬歲、民政長官萬歲，以及水科技師萬歲，以喜悅的心情迎接臺灣國勢調查的實施〔註125〕。

鑑於臺灣國勢調查與日本國勢調查關係密切，內閣希望內閣統計局能以多年經驗，給予總督府調查方針和建議〔註126〕。1905 年 2 月，水科七三郎前往東京會晤花房直三郎，諮詢調查各項意見，花房雖不瞭解臺灣事務，仍召集了相原重政和高橋二郎兩人，針對調查事項展開數次討論，提供水科不少訊息和資料，不久，更隨水科返回臺灣實地視察，針對觀察到的實況給予具體意見〔註127〕。

總之，對日本和臺灣兩地的統計家來說，在殖民地臺灣實施人口調查，

〔註121〕 寺田勇吉，〈臺灣戶口調查ニ關スル所感〉，《臺灣統計協會雜誌》，12 號（1905.8），頁 50。

〔註122〕 高橋二郎，〈臺灣ノ戶口調查ニ就テ〉，《臺灣統計協會雜誌》，12 號（1905.8），頁 52。

〔註123〕 相原重政，〈臺灣戶口調查ニ希望ヲ述フ〉，《臺灣統計協會雜誌》，12 號（1905.8），頁 52。

〔註124〕 阪谷芳郎，〈臺灣國勢調查ニ就テ〉，頁 23～24。

〔註125〕 石川惟安，〈臺灣ノ戶口調查實行ヲ羨ミ帝國國勢調查施行ノ延期ニ就キ一言ノ愚癡ヲ漏ラス〉，《臺灣統計協會雜誌》，12 號（1905.8），頁 52。

〔註126〕 〈花房統計局長ヲシテ台灣戶口調查ニ關シ当務省ヨリ協議アルトキハ之ニ應シ相当助勢セシム〉，《公文類聚》，第二十九編・明治三十八年・第一卷・政綱・帝国議会・行政区・地方自治・雑載，1905 年 2 月。

〔註127〕 水科七三郎，〈臺灣と花房博士〉，《統計集誌》，487 號（1921.9），頁 277。

不僅可瞭解臺灣的人口狀態，更可比較臺灣和日本兩地的異同，提升臺灣地區的文明程度，作為日本甚至是東亞的模範。更大的意義，是證明在日本殖民下的臺灣，也有能力實施與西方先進國家在其殖民地同樣的調查。

三、多元民族調查的困難與調適

在日本殖民臺灣之前，臺灣住民沒有統計調查的經驗，對調查的意義更一無所知，統計官員如何因應臺灣的風俗習慣，設計適切的調查內涵，使臺灣人不至產生疑慮，調查得以順利實施，著實為一大課題。統計官員的努力可從調查名稱的制訂、調查內容的修正，以及對民眾的宣傳等三點來說明：

（一）調查名稱的制訂——從人口調查、國勢調查到臨時臺灣戶口調查

日本的統計家學習來自西方的統計制度時，對於統計學的派別，或是各種統計調查的名稱、意義等，並非全盤接受，而是經歷一段漫長的定調過程。

人口調查最初在日本受討論時，並沒有統一的名稱，如何稱呼全憑統計家個人偏愛。1881 年 5 月，杉亨二在甲斐國試行人口調查時，將名稱定為「甲斐國現在人別調」，使用的是「現在人別調」。1886 年，東京統計協會長花房義質向統計課長提出「人口調查草案」，使用的是「人口調查」。1896 年 3 月，花房義質對伊藤博文提出調查請願書，取名為「建議實施民勢大調查」，使用的是「民勢大調查」。還有「人口取調法」、「人口實查」、「人口大檢查」、「民口調查」，或直接音譯成「詮查斯」、「仙查斯」等，各種不同說法。

直到 1896 年 3 月，眾議院議員江原素六等人聯合向議會提出「國勢調查執行建議案」〔註 128〕，指出人口調查為調查全國人民之性別、年齡、職業等內容，結果可掌握全國形勢，作為評判國勢的基礎。此說法為人口調查的意義做了最佳註腳〔註 129〕。貴族院議員谷干城也指出，若將國家比喻為家政，如同經營一家須掌握家族財產一般，經營一國也必須掌握國家形勢，此說法更加深人口調查的意義和價值〔註 130〕。此後，不論是政治家或統計家，均使用「國勢調查」稱呼人口調查，未再改變。1902 年 12 月，制訂人口調查法案

〔註 128〕藪內武司，〈国勢調査前史〉，頁 207～215。
〔註 129〕川合隆男，〈国勢調査の開始——民勢調査から国勢調査へ〉，頁 115。
〔註 130〕佐藤正広，《国勢調査と日本近代》，頁 28。

時，即稱爲「國勢調查法」。日本以國勢調查稱呼人口調查的慣例，也沿用至今〔註 131〕。

　　就殖民地臺灣的情形而言，人口調查醞釀期間，總督府官員或統計家沿用日本國內慣用的名稱，多以國勢調查、詮查斯或是假名的「センサス」（即英文：census）稱之。1905 年 5 月，總督府發佈「臨時臺灣戶口調查部官制」，象徵臺灣國勢調查正式起跑，同時也爲該調查定調爲「臨時臺灣戶口調查」，成爲正式的調查名稱。爲什麼會取名爲戶口調查呢？這是統計官員考量後的結果。

　　1905 年時，臺灣仍處於抗日勢力尚未完全消弭的狀態，臺灣人對日本的統治仍有疑慮，爲避免謠言阻礙調查，因此使用臺灣人熟悉的名稱〔註 132〕。祝辰巳指出，調查名稱雖然稱爲戶口調查，但就調查性質而言，是百分之百的國勢調查，會以戶口調查命名，主要是因本島人不識國勢調查，唯恐陌生的名稱讓民眾產生猜疑不安〔註 133〕。水科七三郎則指出，臺灣在清朝統治時期，已經有戶籍調查的經驗，加上日本領有臺灣以來，憲兵隊或警察官常使用「戶口調查」的名義調查戶口，本島人已習慣「戶口調查」的字眼，以「戶口調查」取代「國勢調查」，爲最不會引起驚慌的辦法〔註 134〕。

　　此外，國勢調查執行時，是以警察的戶口調查簿爲基礎，爲使調查順利進行，調查前，必須先校定戶口調查簿〔註 135〕，而過程中，若發現受調者資訊與戶口調查簿相異處，則必須以附籤註明校正〔註 136〕，此舉兼有戶籍行政和警察行政的意義〔註 137〕，也是臺灣的人口調查與西方和日本最大的不同點〔註 138〕。

　　要之，日本統計家將西方盛行之人口統計制度傳入日本，隨後並移植至殖民地臺灣，雖然在臺灣實施時，精神與西方或日本並無不同，但調查名稱並不相同。改變名稱的原因，其一是爲避免謠言阻礙調查，其二是因該調查也兼具戶籍行政之功效，這統計官員參酌臺灣特殊情形所做的調整。

〔註 131〕　島村史郎，〈国勢調査の歴史と課題〉，《ジュリスト》，No.723（1980.9）。

〔註 132〕　祝辰巳，〈臨時臺灣戶口調查諸規則講習會ニ於ケル演説〉，《臺灣統計協會雜誌》，11 號（1905.7），頁 12。

〔註 133〕　臺灣總督府統計課，《第一次臨時臺灣戶口調查顛末》，頁 19。

〔註 134〕　水科七三郎，〈臨時臺灣戶口調查と帝國國勢調查〉，《統計集誌》，359 號（1911.1），頁 43～44。

〔註 135〕　第 4839 號文書，〈國勢調查并統計事務視察復命書〉。

〔註 136〕　〈調查委員心得〉，《臺灣總督府府報》，1765 號，1905 年 6 月 8 日，頁 14～15。

〔註 137〕　花房直三郎，〈臺灣戶口調查に就て〉，《統計集誌》，290 號（1905.5），頁 199。

〔註 138〕　〈臨時臺灣戶口調查史略〉，《統計集誌》，326 號（1908.5），頁 294。

（二）調查方法的確定

人口調查的實施方法，有自計主義、他計主義，以及自計他計混用主義三種。美國採用他計主義，由調查委員挨家挨戶，就調查內容詢問受調者，將調查內容記入。德國則採取自計主義，調查委員事先將調查紙發放給受調者，由每戶的戶主負責記入調查內容，再由調查委員蒐集檢查。奧地利則是採取自計、他計混合的方式〔註139〕。

臺灣則是採取他計主義，由警察機關詳查各戶資料，將各戶現住者身份、職業等，收錄在戶口調查簿中。正式實施調查時，由調查委員根據戶口調查簿，詢問各戶狀態，並將獲得資訊與戶口調查簿對照，訂正戶口調查簿中不正確的內容，並將調查結果登錄在調查票中〔註140〕。此舉是考量臺灣民眾的教育普及程度，認為並非所有臺灣人都能清楚書寫日文所做的調整〔註141〕。

（三）調查時間的設定

臨時臺灣戶口調查為靜態的人口調查，必須在固定時間實施，前已提及，國際標準的人口調查時間為12月，臨時臺灣戶口調查時間則是定為10月1日午前零點，乃是為與日本調查時間一致之故。原因是內閣統計局考量每年10月，日本天候舒爽，行政事務也不繁瑣，故將調查時間定為10月1日，雖然日本已經延期，但考量日後臺灣將與日本同步實施，因此將臺灣的時間也定為10月1日〔註142〕。

至於調查執行的時間，為避免重複脫漏，原則上越短越好，但為避免天災事變，故定為至三日前執行完成〔註143〕。將調查日訂為10月1日，地方廳有些意見，例如：1905年7月，鹽水港廳長村上先便上文總督〔註144〕，指出鹽水港廳轄區84方里，人口超過27萬，向來職員編制極極為不足，實施調查對人員調配來說是一大負擔，而提出派遣補助員的需求，才得以順利的完成〔註145〕。

〔註139〕花房直三郎，〈臺灣戶口調查に就て〉，頁201。
〔註140〕高野岩三郎，〈國勢調查に就て〉，《統計集誌》，314號（1907.5），頁230。
〔註141〕水科七三郎，〈臨時臺灣戶口調查二就テ〉，頁10。
〔註142〕花房直三郎，〈臺灣戶口調查に就て〉，頁210。
〔註143〕水科七三郎，〈臨時臺灣戶口調查と帝國國勢調查〉，頁44。
〔註144〕第1116號文書，〈臨時戶口調查期日延長ノ件〉，《臺灣總督府公文類纂》，22號，第十二門・戶口調查，1905年7月20日。
〔註145〕村上先，〈臺灣國勢調查第四回紀念日ノ所感〉，《臺灣統計協會雜誌》，44號（1909.10），頁29～30。

（四）漢文版戶口調查諭告文的發佈

統計調查是近代國家的產物，不僅殖民官員不熟悉，臺灣住民更是陌生，若要順利實施調查，除了對官員進行調查訓練，如何說服受調者——臺灣住民認識調查的本質，也是統計官員的功課。當總督府準備實施國勢調查的消息傳開後，民眾因沒有接受過統計調查的經驗，不知道國勢調查的意義，加上日俄戰爭陷入膠著，日本政府財政窘困，許多本島人誤以為，調查是當局藉口徵兵或加稅的手段，一時風聲鶴唳，造成許多民眾恐慌〔註146〕。

為了讓本島人瞭解國勢調查，1905年，水科七三郎命橫山虎次擬定諭告文草案，經潤飾定稿之後，交由翻譯官有泉朝次郎翻譯成漢文，製作成長5尺、寬2.5尺的捲軸，共計5,300份，張貼於各街庄役場、保甲役場、市場、廟宇等，本島人出入頻繁的地方，公告實施臨時臺灣戶口調查的原因〔註147〕。

諭告文指出，臨時臺灣戶口調查不同於保甲編查，保甲編查實施對象僅止於盜徒，但臨時臺灣戶口調查實施對象不論廣及人民全體，主要是為了增進國家利益而實施，並非如謠言所說，為了賦課新稅或甄選儲備兵力。實施調查可瞭解人口的數量和組成狀態，可審視國勢民情，察知人民文化的程度與殖產興業的狀態，做為施政的參考與社會事業的依據。此項調查在國外行之有年，各國皆每五年實施小調查，每十年實施大調查，每當調查時必定仰賴官民相互協助，民眾的配合關係調查成功與否，當調查員到府上時務必誠實以告，不得捏造謠言妨礙調查，如經查出絕不寬貸〔註148〕。

總之，為順利在臺灣實施人口調查，統計官員從調查名稱、調查方法、調查時間，乃至調查宣傳等，因地制宜，設計出一套符合臺灣特殊環境的實施策略。

四、多元民族文化的認識與理解

再則，實施統計調查之前，必須先對受調者具備基礎的理解，才能設計出適合的調查內容，在受調者為多元民族的情形下，統計家如何設計出既符

〔註146〕〈戶口調查に關する誤解〉，《臺灣日日新報》，1905年6月11日，2版；〈戶口調查雜感（四）〉，《臺灣統計協會雜誌》，17號（1906.5），頁46。

〔註147〕橫山虎次任職土地調查局多年，土地調查時諭告文草案亦出自其手，富有草擬諭告文的經驗。參水科七三郎，〈諭告文ノ由來〉，《臺灣統計協會雜誌》，44號（1909.10），頁62～64。

〔註148〕第1116號文書，〈臨時臺灣戶口調查二關シ告諭ヲ發スルノ件〉，《臺灣總督府公文類纂》，第12號，第十二門・戶口調查，1905年7月24日。

合國際統計標準，又符合臺灣舊慣的調查內容？設計理念又是如何？

（一）調查內容的設計

國勢調查是以數字呈現國家形勢，於臺灣實施調查目的有二：一、探究臺灣社會人口的狀態；二、探究人口的構造，明白性別、種族、年齡等天然構造，與職業、婚姻、教育等社會構造等〔註149〕。瞭解臺灣是實施調查最大的目的，因此，雖然人口調查是西方的產物，但是西方的調查內容未必適用於臺灣社會，統計官員在設計調查內容時，勢必有一番調整。

1853 年，第一次國際統計會議開議時，所議定的調查項目為：性別、年齡、婚姻、宗教、職業、身心障礙與否、語言、出生地、國籍、戶主及其家庭關係〔註150〕。總督府統計官員設計調查項目時，主要係根據上述協議內容，不過，去掉宗教調查，另因應臺灣社會狀況，加上特殊事項調查。因此，1905年臨時臺灣戶口調查的項目分為兩大類。第一類、人口調查一般事項：家族關係、性別、年齡、婚姻、職業、副業、不具、國籍、常住地等；第二類、臺灣特殊事項：種族別、是否為鴉片特許吸食者、纏足情形、本籍地、出生地、渡臺時間、常用語與非常用語、假名讀寫程度等。

就族群個別區分而言，內地人、本島人及外國人共同調查事項為：家族關係、性別、年齡、婚姻關係、職業、副業、身心障礙狀況、常用語言、讀寫程度。本島人特定調查事項為：種族別、是否為鴉片吸食特許者、纏足狀況。內地人特定調查事項為：本籍地、出生地、渡臺時間。外國人特定調查事項為：國籍（參表 3-2-2　1905 年臨時臺灣戶口調查項目）〔註151〕。

表 3-2-2　1905 年臨時臺灣戶口調查項目

	調查項目
內地人、本島人、外國人共同調查事項	家族關係、性別、年齡、婚姻關係、職業、副業、身心障礙狀況、常用語言、讀寫程度
本島人調查事項	種族別、是否為鴉片吸食特許者、纏足狀況
內地人調查事項	本籍地、出生地、渡台時間

〔註149〕水科七三郎，〈臨時臺灣戶口調查に就て〉，《臺灣統計協會雜誌》，13 號（1905.9），頁 8～9。

〔註150〕高橋二郎，〈明治三十八年十月一日臺灣詮查斯視察談〉，《統計集誌》，296 號（1905.11），頁 534。

〔註151〕高野岩三郎，〈國勢調查に就て〉，《臺灣統計協會雜誌》，23 號（1907.5），頁 6。

外國人調查事項	國籍

資料來源：臨時臺灣戶口調查部，《臨時臺灣戶口調查記述報文》（臺北：該部，1910）。

　　由上表觀之，臨時臺灣戶口調查有國際通用的調查項目，也有因應臺灣社會制訂的特殊調查事項，然而，對於必須在與原生環境截然不同的異域實施調查，調查委員如何具體且正確的將調查內容記入？則事先必須對臺灣的舊慣制度做適切的理解（參圖 3-2-1　1905 年臨時臺灣戶口調查的所帶票）。

圖 3-2-1　　1905 年臨時臺灣戶口調查的所帶票

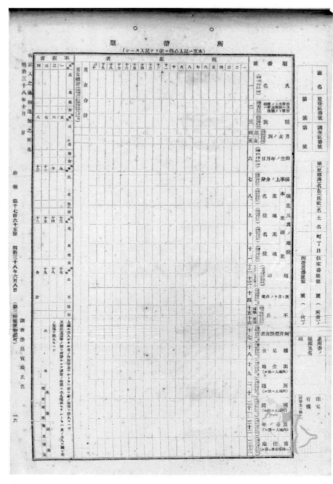

資料來源：〈臨時臺灣戶口調查二關スル所帶票樣式及所
　　　　　帶票記入心得〉，《臺灣總督府府報》，1765a
　　　　　號，1905 年 6 月 8 日，頁 16。

（二）調查內容的理解

　　首先，就族群的調查而言：水科七三郎指出，臺灣社會多元，種族複雜，與日本大不相同，其中以「生蕃」佔最多數，其次為漢人，但漢人又分為福建人和廣東人，福建人又分泉州人和漳州等，社會組成份子複雜〔註152〕。臺灣人口宣稱三百萬人，雖然人口數與日本不能相比，但複雜的種族形勢卻是日本難以比擬〔註153〕，因此瞭解臺灣的族群關係，為執政者重要任務。花房直三郎也指出，世界各國除了美國外，並未對人種提出特別的分析和觀察，但內地人和本島人在身體上、道德上、智育上必定大不相同，因此該調查是日本和臺灣兩地之執政者，瞭解兩地關係的重要材料〔註154〕。

　　其次，就家族關係的調查而言：臺灣主要為漢人的移民社會，漢人住民佔90%以上，漢人社會組織複雜，雖然家族關係與日本略同，卻有分房制度，導致雖然住家只有一個，卻有好幾個家庭同住的現象〔註155〕。調查土地和家屋的所有權，雖然與人口並無直接關係，但土地與人口關係密切，也可知人口的經濟程度，與釐清住居和所帶〔註156〕的關係。此外，臺灣傳統有妾、查某嫺等準親族關係，婚姻雖然主要根據清國法制，又因地方風俗而有結婚、招贅、招夫、離婚等區別，漢人的家族制度為頗具趣味的議題，可作為研究的基礎〔註157〕。

　　認識漢人的家族制度是統計官員必備的功課〔註158〕，1903年11月小川義郎即指出，應於調查實施前，先對家族制、養子、養媳等舊慣，具備基礎的理解〔註159〕。水科七三郎則認為，漢人複雜的家族制度，雖造成調查的困擾和不便，卻是頗為有趣的議題，可作為研究的基礎〔註160〕。

〔註152〕 水科七三郎，〈社會物理學〉，《臺灣統計協會雜誌》，2號（1904.1），頁30。

〔註153〕 〈臨時戶口調查委員諸君ニ望ム〉，《臺灣統計協會雜誌》，11號（1905.7），頁1。

〔註154〕 花房直三郎，〈臺灣戶口調查に就て〉，《臺灣統計協會雜誌》，12號（1905.8），頁30。

〔註155〕 臺灣總督府統計課，《臨時臺灣戶口調查記述報文》，頁103～130。

〔註156〕 根據第一次「臨時臺灣戶口調查規程」，所謂所帶，即是在同一家長指揮下共同居住，且共同生活的集團，奴僕和同居人也是家族所帶的一員。參〈所帶〉，《臺灣統計協會雜誌》，13號（1905.9），頁88～89。

〔註157〕 水科七三郎，〈臨時臺灣戶口調查に就て〉，頁34～37。

〔註158〕 花房直三郎，〈臺灣戶口調查に就て〉，頁205。

〔註159〕 小川義郎，〈臺灣ニ「せんさす」ヲ行フニハ舊慣ニ依ケルヤ否〉，《臺灣統計協會雜誌》，1號（1903.11），頁51～54。

〔註160〕 水科七三郎，〈臨時臺灣戶口調查に就て〉，頁34～37。

　　總督府常舉辦各種諮詢會，使調查委員瞭解漢人的家族制度，官員在學習的過程中，產生不少有趣的問題，例如：有夫之婦與人通姦所生之子，該如何登錄；妻子以自己的財產買入子女，其子女身份別；過房子和螟蛉子是否都記爲養子等〔註161〕。1905年，臨時臺灣戶口調查部出版「臨時臺灣戶口調查諸法規問答錄」一書，收錄許多令殖民當局頭痛的漢人家族制度，成爲一本調查的最佳參考書〔註162〕。

　　第三，就語言的調查而言：統計官員認爲，語言是人類表達意思的手段，語言調查對歐洲或日本影響不大，但臺灣種族多元，是一個多語言的環境，語言調查在臺灣特別重要。其一、語言調查可知內地人和本島人語言使用的共通點，臺灣各民族使用語言的習慣，與對官方普及日語的政策的影響。其二、臺灣島內交通日趨便捷，各族群往來頻繁，風俗習慣必有變化，瞭解語言狀況可提早因應〔註163〕。

　　第四，就教育的調查而言：主要調查日文假名的讀寫程度。統計官員指出，臺灣改隸十年以來，風俗已逐漸日本化，瞭解新教育的普及情形，以及國民知識生活的狀態，熟知臺灣人受日本風俗影響的程度，爲必要之舉〔註164〕。

　　第五，就臺灣身心障礙的調查而言：水科七三郎認爲，身心障礙的調查是對殖民地實施國勢調查重要的項目，特別是殖民地教育、衛生等思想較爲低落，身心障礙者人數不少，若可對殖民地的盲者和聾者詳加研究，一方面可施予社會救濟，一方面可實施預防工作，是經國濟世的大事〔註165〕。

　　臨時臺灣戶口調查中，將身心障礙分爲精神上的障礙和身體上的障礙兩類，前者分爲白癡和瘋癲兩種；後者分爲聾和啞兩種。發生原因則分爲先天和後天，分爲遺傳、血族、婚姻、疾病、負傷等因素，這些分類項目並非臺灣獨創，而是根據國際統計會議制訂的標準。水科七三郎指出，身心障礙人口是社會的損失，根據其粗估，臺灣身心障礙的人口數，比他曾調查過的國

〔註161〕小川義郎，〈國勢調查事項記入方問答錄（地方官員）〉，《臺灣統計協會雜誌》，8號（1905.1），頁46～47。

〔註162〕佐藤正広，《国勢調査と日本近代》，頁77～78。

〔註163〕花房直三郎，〈國勢調查に就て〉，《臺灣統計協會雜誌》，10號（1905.5），頁20～24。

〔註164〕臺灣總督府統計課，《臨時臺灣戶口調查記述報文》，頁271。

〔註165〕水科七三郎，〈我ガ植民地ノ國勢調查ニ就テ〉，《臺灣統計協會雜誌》，143號（1917.12），頁78。

家還多，對照各國統計資料，盲者比例又為世界第一位。殘疾產生原因為何？是先天還是後天？又是因何疾病引起？若能善加調查，則可成為醫學研究的材料〔註166〕。

第六，就臺灣鴉片吸食者的調查而言：調查項目為吸食者種族、年齡、職業及地位等四項，不僅是對鴉片政策有意義的調查，也是鴉片吸食者和非鴉片吸食者得失關係的有意義研究，同時，鴉片吸食者多為清國人和臺灣人，結果也可作為近四億清國人的警訊〔註167〕。

第七，就臺灣職業的調查而言：職業關係一國經濟政策，熟悉職業及其性質可明白社會的經濟和結構，向來為歐洲國家所重視的調查，德國甚至舉行過獨立的職業調查〔註168〕。不過，在臺灣實施職業調查頗有難度，因臺灣傳統社會的職業名稱與日本不同，如何將司公、看風水、骨拾、鐵司阜、做尪仔師阜、先生媽、挽面等，這些只存在於臺灣且僅有土語發音的職業，適切地翻譯成日文，頗為考驗統計官員的智慧〔註169〕，官員必須先對本島人的職業做充分理解〔註170〕，以及精確地掌握土語，否則無法探究職業的本質。

為認識本島人的職業，統計官員也著實下過功夫，在人口調查正式實施前，必須事先調查存在於臺灣的職業名稱，1904年7月，東恩納盛益即率先在《臺灣統計協會雜誌》上，發表新竹廳調查的本島人職業，例如：中人（不動產或動產的買賣仲介）、打鳥（獵人）、渡船夫、童乩、聽佛字（翻譯乩童語言者）、尪姨、司公、打草鞋（製作草鞋者）、補鼎、掩豬掩鵝（為豬和鵝去勢者）、拾豬尿、牽豬哥（為豬配種者）及拾字紙等，103種職業名稱〔註171〕。

五、調查實施情形

（一）調查人員的執行狀況

就調查區域的劃分而言，全臺灣總計被分為九百多個調查區，以各區的警察統籌，每區再細分為小調查區，設置調查委員。調查委員多由巡查

〔註166〕水科七三郎，〈臨時臺灣戶口調查に就て〉，頁28。
〔註167〕水科七三郎，〈臨時臺灣戶口調查に就て〉，頁28～29。
〔註168〕花房直三郎，〈國勢調查に就て〉，頁17～19。
〔註169〕臺灣總督府統計課，《臨時臺灣戶口調查記述報文》，頁103～130。
〔註170〕東恩納盛益，〈新竹廳に於ける本島人職業名稱〉，《臺灣統計協會雜誌》，11號（1905.7），頁68～73；〈臺北廳職業名報告〉，《臺灣統計協會雜誌》，13號（1905.9），頁91。
〔註171〕東恩納盛益，〈新竹廳ニ於ケル本島人職業名稱〉，頁68～73。

和巡察補擔任，部分利用通臺灣話的學校教員或是街庄役場的書記，總計設 640 個調查區、4,280 個調查區，監督委員 788 人、補助委員 1,283 人、調查委員 4765 人〔註 172〕。以臺灣大約 300 萬人計算，一人大約平均調查 500 人次〔註 173〕。

調查前，各廳須先召集調查委員、監督委員等，劃分責任範圍，再依照臨時戶口調查部規定的職業記載法，訂正轄區內的職業名稱，整理戶口調查簿，最後再三地進行嚴格的檢驗，由於手續繁多，當局也頗為留意調查員的健康情形〔註 174〕。

1905 年 10 月 1 日當天，除宜蘭廳氣候不穩以外，各地天氣晴朗，調查順利，第一天即完成八成的調查，並於第三天全數完成調查〔註 175〕。地方實際執行的狀況如何呢？可根據各地官員的回報來觀察。例如：窪田貞二指出，臺南廳長因熟悉統計事務，對臨時臺灣戶口調查頗為熱心，常召集監督委員等人至臺南孔廟前集訓，發表統計的重要性，因此當天調查相當順利〔註 176〕。

丹野英清指出，深坑廳與宜蘭廳之間因有隘勇線，使調查事務更為困難，隘勇線的實施靠警察，戶口調查的實施也是警察，兩者同時施行使警察力配置產生問題。警務課長、警部為了整理好戶口調查簿，而忽略了隘勇線的業務，最後是由臺灣統計協會會長，派遣練習所 15 名學生幫忙下，才能順利實施。當日還要越過隘勇線，並防止「生蕃」突襲，才得以使調查順利進行〔註 177〕。

專程到臺灣視察調查狀況的內閣統計局審查官高橋二郎觀察到，臺灣社會傳統的建築物構造，表面上是互相連的房子，看似宛如僅是一個家庭，但實際上這些相互連接的房間是好幾個家庭，白天可互通，但到晚上則互不相通，為了避免調查失誤，調查員必須在房子貼上號碼作為辨別〔註 178〕。

〔註 172〕〈臨時戶口調查ノ區劃數及調查人員〉，《臺灣統計協會雜誌》，12 號（1905.8），頁 91。

〔註 173〕參花房直三郎，〈臺灣戶口調查に就て〉，頁 202。

〔註 174〕宮田乙馬，〈紀念日ノ所感〉，《臺灣統計協會雜誌》，44 號（1909.10），頁 44～45。

〔註 175〕〈臺灣戶口調查〉，《統計學雜誌》，234 號（1905.10），頁 141。

〔註 176〕窪田貞二，〈臨時臺灣戶口調查ヲ追想シテ所感ヲ述ブ〉，頁 56。

〔註 177〕丹野英清，〈戶口調查當時ノ回想〉，《臺灣統計協會雜誌》，44 號（1909.10），頁 37～38。

〔註 178〕高橋二郎，〈明治三十八年十月一日 臺灣戶口調查視察談〉，《統計學雜誌》，235 號（1905.11），頁 563。

調查對交通不便的離島地區而言，更爲一大挑戰，由於澎湖島嶼眾多，受地形限制影響，交通不便，10月正值冬天，海面風浪不穩，交通難免阻隔，反之夏天上半季農作物收成，盂蘭盆會之故，外出工作者返鄉，住民異動較少，實施調查較爲方便，澎湖廳長原希望將調查日期訂爲夏季，然而調查時間指定爲10月1日無法改變，原來頗爲憂慮的交通問題，幸好總督府商借汽船，使調查得以順利完成〔註179〕。

（二）本島人的反應

官方報紙《臺灣日日新報》中記載，調查當天，本島人都能確實遵守調查規則，未明即起，灑掃內外，點燃燭火，排列桌椅，靜候調查委員到來，還有人懸掛國旗，以盛大的儀式歡迎調查，重視程度宛如元旦。報刊認爲，本島人已徹底瞭解調查的內容，將調查當成國家大典般歡迎〔註180〕。在總督兒玉源太郎寫給內務大臣的信中，也指出調查當天氣候晴朗，調查順利完成〔註181〕。這些政策性的宣揚，看似臺灣住民皆能接受調查，意味著第一次臨時臺灣戶口調查的成功。

其實，爲使調查順利進行，總督府訂了嚴格的法律，在「臨時臺灣戶口調查規則」中規定，爲避免妨礙調查，9月30日至10月3日，地方廳長經總督認可得限制民眾活動。調查期間，若有隱匿、逃亡等，規避調查的情形，或教唆他人隱匿、逃亡，或不服從公吏指揮和詢問者，得處以5～50圓的罰金，若有散佈謠言妨礙調查者，得處以10圓以上、100圓以下的罰金〔註182〕。

就本島人來說，雖然總督府事前已發佈諭告文，不過，畢竟識字的人有限，並非所有人清楚諭告文的內容〔註183〕。迎接島上首次人口調查的到來，1905年10月1日當天，仍然在社會造成騷動。許多本島人害怕若沒有返回戶籍地接受調查，就會喪失國籍或戶籍，9月30日晚間八點左右，外出民眾即陸續返家，準備接受調查，尤其到了午夜，越接近10月1日零時，民眾爭相

〔註179〕 山田寅之助，〈臨時臺灣戶口調查ヲ回想シテ〉，《臺灣統計協會雜誌》，44號（1909.10），頁42～43。

〔註180〕 梅の家，〈臺灣戶口調查の終結〉，《統計學雜誌》，237號（1906.1），頁10～11。

〔註181〕 第1116號文書，〈臨時戶口調查施行ノ結果內務大臣ニ電報ノ件〉，《臺灣總督府公文類纂》，22號，第十二門・戶口調查，1905年10月2日。

〔註182〕 第1059號文書，〈戶口調查關スル勅令制定ノ件〉，《臺灣總督府公文類纂》，4號，第二門・文書，1905年5月29日。

〔註183〕 〈戶口調查雜感（三）〉，《臺灣統計協會雜誌》，16號（1906.3），頁72。

趕回戶籍地，造成鐵路、公路大爆滿的狀況〔註184〕。甚至有離家數年，行蹤不明的遊子，爲了接受調查突然返鄉，使家鄉父母大爲驚喜的情形〔註185〕。

有本島人誤以爲，爲使調查得以順利實施，總督府禁止民眾隨意移動，導致外出者多不敢輕舉妄動，造成 10 月 1 日至 3 日，三日之間，鐵路因無乘客而停止運作，公路站乘客只剩三分之一的情形。市場商家也大受影響，生意冷清，豬肉攤原本一天可宰殺二、三十頭豬，當天卻剩下兩、三頭，營業收入銳減〔註186〕，連地方既有的廟會慶典都因此停辦。外出就業者爲了接受調查突然返鄉，造成地方人口大增擁擠不堪，也有金山地區的苦力、基隆地區的碼頭苦力、製腦地區的腦丁等，因群起返鄉接受調查，造成當地人數銳減。

並且，由於有纏足的調查項目，平常沒有纏足的婦女，深怕調查時若被登記成天然足，則終身失去纏足的權利，特地用布片裹住腳踝僞裝成纏足〔註187〕。也有雙眼正常的民眾僞裝成盲者，以爲可以得到政府補助；或有民眾原本將養子當成親生兒子扶養，卻因爲實施調查讓眞相曝光，養子大受打擊的例子〔註188〕。由此看來，一場統計調查的實施，成爲殖民地官員和本島人文化碰撞的過程。殖民地官員爲了設計出符合臺灣特色的調查，從籌備調查中認識臺灣；相對而言，本島人也在接受調查的過程中，認識統計調查的本質和意義。

總之，1905 年 10 月 1 日至 3 日，臺灣率先母國實施國勢調查，調查全權機關爲臨時臺灣戶口調查部，設有部長、副部長、書記及主事，部長和副部長分別由後藤新平和大島久滿次擔任，實際操作者爲水科七三郎。在水科的率領下，由杉派成員爲主的總督府及內閣統計局的統計官員，規劃人口調查事宜。就調查項目而言，主要係遵照國際慣例設計內容，另順應殖民地臺灣的風俗特性，盧列了統治臺灣必須瞭解的各項內容。統計官員從調查的過程中，逐步地認識和理解臺灣社會，從其實施概念，不難看出杉亨二的影子。

〔註184〕 〈戶口調查の現況〉，《臺灣日日新報》，1915 年 10 月 9 日，2 版。
〔註185〕 〈昨日の市中〉，《臺灣日日新報》，1905 年 10 月 3 日，5 版。
〔註186〕 〈戶口調查雜感（三）〉，《臺灣統計協會雜誌》，16 號（1906.3），頁 71。
〔註187〕 高橋二郎，〈臺灣詮查斯視察談〉，《臺灣統計協會雜誌》，15 號（1906.1），頁 16～30。
〔註188〕 〈戶口調查雜感（三）〉，《臺灣統計協會雜誌》，16 號（1906.3），頁 77。

第三節　臨時臺灣戶口調查之成果

　　日本統計家沿襲德國社會統計學派的精神，以大量觀察爲目的，實施名爲臨時臺灣戶口調查的統計調查，企圖理解殖民地臺灣的形勢和社會狀態，調查票設計的內容，也是依此方向進行〔註189〕。調查結束之後，統計官員展開調查票的整理和統整工作，依序編製成各種統計報告書，陸續出版《臨時臺灣戶口調查要計表》、《戶口調查集計原表》、《臨時臺灣戶口調查顛末》、《臨時臺灣戶口調查記述報文》及《戶口調查職業名字彙》等報告書。其中對臺灣精確的數字和分析，普遍獲得日本和國際統計學界的肯定。以下介紹調查的出版品，統計官員對臺灣的看法，以及調查報告的評價和運用等議題。

一、調查的出版品

　　調查結束之後，由各調查區調查委員清點調查票、統整總數、編製「調查委員要計表」之後，連同調查票，交給監察區的監查委員點收。監察委員統整總數確認無誤後，編製「監察委員要計表」，連同調查票和「調查委員要計表」一起交給該廳戶口調查委員長。由戶口調查委員長提交至臨時台灣戶口調查部。

　　接下來即是一連串繁複的作業，由檢查、集計、結果、動態等四係分工合作。首先，檢查係須再次檢查和確認調查票，訂正錯誤之處，因規模甚大，從各地送來的調查票多達 22 萬多張，爲如期完成作業，每天需檢查 1 萬 3,000 張調查票〔註190〕，1906 年 1 月底順利完成檢查〔註191〕。接著，集計係開始統整調查票，先製作小票，分爲單名票和單位票兩種，單名票是個人的資料，單位票是家庭的資料，根據調查票的資訊謄寫，製個人資料和單位資料。爲應付龐大的業務量，還應徵寫字生協助〔註192〕，總計動員 43 名寫字生，平均一天謄寫 1,350 張〔註193〕，1906 年 9 月底完成。

　　統計官員將調查所得資料，整理之後，按照屬性規劃成 30 種統計表格，以內廳、支廳、堡里、廳、市街等單位加以分類之後，製作成「集計原表」永久保存，接著製作戶口調查的結果表。最後，將統整結果分別交由結果係

〔註189〕 花房直三郎，〈臺灣戶口調查に就て〉，《統計集誌》，290 號（1905.5），頁 199。
〔註190〕 〈戶口調查部近況〉，《臺灣日日新報》，1905 年 12 月 17 日，2 版。
〔註191〕 〈所帶票檢查完了〉，《臺灣日日新報》，1906 年 1 月 30 日，2 版。
〔註192〕 〈寫字生採用試驗〉，《臺灣統計協會雜誌》，16 號（1906.3），頁 83。
〔註193〕 〈戶口調查部近況〉，《臺灣日日新報》，1906 年 2 月 22 日，2 版。

和動態係做分析和歸納，由水科七三郎總其成，將分析結果寫成報告書。

　　1907 年 5 月，臨時臺灣戶口調查部接連出版《臨時臺灣戶口調查要計表》和《臨時臺灣戶口調查集計原表》兩調查報告書。前者係根據「調查委員要計表」編製，分為街庄社、廳、堡里三級，將臺灣的住居數、所帶數及人口數製成統計表，附上各地監督委員和調查委員執行調查所需時間，掌握臺灣人口分佈情形〔註 194〕。後者則是以種族、年齡、婚姻、職業等，原來的調查類別，製作而成的統計表，清楚看出台灣人口各種狀況〔註 195〕。

　　1908 年 1 月，關於臺灣住民出生、死亡、結婚、離婚、移入及移出的人口動態統計也在水科的主持之下公布〔註 196〕。同月下旬，人口調查的副產品《戶口調查職業名字彙》也發行，該書收錄調查時，收集到的臺灣社會職業名稱多達 4,299 種，對理解臺灣的產業結構幫助甚大〔註 197〕。

　　1908 年 3 月 31 日，臨時戶口調查部階段性任務完成而關閉〔註 198〕，由該部成員成立的共愛會，也隨著臨時臺灣戶口調查部的關閉而解散〔註 199〕。臨時臺灣戶口調查部關閉之後，剩餘業務轉回官房文書課，同年 7 月，官房統計課成立，同時廢止統計主任和統計主查，另設官房統計課長〔註 200〕，執行原官房文書課所掌管之統計業務與編纂統計書之外，同時繼續臨時臺灣戶口調查未竟事宜。

　　1908 年 4 月，官房統計課出版《臨時臺灣戶口調查顛末》，該書原是給內務省的報告書，於 1906 年 11 月 21 至 24 日在官報上連載。全書共分為七章，詳述第一次臨時臺灣戶口調查之來歷、準備、實查、整理、檢查及製表、經費來源，以及有功人士等，頗為巨細靡遺〔註 201〕。1908 年 6 月，《臨時臺灣戶口調查記述報文》接著問世，該書約 600 頁，緒論首先論述臺灣戶口調查的起源和重要性，與臨時戶口調查的組織和實施過程，接著記載臨時臺灣戶口調查的機關、區域、實施情形、編成、經費及出版要點等，最後則是本文

〔註 194〕 臨時臺灣戶口調查部，《臨時臺灣戶口調查要計表》（臺北：該部，1907.5）。

〔註 195〕 臨時臺灣戶口調查部，《戶口調查集計原表》（臺北：該部，1907.12）。

〔註 196〕 水科七三郎，〈人口動態統計より得なる結果の一二に就て〉，《臺灣日日新報》，1908 年 1 月 1 日，3 版。

〔註 197〕 臨時臺灣戶口調查部，《戶口調查職業名字彙》（臺北：該部，1908.1）。

〔註 198〕 〈戶口調查部の閉鎖〉，《臺灣日日新報》，1908 年 4 月 1 日，2 版。

〔註 199〕 〈共愛會ノ解散ト謝狀〉，《臺灣統計協會雜誌》，30 號（1908.5），頁 81～82。

〔註 200〕 臺灣總督府，《臺灣總督府民政事務成績提要》，14 編（1908.12），頁 51～53。

〔註 201〕 〈臨時臺灣戶口調查ノ顛末〉，《臺灣統計協會雜誌》，21 號（1907.1），頁 89。

的部分〔註202〕。

　在此書中，水科七三郎利用調查項目，以調查成果分析臺灣社會狀況，論究臨時臺灣戶口調查的結果。卷頭首先以 23 種描畫圖，顯示臺灣人口的大勢，並於文中插入表格論述研究成果，各章排列順序為與人口相關的自然事項、社會事項，以及附帶事項。首先介紹其梗概，並附上可資說明的統計表〔註203〕。

　就負責撰寫者的官員而言，竹田唯四郎〔註204〕負責第一至五章：分別為人口、種族、體性、年齡及婚姻狀況等項目；永山嘉一負責第六章：職業；堤一馬負責第七、八及十二章：分別為語言、教育與外國人的國籍等項目；福田眞鷹負責第九至十一章：分別為一般的不具、內地人的出生地及原籍地，以及內地人的渡臺等項目；竹村諫負責第九、十三、十四及十五章：分別為特定的不具、鴉片煙膏吸食，以及所帶及住居等項目，最後由水科七三郎負責緒論及各章的統一和校訂〔註205〕。

　此外，為使本島人和清國人瞭解戶口調查的成果，1909 年 3 月，《臨時臺灣戶口調查記述報文》漢文版出刊，其序文指出，戶口調查即是西方的「詮查斯」，目的在觀察國家狀態與體察民情，歐美每五年或十年實施一次，東亞則從未實施過。臺灣改隸十年之後，總督府斷然實施，結果頗為成功，特地將調查結果編輯成書，以供參閱，使用日文恐本島人不容易了解，因此翻譯成漢文，讓本島人知道詮查斯成功之處，希望臺灣未來的發展能與歐美同躋文明之列〔註206〕。

　漢文版發行之後，果然引起傳統士人的注意。例如：臺南廳漢人官員廖用其指出，戶口調查是統治者必須詳解的資訊，臺灣雖僅是蕞爾小島，但處

〔註202〕高野岩三郎，〈臨時戶口調查に現はれたる臺灣〉，《統計集誌》，335 號（1909.1），頁 1。

〔註203〕高野岩三郎，〈臨時戶口調查に現はれたる臺灣〉，頁 1。

〔註204〕竹田唯四郎同樣畢業於共立統計學校，抵臺後先於警察本署任職，主要工作即為統計事項。1908 年 7 月官房統計課成立之後，承接原來警察本署編製犯罪統計的業務，因此商請竹田唯四郎兼理官房統計課事務，竹田發表過數篇關於犯罪統計的分析文章，於第二次臨時臺灣戶口調查也著力甚多，於「第四章」另有介紹。

〔註205〕〈臨時臺灣戶口調查記述報文〉，《臺灣統計協會雜誌》，30 號（1908.5），頁 86～87。

〔註206〕〈漢譯臨時臺灣戶口調查記述報文〉，《臺灣統計協會雜誌》，37 號（1909.3），頁 62。

於國家重要的位置，閱讀此書，得以確實地掌握臺灣形勢。清政府時的統治者，無法實施人口詳查，只能增加門牌，對臺灣的國勢民情絲毫不解，該書卻能清楚地剖析臺灣國勢強弱與民情歸向，體察臺灣文化的程度、產業的興替，以及裨益於國計民生之處，對瞭解臺灣獲益良多〔註207〕。

漢文版的記述報文總共發行 3,000 本，800 本送至清國，其他則在臺灣地區流通〔註208〕。不久，總督府趁勝追擊，又委任新渡戶稻造，將報告書翻譯成英文版〔註209〕，題名爲 "The Special Population Census of Formosa 1905"，於 1909 年正式付梓，將其送至國外，宣傳殖民地臺灣實施人口調查的成果〔註210〕。

二、調查報告中的臺灣社會

臨時臺灣戶口調查實施之後，歷經兩年檢查、統整及分析，調查報告終於出爐，打破清代以來向來臆測的數字，臺灣的人口狀態得以具體呈現。調查結果顯示，1905 年 10 月 1 日時，臺灣地區總人口數爲 303 萬 9,751 人，其中，北部人口佔 30.9%，中部人口佔 30.4%，南部人口佔 35.2%，東部人口佔 1.6%，離島澎湖佔 1.9%。以臺灣全島面積 1,222 方里計算，一方里人口爲 2,487 人。人口最多的都市，首推首善之地臺北市街，共有 7 萬餘人，其次爲臺南市街，5 萬餘人。住民方面，分爲內地人、本島人及外國人三種，本島人口總數爲 297 萬 3,280 人，佔總人口 97.8%；內地人口總數爲 5 萬 7,335 人，佔總人口數 1.9%；外國人口總數爲 9,136 人，佔總人口數 0.3%〔註211〕。

那麼，調查報告呈現出怎樣的臺灣社會？統計官員如何解讀調查結果？以下就臺灣社會的族群關係、臺灣社會使用的語言、臺灣社會的教育、臺灣社會的殘疾狀況、臺灣女性的纏足、臺灣人的職業等六點，分別介紹之：

〔註207〕　〈漢譯戶口調查記述報文ニ對スル感想〉，《臺灣統計協會雜誌》，42 號（1909.8），頁 53～54。

〔註208〕　〈漢譯戶口調查記述報文〉，《臺灣統計協會雜誌》，42 號（1909.8），頁 53。

〔註209〕　〈英譯戶口調查記述報文ノ序文〉，《臺灣統計協會雜誌》，42 號（1909.8），頁 53。

〔註210〕　〈The Special Population Census of Formosa 1905〉，《臺灣統計協會雜誌》，49 號（1910.3），頁 51。

〔註211〕　高野岩三郎，〈臨時戶口調查に現はれたる臺灣〉，頁 1～3。

（一）臺灣社會的族群關係

調查報告將台灣的種族劃分為三大類：分別為內地人、本島人及外國人。本島人分為蒙古人種和馬來人種兩類，蒙古人種為三百多年前自福建和廣東移居的漢人，前者為漳、泉住民，後者來自潮、惠二州。自明代末年陸續至臺定居，沿著臺灣南部的海岸平地北進，驅逐當地的原住民之後，在臺灣西部平原一帶發展。馬來人種又分為生蕃和熟蕃，前者分佈在中央山脈及其支脈，海拔 5,000 尺以下的高地，或臺灣東部，根據體質、風俗、語言等不同，區分為九族。後者為原來居住在臺灣西部一帶的平埔蕃，原為優勢的族群，荷治時期漢人大量移入之後，或被驅逐，或被滅絕，或被同化，勢力越來越衰微〔註212〕。

第一次臨時臺灣戶口調查，呈現了臺灣數百年來無法明確得知的人口數量、分佈及組成狀態。調查結果顯示，1905 年 10 月 1 日時，臺灣地區內地人多分佈在臺灣人口稠密的城市，福建人分佈在南部到中部的平地，廣東人分佈在中部和北部之間，熟蕃多分佈在山地，生蕃則多分佈在東部平原一帶。若以分佈比例顯示，內地人多分佈在恆春、臺南、澎湖、臺北及基隆等五廳，佔當地人口 2.2%至 7.1%。福建人多分佈在臺北、基隆、臺南、宜蘭、澎湖、彰化、鳳山、深坑、鹽水港、斗六及嘉義等十一廳，佔 91.2%至 98.9%。廣東人多分佈在桃園、新竹及苗栗三廳，佔 44.5%至 62.1%；熟蕃多分佈在臺東、恆春及蕃薯寮四廳，佔 12.1%至 19.4%。生蕃多分佈在臺東廳，佔 73.3%。外國人則多為清國人，多分佈在臺北廳，佔 1.9%〔註213〕。

（二）臺灣社會使用的語言

調查結果顯示，1905 年時 10 月 1 日時，臺灣社會主要使用的語言為內地語、土語及外國語三大類。內地語即為日本語，土語分為福建語、廣東語、其他漢語及蕃語等，加上當時許多外國人滯留臺灣，臺灣社會流通的語言竟多達 23 種。就使用比例觀之，使用日文為常用語的比例為總人口數的 1.9%，福建話為 84.5%，廣東話為 11%，蕃語為 1.4%，其他語言為 0.6%〔註214〕。

〔註212〕臺灣總督府統計課，《臨時臺灣戶口調查記述報文》（臺北：該課，1908），頁 56～57。
〔註213〕臺灣總督府統計課，《臨時臺灣戶口調查記述報文》，頁 58～59。
〔註214〕臺灣總督府統計課，《臨時臺灣戶口調查記述報文》，頁 215～217。

　　語言調查中有一項「內地人和本島人如何溝通」的調查,「種族差異」的分類,設計了「通曉土語的內地人」和「通曉內地語的本島人」兩個項目,土語包含福建語、廣東語、其他漢語及蕃語,該調查想瞭解內地人和日本人的互動情形。調查顯示,1905 年時,在臺灣能通土語的內地人有 6,757 人,佔內地人口總數的 11.8%;能通日本語的本島人有 11,270 人,佔本島人口總數的 0.38%,顯示 1905 年時,能通日語的本島人仍屬少數。進一步以地域分佈比較分析可知,內地人較少的地方廳,內地人和本島人使用土語溝通的比例較高;反之,內地人較多的地方廳,則使用日本語溝通的比率較高〔註 215〕。

（三）臺灣社會的教育

　　而就日語假名讀寫能力的調查觀之,1905 年,具讀寫能力者佔本島人總人口數 2.38%,具閱讀能力者佔 0.12%,具書寫能力者佔 0.01%;反之,完全不懂假名者佔 97.49%。依照地區分佈而言,首善之地臺北廳具讀寫能力者佔該廳人口總數 6.8%,為全臺最高者,基隆廳佔 5.9%次之,接著為恆春、澎湖、臺南、臺東及深坑等五廳,這七廳中具讀寫能力者在全臺平均值 2.4%以上。其他 13 廳則在平均值以下,其中,鹽水港廳 0.7%敬陪末座,足見日語能力因城鄉差距而有落差〔註 216〕。

　　然而,以假名讀寫能力判斷住民之教育程度,實施過程引發了一些質疑和討論。早在預備調查時期,臺灣許多受過漢學教育的秀才,因不識五十音被記為無讀寫程度;反之,在公學校上課的八、九歲幼童,則因熟悉假名而被評為讀寫程度普通〔註 217〕,前清秀才之教育程度反倒不如幼童,以此標準來判定本島人的教育程度,實有待商榷。然而,即使受到質疑,因這樣的判斷標準,讓臺灣受漢學教育的傳統讀書人,為了不被評於文盲而忙碌的學習假名〔註 218〕,統計官員也不改變其做法,甚至成為定制。

〔註 215〕富田哲,〈1905 年臨時台湾戸口調査が語る台湾社會—種族・語言・教育を中心に—〉,頁 97～98。
〔註 216〕臺灣總督府統計課,《臨時臺灣戶口調查記述報文》,頁 271。
〔註 217〕〈國勢調查辯疑〉,《臺灣統計協會雜誌》,12 號（1905.8）,頁 92。
〔註 218〕富田哲,〈台灣總督府国勢調査による言語調査—近代的センサスとしての国勢調査の性格からみた内容とその変化—〉,頁 95。

（四）臺灣社會的不具

不具即為殘疾，調查結果顯示，1905 年時，臺灣不具的人口不具以盲者最多，佔總數 51.6.%；其次為聾啞者，佔 13.4%；繼之為白癡者，佔 6.8%，最後是瘋癲者，佔 3.3%（註219）。

該篇撰文者為臨時臺灣戶口調查部兼務竹田唯四郎。竹田唯四郎指出，臺灣社會不具者比例高於世界各國，又以盲者比例最高，而本島人盲者發生原因多屬後天導致，因臺灣日照強、沙塵多，加以住家構造窗戶甚少，室內陰暗，白天還需燈火照明，成為誘發眼疾的一大因素。此外，臺灣醫療環境尚且落後，本島人又極度迷信神佛，得了眼疾寧願求神問卜也不願就醫，錯失醫療機會而失去光明（註220），使本島人盲者人數居高不下。

再就疾病的發生原因分析，福田眞鷹於《臺灣統計協會雜誌》上發表一文，指出根據統計調查結果，臺灣的聾啞和白癡大多為天生，推斷臺灣社會大部分是漢民族，同姓通婚血緣過近，導致先天的聾啞和白癡者較多。此外，不具人數最少的是瘋癲，比起西方國家，本島人的瘋癲患者比例頗低，福田眞鷹認為，瘋癲是文明的副產物，臺灣社會生存競爭不太激烈，沒有在精神上過勞，或為學術事業狂熱等，可能誘發精神病的現象，因此瘋癲比例較西方國家低（註221）。

（五）漢人女性的纏足

對臺灣人殘疾的調查中，因應本島漢人女性的風俗，統計官員加上了纏足的調查，將此稱為人工的殘疾（註222）。1905 年時，臺灣漢人纏足的女性總數有 80 萬 616 人，就本島人女子和清國女子總數 140 萬 6,224 人觀之，比例高達 56.9%，若去除五歲以下的兒童，則纏足比例達 66.6%，可見纏足普遍存在於臺灣社會。進一步以種族別分析，福建女性纏足人數最多，佔福建女子總數 68%；廣東女子是纏足人數最少，佔廣東女子總數比例 1.55%；有趣的是，熟蕃因漢化較深，也有纏足的女性，佔熟蕃女子人數比例 0.54%，生蕃則為0.001%（註223）。

〔註219〕臨時臺灣戶口調查部，《第二次臨時臺灣戶口調查記述報文》，頁 361。
〔註220〕臺灣總督府統計課，《臨時臺灣戶口調查記述報文》，頁 300。
〔註221〕福田眞鷹，〈不具二就テ〉，《臺灣統計協會雜誌》，25 號（1907.10），頁 44～45。
〔註222〕臺灣總督府統計課，《臨時臺灣戶口調查記述報文》，頁 368～378。
〔註223〕臺灣總督府統計課，《臨時臺灣戶口調查記述報文》，頁 349～365。

1905 年時，雖然有黃玉階籌組天然足會，倡導女性解纏足，惟風潮一時仍難以普及，苗栗、阿猴、南投、彰化、臺東、桃園及臺南七廳解纏足人數比例在平均值以上，但澎湖、鹽水港、鳳山等三廳僅 0.1%，是最不理想的狀態〔註 224〕。對於本島人女性纏足的現象，水科七三郎在《臺灣日日新報》撰文指出，臺灣婦人纏足是一種身體上的毀傷，不僅造成精神上的苦痛，產業上的停滯，如果遇到天災也極可能因行動不便而死於非命，他以 1906 年 3 月發生於嘉義的地震死傷人數為例，指出臺灣人死傷的比例，女高於男，主要原因即是因女性纏足妨礙逃生所致，疾呼臺灣女性應該跳脫纏足的迷思，恢復天然足〔註 225〕。

（六）臺灣社會的職業

1905 年時，存在於臺灣社會的職業種類眾多，統計官員根據內閣統計局職業分類項目，再加上臺灣社會的實際狀況，將職業調查項目分為七大類，第一類為農、林、漁、牧；第二類為工業；第三類為商業及交通；第四類為公務及自由業；第五類為其他類；第六類為依靠不動產或有價證券等生活者；第七類為無業及不需申告的職業，例如：學生或受刑人等〔註 226〕。1908 年月 1 月，臨時臺灣戶口調查部出版《戶口調查職業名字彙》，共有 34 項 182 目，將臺灣各種職業冠上日語和臺灣語，收錄實施調查時收集到的職業多達 4,299 種〔註 227〕，從中可看出當時存在於臺灣社會的職業名稱，可說五花八門。

三、調查報告的應用

臨時臺灣戶口調查的成果公布之後，臺灣人口之變遷有跡可尋，1908 年 5 月，水科七三郎在《臺灣統計協會雜誌》上撰文，呼籲世人善加利用戶口調查結果，指出實施臨時臺灣戶口調查實施所編製的要計表、集計原表、結果表、記述報文等調查報告皆各具特色，不論是臺灣社會的組織型態，組織要素，人口組成，生產力，生產和消費、所帶數目，或租稅的負擔等，均可從調查結果中得知，結果亦可與農業、工業、商業等各項調查相互比較參

〔註 224〕 臺灣總督府統計課，《臨時臺灣戶口調查記述報文》，頁 368～378。
〔註 225〕 水科七三郎，〈地震と臺灣婦人〉，《臺灣日日新報》，1906 年 4 月 8 日，1 版。
〔註 226〕 臨時臺灣戶口調查部，《第二次臨時臺灣戶口調查記述報文》，頁 135～140。
〔註 227〕 〈戶口調查職業名字彙〉，《臺灣日日新報》，2915 號，1908 年 1 月 21 日，2 版。

照〔註228〕，擴大調查的價值。

　　首先，就臺灣人口成長率估算而言：調查之前，竹越與三郎出版《臺灣統治志》一書，即預測過臺灣人口的增長數字，提出臺灣自 1898 年以來，出生率逐年降低，至 1902 年死亡人數超過出生人數 556 人，1898～1902 五年間，臺灣人口增加 26,987 人，平均每年增加 5,397 人，人口增加率爲 1.7‰。1907年 10 月，水科七三郎於《臺灣統計協會雜誌》中，撰文駁斥竹越與三郎的說法。並直言，臨時臺灣戶口調查之前，臺灣社會統計制度尚未成熟，基礎薄弱，數字不精確，統計信用不足，以 1905 年以前的數字做爲根據實爲不妥。指出 1906 年時，臺灣出生人數爲 12 萬 1,067 人，死亡人數爲 10 萬 4,749 人，相差 1 萬 6,318 人〔註229〕，以 1906 年末臺灣總人口數 308 萬 545 人計算，人口增加率爲 5.3‰，與竹越與三郎計算的 1.7‰頗有差距。要之，統計調查實施後，對於臺灣估算人口數字的成長率，因具有精確的參考數據而更具公信力。

　　其次，就疾病衛生醫療計畫而言：1906 年 1 月，有論者於《臺灣統計協會雜誌》上發表一文，針對臺灣的盲者人數及屬性進行分析，論者就調查結果來看，本島人盲者僅有十分之一爲天生、十分之九爲疾病所引發，但數據顯示導致患者眼盲的疾病並非大病，多爲初生兒之病，嬰兒出生抵抗力尚弱即受感染，這些疾病以不知名的結膜炎、被母親感染的淋病居多，因此強烈建議當局，爲降低臺灣的盲者病患，應具體提出改善初生兒衛生醫療的計畫〔註230〕。

　　第三，就臺灣人口族群分佈狀況而言：1909 年 1 月，伊能嘉矩撰文發表《臨時臺灣戶口調查記述報文》讀後感，讚許臨時臺灣戶口調查、土地調查、舊慣調查爲帝國治理殖民地之三大事業，對臨時臺灣戶口調查之成果甚感佩服，尤對該書第二章「族群」篇內容印象深刻。伊能嘉矩指出，臺灣歷經數個政權統治，族群狀況複雜，該書卻能透過統計調查結果，具體指出各族群的分佈位置，明確統計和界定熟蕃人數及分佈地區，成就超越清代官員的籠統紀錄，補足文獻不足，實爲民族誌重要資料，對臨時臺灣戶口調查的成果

〔註228〕水科七三郎，〈臨時戶口調查ノ結果ノ利用ヲ望ム〉，《臺灣統計協會雜誌》，30 號（1908.5），頁 34～36。
〔註229〕水科七三郎，〈臨時戶口調查の結果に就て〉，《臺灣統計協會雜誌》，25 號（1907.10），頁 9～14。
〔註230〕〈臨時戶口調查ノ利用〉，《臺灣統計協會雜誌》，15 號（1906.1），頁 59～61。

十分肯定〔註231〕。

四、調查報告的評價

臺灣的人口調查頗受母國關注，內閣統計局除派遣永山嘉一、阪本敦、
關三吉郎、村重俊槌等官員，來臺協助調查之外，1905年9月，接近調查實
施時刻，還派遣審查官高橋二郎到臺灣觀察調查實施情形。高橋二郎對總督
府官員實施調查的情形留下深刻印象。例如：高橋在基隆廳，見調查委員能
夠使用流利的土語，拿著戶口調查簿詢問戶主各種事項，並糾正戶主答錯的
部分，而感到驚訝萬分，認為總督府對基層官員的訓練十分成功〔註232〕。

其他幾位未能親自到臺灣的統計家或官員，也普遍對調查結果抱持肯定
的態度，認為臨時臺灣戶口調查得以順利實施，具有幾項指標性意義：

（一）臺灣統計事業的突破

伊能嘉矩指出，臨時臺灣戶口調查為日本未曾有之大事業，能在時間內
沒有阻礙地於新領土實施，實在是預想外的好成績。各廳委員互相競爭、熱
心和勉勵舉行調查講習，為實地調查全力以赴，可說是為本邦人口統計歷史
新的一頁〔註233〕。宜蘭廳地方委員長的宮田乙馬也認為，調查結果對臺灣的
統計事業有直接和間接的收益，對臺灣的人口及各種族間勢力的強弱，纏足
者解放的人數、教育程度的認識等，皆有進一步的認識〔註234〕。

作為日本第一個殖民地，日本統計家對臺灣頗多寄望，認為臺灣是一個
足使統計家大展長才之地。高橋二郎甚至指出，世界人口統計最發達的國家，
皆為新興國或殖民地，例如：美國、加拿大、紐西蘭、印度等，臺灣率先日
本實施人口調查，就其背景而言再適當也不過。更認為人口調查如鏡子一般，
清楚呈現臺灣全島三百多萬人口天然的、社會的各種狀態〔註235〕。

〔註231〕伊能嘉矩，〈臨時臺灣戶口調查記述報文ヲ讀ミテ〉，《臺灣統計協會雜誌》，
　　　　44號（1909.1），頁59～61。
〔註232〕高橋二郎，〈明治三十八年十月一日　臺灣戶口調查視察談〉，《統計集誌》，296
　　　　號（1905.11），頁535。
〔註233〕梅の家，〈臺灣戶口調查の終結〉，《統計學雜誌》，237號（1906.1），頁10。
〔註234〕宮田乙馬，〈紀念日ノ所感〉，《臺灣統計協會雜誌》，44號（1909.10），頁44
　　　　～45。
〔註235〕高橋二郎，〈明治三十八年十月一日臺灣詮察斯視察談（承前）〉，《統計集誌》，
　　　　197號（1905.12），頁589。

（二）帝國統計調查的模範

論者認爲，臨時臺灣戶口調查實爲破天荒的成就，調查結果讓臺灣的人口、社會結構等狀態明朗，臺灣能成功實施統計調查，是殖民地施政優於母國的表現，可作爲借鏡和榜樣〔註236〕。1909年3月，柳澤保惠向國會提出「國勢調查建議案」時，即提到臺灣能不畏戰局，花費三年以臨時戶口調查爲名實施國勢調查，調查結果成爲施政的根本，呼籲日本不應懼財政問題，宜斷然地儘速實施調查〔註237〕，可見臺灣調查成果突出，足以成爲日本實施調查時的範本。

1909年4月，已升任官房統計課長的水科七三郎到北海道和東京出差，途中遇到木村匡〔註238〕，當日恰好相關的實業家、法律及經濟學長，在京都的銀行集會所舉行學術懇話會。由於京都的統計學者也參與，遂特地請水科七三郎就臨時臺灣戶口調查的實施，以及調查結果中關於職業的部分發表演說。與會的仁保博士於臺灣能於日俄戰時，尙能完成如此大事業感到激賞，認爲京都即將實施市勢調查，深感臺灣有許多値得學習之處〔註239〕。

論者亦認爲臺灣的人口調查，可成爲朝鮮、南滿、南庫頁等，日本其他新殖民地的模範〔註240〕。高野岩三郎〔註241〕指出，如其師德國統計學家馬雅（Georg von Mayr, 1841～1925）所言，定期地實施人口調查爲文明國當然職務，但東洋各國只有英屬印度和菲律賓兩地實施過，兩地出版物成爲學者所珍視，今日臺灣臨時戶口調查能有此有益的出版品，誠爲一大喜事〔註242〕。

此外，有美國大學教授爲了社會學研究，遠赴中國，想拿統計資料作爲研究的參考，但中國並沒有相關資料，失望之下無功而返，歸途中滯留日本

〔註236〕　〈戶口調查ノ結果〉，《臺灣統計協會雜誌》，15號〔1906.1〕，頁106～107。
〔註237〕　〈國勢調查實行準備二關スル貴族院ノ建議〉，《臺灣統計協會雜誌》，39號〔1909.5〕，頁46。
〔註238〕　臺灣總督府事務官，歷任臺灣總督府官報主任等職。第939號文書，〈臨時戶口調查施行ノ結果內務大臣二電報ノ件〉，《臺灣總督府公文類纂》，3號，第三門‧恩賞，1904年7月1日。
〔註239〕　〈京都二於ケル臺灣戶口調查ノ講演〉，《臺灣統計協會雜誌》，39號〔1909.5〕，頁43～44。
〔註240〕　小松吉久，〈所感ノマ、〉，《臺灣統計協會雜誌》，44號〔1909.10〕，頁41。
〔註241〕　高野岩三郎1871年出生於長崎，畢業於東京帝國大學，專攻統計學，1898～1901年留學德國，跟隨馬雅學習統計學，其生平事蹟與主要統計業績，於「第六章第一節」另有介紹。
〔註242〕　高野岩三郎，〈臨時戶口調查に現はれたる臺灣〉，頁1。

時，偶然間得到英譯本《第一次臺灣戶口調查記述報文》，如獲至寶，指出經由臺灣的案例，可獲得南方中國的研究情報〔註 243〕。

（三）杉亨二統計理念在臺灣的具體實踐

高橋二郎曾在共立統計學校教授應用統計，當時使用法國統計學者的書，將教學重心放在人口統計，解說各國人口統計的規則，鼓吹人口統計的重要性。1905 年時，他到臺灣考察臨時臺灣戶口調查的實施，認為日本領有臺灣時間頗短，卻能利用特別的機關、合理的費用及優秀的調查委員，在言語、風俗及人種複雜的臺灣實施調查，執行各種歐洲也無法精確調查的事項，補登錄大多數的脫籍者，而認為臨時臺灣戶口調查是一成功的統計調查〔註 244〕。

尤其是共立統計學校的學生紛紛在總督府任職，以新倉蔚為始，接著水科七三郎、竹村諫、永山嘉一、濱田文之進等人，於臺灣成功實施人口調查，高橋二郎認為，這是「共立統計學校的鼓吹在臺灣總督府開花的結果」〔註 245〕。由上可知，日本統計家普遍對臺灣實施人口調查的成果感到肯定。

綜上所述，1905 年 10 月，臺灣實施的第一次臨時臺灣戶口調查，為人口的統計調查，殖民地早於母國實施國勢調查，可說是帝國主義國家的創舉〔註 246〕。人口調查起源自西方，最早實施的國家是美國，在國際統計協會的帶動下，各國逐漸形成每十年固定實施的風氣。在國際統計協會邀請下，日本國內興起國勢調查促進運動，政府卻以財力困窘為由無限期延後，使得臺灣成為帝國版圖內率先實施的區域。總督府敦聘水科七三郎規劃調查事項，成立臨時臺灣戶口調查部，展開調查規劃事宜，在內閣統計局協助下順利完成，陸續出版《臨時臺灣戶口調查要計表》、《戶口調查集計原表》、《臨時臺灣戶口調查顛末》、《臨時臺灣戶口調查記述報文》及《戶口調查職業名字彙》等調查報告。

臨時臺灣戶口調查的實施過程，是殖民地官員理解臺灣社會的歷程，從

〔註 243〕水科七三郎，〈臺灣戶口調查ノ實驗〉，頁 406。

〔註 244〕高橋二郎，〈明治三十八年十月一日 臺灣戶口調查視察談（續）〉，《統計學雜誌》，236 號（1905.12），頁 400。

〔註 245〕高橋二郎，〈臺灣詮查斯第四紀念期二際シ感ヲ書ス〉，《臺灣統計協會雜誌》，44 號（1909.10），頁 52。

〔註 246〕水科七三郎，〈臺灣センサスの由來〉，《統計學雜誌》，490 號（1927.4），頁 152。

調查項目的設計、調查方法的安排、調查步驟的設定，乃至調查內容的撰寫等，皆是統計官員接受統計學和殖民地政策洗禮，加以反芻之後，再施以殖民地台灣。統計官員從調查的過程中認識臺灣、理解臺灣，進一步書寫臺灣；反之，臺灣住民也經由這場調查，認識近代化國家實施調查的本質，進入文明國家施以住民的規範中。

　　臨時臺灣戶口調查成功實施，是總督府給殖民母國最好的禮物，不僅證明日本有實施統計調查的能力，透過籌備調查的動員，也做了一次最好的政績展示。最重要的效果，自然是對臺灣社會的具體認識，掌握臺灣從未人所知的人口狀態及分佈等狀況，成為殖民當局掌控臺灣最有利的資料。

　　臺灣總督府的人口調查從 1905 年起，持續至日治結束不曾間斷，為殖民地臺灣五十年來的人口社會變化，作了做好的紀錄。戰後有人口學者指出，臺灣是唯一一個可從完善的基礎資料上，研讀特定階段的漢人人口變遷過程之地，因為在日本殖民統治下，殖民當局定期實施精確的人口調查，為臺灣保存了一套異常精確的統計數據，充分地掌握臺灣各階段人口的生育和死亡趨勢，而這套資料庫，甚至比日本國內更為豐富〔註247〕。由此可知，總督府實施人口調查的意義。

〔註247〕George Barcly,*"Colonial Development and Population in Taiwan"*, Princetion：Princetion University Press, 1954, p.v.

第四章　統計機關的獨立
（1908.7～1918.6）

第一次臨時臺灣戶口調查順利的實施之後，總督府在日本及海外統計領域知名度大增，促使統計機關組織變更有了新的契機。因應統計事務活絡，加上 1908 年 3 月臨時臺灣戶口調查部廢止，該部門負責的人口動態調查事務合併至中央統計機關，總督府遂改變以往制度，將統計從官房文書課中獨立，創設了新的官房統計課。官房統計課成立之後，總督府的統計事業有了新的進展，首先，在業務統計方面：一，接續臨時臺灣戶口調查部，實施人口動態調查及編製人口動態統計；二，接手警務本署業務編製臺灣犯罪統計。此外，在統計調查方面，則是實施第二次臨時臺灣戶口調查。本章擬探討官房統計課的創立及人事，該階段完成之業務統計及第二次臨時臺灣戶口調查等，究明官房統計課時期的統計概況。

第一節　官房統計課的成立

臨時臺灣戶口調查實施之後，總督府統計技術更趨於成熟，鑑於統計事務日漸複雜，原來編制已不敷所需，因而另外設立官房統計課，將統計業務獨立，可說是水到渠成的結果。以下論述官房統計課的機關組織、重要統計官員及統計業績。

一、官房統計課的機關組織

1908 年 7 月，總督府修改 1902 年 11 月的訓令第三百九十六號〈臺灣總

督府統計事務規程〉，設置官房統計課，原來統計主任改爲官房統計課長，執掌統計的製作、報告及監督等事項〔註1〕。水科七三郎被任命爲首任統計課長〔註2〕。同月，水科七三郎以官房統計課長的身份，公佈〈官房統計課處務規程〉，確定官房統計課的職權分工。官房統計課內設專屬、報告掛及集查掛等三掛，專屬負責統計的監督，人事、會計及庶務等事項；報告掛負責報告例、內務報告例、編纂統計書，及不屬集查掛的統計業務；集查掛負責人口動態調查、計算人口及犯罪統計等事項（參表 4-1-1　官房統計課組織架構）〔註3〕。

表 4-1-1　官房統計課組織架構

組織名稱	負責事項
專　屬	統計的監督事項 人事相關事項 會計相關事項 庶務相關事項
報告掛	報告例相關事項 內務報告例相關事項 統計書的編纂 其他不屬集查掛的統計事項
集查掛	人口動態相關事項 算定人口相關事項 犯罪統計相關事項

資料來源：第 1370 號文書，〈官房統計課處務規程制定〉，《臺灣總督府公文類纂》，15 號，第二門・文書，1908 年 7 月。

　　就負責業務觀之，編纂綜合統計書、製作「總督府報告例」等，是官房統計課與前身業務相同處，而「臺灣犯罪統計」和「臺灣人口動態統計」則是新增事項。此外，爲普及臺灣統計知識與改善統計環境，官房統計課也有監督地方統計事務，指導正確地書寫統計報告；定期召開統計講習會，介紹統計思想；因應社會發展，改革統計書體裁；編纂英文統計摘要，將臺灣介

〔註1〕　〈統計課ノ新設〉，《臺灣統計協會雜誌》，31 號（1908.7），頁 87。
〔註2〕　第 1424 號文書，〈技師水科七三郎統計課長ヲ命スル件〉，《臺灣總督府公文類纂》，15 號，高等官進退原議七月份，1908 年 7 月。
〔註3〕　第 1370 號文書，〈官房統計課處務規程制定〉，《臺灣總督府公文類纂》，15 號，第二門・文書，1908 年 7 月。

紹到海外；以及每年發行更新的統計報告等五大任務〔註4〕。

二、官房統計課的統計官員

　　官房統計課首任課長是水科七三郎，這個時期重要的統計官員有兩位，分別是福田眞鷹和堤一馬〔註5〕。

　　福田眞鷹的生平於前文已提及。自官房文書課時期，福田眞鷹即擔任統計相關事務，專門從事臨時臺灣戶口調查事項，官房統計課成立之後，擔任報告掛長。1913 年 9 月起，籌備第二回臨時臺灣戶口調查，編纂第二回《臨時臺灣戶口調查顚末》與主筆第二回《臨時臺灣戶口調查記述報文》等。1917 年，福田眞鷹參與第一次國勢調查計畫的立案，更於 1918 年 3 月，成爲臺灣總督府首位統計官〔註6〕，1918 年 6 月，擔任國勢調查部主事〔註7〕。自 1919 年 12 月止，在臺灣擔任統計相關職務長達 18 年，後因罹病最後卒於任內〔註8〕。

　　堤一馬則是 1875 年 7 月出生於福岡縣，來臺灣之前，歷任福岡縣、司法省官員等職。1904 年 3 月來臺之後，先於鳳山縣任職，並於 1905 年 10 月兼理臨時臺灣戶口調查部事宜。值得一提的是，堤一馬爲第二屆總督府統計講習會修業成績最高者〔註9〕，當時已頗受矚目。1907 年 8 月起，堤一馬擔任總督府屬兼臨時臺灣戶口調查部屬，爾後持續任職於統計機關，在歷次國勢調查有功者名單、統計官員下鄉，或是統計講習會等場合，常可見其身影。福田眞鷹去世之後，於 1920 年 3 月起接續擔任統計官，至 1924 年 3 月離開臺灣爲止〔註10〕。關於堤一馬在 1918 年之後的統計業績，於第五章另有論述。

　　同時，由於新增犯罪統計和人口動態調查兩項業務，人事任用也多了這

〔註4〕　臺灣總督府，《臺灣總督府民政事務成績提要》，第十七編（1912），頁50～51。

〔註5〕　第 1439 號文書，〈屬福田眞鷹、堤一馬、村上常藏、西川義祐、老山賢吉統計課勤務〉，《臺灣總督府公文類纂》，第 44 號，判任官進退原議七月份，1908 年 7 月。

〔註6〕　第 2875 號文書，〈〔府屬〕福田眞鷹（任統計官）〉，《臺灣總督府公文類纂》，31 號，高等官進退原議五月份，1918 年 5 月。

〔註7〕　同上註6。

〔註8〕　第 2980 文書，〈〔統計官〕福田眞鷹（陞等、昇級、賞與、危篤）〉，《臺灣總督府公文類纂》，8 號，高等官進退原議十二月份，1919 年 12 月 1 日。

〔註9〕　佐藤正広，〈台湾における統計家の活動─統計講習会および『台湾統計協会雜誌』を中心に─〉，頁21。

〔註10〕　第 3761 號文書，〈堤一馬普通恩給証書下付）〉，《臺灣總督府公文類纂》，24 號，第一門・秘書，1924 年 5 月。

兩類的需求。例如：水科七三郎分別於 1910 年 2 月，自民政部內務局借調屬土井通義〔註11〕；1913 年 3 月，借調甲斐鹿太郎〔註12〕；1914 年 1 月，借調竹田唯四郎等三人，兼任官房統計課勤務，都是因編製犯罪統計的所需而到任〔註13〕。土井通義來臺時間不詳，在臺灣主要工作內容多為司法事務，歷任臺灣總督府法院書記、民政部內務局等職務〔註14〕。甲斐鹿太郎來臺時間同樣不詳，1910 年 12 月，以其法律專長任職於民政部內務局，至 1916 年 7 月因病離開臺灣〔註15〕。

　　三人中，最重要的人物是竹田唯四郎。竹田唯四郎與水科七三郎同期畢業於共立統計學校〔註16〕，來臺之前，歷任岩手縣收稅署、會計檢查院及陸軍省等職務。1899 年 3 月來臺，先後任職於臺灣鹽務局和臺灣樟腦局，臺灣樟腦局廢止之後，又短暫回到日本，服務於遞信省。1912 年 9 月再度來臺〔註17〕，任職於民政部警察本署，專任統計事務〔註18〕。1914 年 1 月，水科七三郎向總督指出，警察統計數量頗為龐大，牽涉甚廣，為監督地方廳警察編製警察統計事務，與對警察舉辦警察統計相關講習會所需，有必要聘請警察事務的職員專門負責，因此協商竹田唯四郎兼任官房統計課勤務〔註19〕。

〔註11〕　第 1720 號文書，〈臺灣總督府屬土井通義總督官房統計課兼務ヲ命ス〉，《臺灣總督府公文類纂》，44 號，判任官進退原議二月份，1910 年 2 月。

〔註12〕　第 2187 號文書，〈屬甲斐鹿太郎（總督官房統計課兼務ヲ命ス）〉，《臺灣總督府公文類纂》，28 號，判任官進退原議三月份，1913 年 3 月。

〔註13〕　第 2305 號文書，〈臺灣總督府屬竹田唯四郎總督官房統計課兼務ヲ命ス〉，《臺灣總督府公文類纂》，7 號，判任官進退原議一月份，1914 年 1 月。

〔註14〕　第 793 號文書，〈覆審法院雇土井通義ヲ臺灣總督府法院書記二任シ覆審法院檢察局書記二補ス〉，《臺灣總督府公文類纂》，41 號，第二門・官規官職，1902 年 8 月；第 1568 號文書，〈屬土井通義內務局勤務〉，《臺灣總督府公文類纂》，57 號，判任官進退原議十一月份，1909 年 11 月。

〔註15〕　第 1730 號文書，〈雇甲斐鹿太郎總督府屬任命ノ件〉，《臺灣總督府公文類纂》，63 號，判任官進退原議十二月份，1913 年 12 月；第 2587 號文書，〈府屬甲斐鹿太郎（昇級、賞與、退官、賜金）〉，《臺灣總督府公文類纂》，1 號，判任官進退原議七月份，1916 年 7 月。

〔註16〕　第 2070 號文書，〈竹田唯四郎（任總督府屬）〉，《臺灣總督府公文類纂》，77 號，判任官進退原議九月份，1912 年 9 月。

〔註17〕　第 2782 號文書，〈竹田唯四郎恩給証書送付ノ件〉，《臺灣總督府公文類纂》，24 號，第一門・秘書，1918 年 10 月。

〔註18〕　同上註 17。

〔註19〕　第 2305 號文書，〈臺灣總督府屬竹田唯四郎總督官房統計課兼務ヲ命ス〉，《臺灣總督府公文類纂》，7 號，判任官官進退原議一月份，1914 年 1 月。

　　竹田唯四郎發表過數篇分析犯罪統計結果之文章，是少數統計官員對犯罪統計有經驗者，其對犯罪統計的業績，本章第二節另有介紹，而 1915 年 10 月，第二次臨時臺灣戶口調查展開時，竹田也參與了調查工作〔註 20〕。除上述統計官員外，另有右田留造、佐佐木高景、村上常藏等人，是第二次臨時臺灣戶口調查的主力人員，關於他們的統計業績，本章第三節另有介紹。

　　1917 年 3 月，水科七三郎以積勞成疾，罹患腳氣病身體不適為由，向總督奏請卸下官房統計課長職務〔註 21〕，由官房文書課長楠正秋兼任官房統計課長〔註 22〕。水科七三郎改以囑託任免，但仍然續留臺灣〔註 23〕，協助第二次臨時臺灣戶口調查，至 1918 年 3 月，調查完成之後離開臺灣〔註 24〕，回到日本協助本土的國勢調查〔註 25〕。

　　至於接續官房統計課長的楠正秋，1874 年 7 月出生於東京，歷任遞信省通信書記等職。1902 年 12 月抵臺之後，先擔任總督府通信書記，1905 年 9 月，成為總督府參事官，陸續擔任民政部地方部地方課長、民政部地方部地理課長、官房文書課長等職務，1917 年 3 月，成為官房文書課長兼官房統計課長〔註 26〕。惟楠正秋擔任官房統計課長僅 1 年 3 個月，1918 年 6 月之後，總督府統計機關進行改制，官房統計課轉型為官房調查課，楠正秋並未續留原職。

　　總督府統計機關以官房統計課的形式，持續至 1918 年 6 月，呼應輿論倡議與總督府官制變遷之需求，改制為官房調查課，除原來的統計事務外，加入南支南洋等海外制度及經濟的調查，官房統計課人員則全數轉至新單位（參

〔註 20〕　第 2465 號文書，〈府屬竹田唯四郎（〔總督官房臨時〕戶口調查部兼〔民政部〕警察本署勤務）〉，《臺灣總督府公文類纂》，55 號，判任官進退原議八月份，1915 年 8 月。另，關於竹田唯四郎對第二次臨時臺灣戶口調查的業績，請參「第四章第二節」的介紹。

〔註 21〕　第 2744 號文書，〈〔府技師〕水科七三郎（免官、賞與）〉，《臺灣總督府公文類纂》，23 號，高等官進退原議三月份，1917 年 3 月。

〔註 22〕　第 2744 號文書，〈〔參事官〕楠正秋（統計課長兼務）〉，《臺灣總督府公文類纂》，21 號，高等官進退原議三月份，1917 年 3 月。

〔註 23〕　第 2753 號文書，〈水科七三郎（統計二關スル事務ヲ囑託ス）〉，《臺灣總督府公文類纂》，112 號，判任官進退原議三月份，1917 年 3 月。

〔註 24〕　第 2884 號文書，〈囑託水科七三郎（退賞、退職）〉，《臺灣總督府公文類纂》，73 號，判任官進退原議三月份，1918 年 3 月。

〔註 25〕　〈水科七三郎氏〉，《臺灣日日新報》，1918 年 4 月 17 日，5 版。

〔註 26〕　第 3868 號文書，〔元府參事官〕楠正秋普通恩給證書下賜〉，《臺灣總督府公文類纂》，9 號，第一門·秘書，1925 年 1 月。

表 4-1-2　官房統計課重要統計官員及負責業務）〔註 27〕。

表 4-1-2　官房統計課重要統計官員及負責業務

姓　名 （本籍）	職稱 （在職時間）	負責業務	其他經歷	備　註
水科七三郎 （北海道）	課長 （1903.8～1917.3）		官房文書課、臨時臺灣戶口調查部	◎
福田眞鷹 （三重）	統計官 （1904.4～1919.12）	臨時臺灣戶口調查	基隆海港檢疫所、府報主任、官房文書課、臨時臺灣戶口調查部	
右田留造 （熊本）	屬 （1907.3～1923）	臨時臺灣戶口調查	總督府財務局、官房文書課	總督府第四回統計講習會結業
堤一馬 （福岡）	屬 （1907.8～1924.3） 〔註 28〕	臨時臺灣戶口調查、人口動態統計	鳳山縣、官房文書課、臨時臺灣戶口調查部	第二回總督府統計講習會第一名結業
村上常藏 （鳥取）	屬 （1908.7～1918.6）	臨時臺灣戶口調查	總督府財務局、總督府	
二瓶士子治 （東京）	屬 （1908.8～1920.4）	臨時臺灣戶口調查	總督府民政局、臨時臺灣戶口調查部	
土井通義 （不詳）	屬 （1910.2～1910.10）	警察統計	民政部內務局、法院書記	
甲斐鹿太郎 （不詳）	屬 （1913.3～1916.7）	警察統計	民政部法務局	
竹田唯四郎 （東京）	屬 （1914.1～1918.3）	警察統計、臨時臺灣戶口調查	民政部警察本署	◎
出田虎武 （熊本）	屬 （1914.7～1920.8）	臨時臺灣戶口調查	警察本署戶口主任	
佐佐木高景 （宮城）	屬 （1915.8～1921.3）	臨時臺灣戶口調查	嘉義廳	

〔註 27〕 第 2888 號文書，〈府屬眞倉民治（外二十四名）〉，《臺灣總督府公文類纂》，29 號，判任官以下進退原議六月份，1918 年 6 月。
〔註 28〕 1920 年 3 月起，職稱爲官房調查課統計官。

| 楠正秋
（東京） | 課長
（1917.3～1918.6） | | 民政部地方部地方課長兼官房文書課長 | |

附註：◎爲共立統計學校畢者。

資料來源：第 1439 號文書，〈屬福田眞鷹、堤一馬、村上常藏、西川義祐、老山賢吉統計課勤務〉，《臺灣總督府公文類纂》，44 號，判任官進退原議七月份，1908 年 7 月；第 1720 號文書，〈臺灣總督府屬土井通義總督官房統計課兼務ヲ命ス〉，《臺灣總督府公文類纂》，44 號，判任官進退原議二月份，1910 年 2 月；第 2187 號文書，〈屬甲斐鹿太郎（總督官房統計課兼務ヲ命ス）〉，《臺灣總督府公文類纂》，28 號，判任官進退原議三月份，1913 年 3 月；第 2305 號文書，〈臺灣總督府屬竹田唯四郎總督官房統計課兼務ヲ命ス〉，《臺灣總督府公文類纂》，7 號，判任官進退原議一月份，1914 年 1 月；第 2744 號文書，〈〔參事官〕楠正秋（統計課長兼務）〉，《臺灣總督府公文類纂》，21 號，高等官進退原議三月份，1917 年 3 月；第 2782 號文書，〈村上常藏恩給證書送付ノ件〉，《臺灣總督府公文類纂》，38 號，第一門・秘書，1918 年 6 月 1 日；第 2307 號文書，〈雇右田留造臺灣總督府屬二任用ノ件、總督官房統計課勤務〉，《臺灣總督府公文類纂》，38 號，第一門・秘書，1914 年 2 月 1 日。

三、官房統計課的統計業績

官房統計課的統計業績分爲兩方面：一、統計調查事項；二、統計書編纂事項。重要的統計調查，有第二次臨時臺灣戶口調查，與各種生產統計調查。統計書方面，除接續官房文書課「臺灣總督府統計書」等統計書外，另展開「臺灣犯罪統計」和「臺灣人口動態統計」兩項業務統計的編製作業〔註 29〕。以下就統計調查和統計書兩點，分別介紹之。惟最重要的兩項業務統計業績：《臺灣人口動態統計》和《臺灣犯罪統計》，置於本章第二節論述；第二次臨時臺灣戶口調查的實施，則置於本章第三節說明。

（一）統計調查事項

生產調查是官房統計課階段重要的統計調查之一，此階段實施的生產調查有「製茶調查」、「工業調查」及「米作調查」三項。

米作調查方面：米是臺灣的一大物產，官房統計課成立之前，並沒有出版任何米作統計。1908 年，官房統計課著手調查米作生產，以調查票的方式

〔註 29〕　臺灣總督府，《臺灣總督府民政事務成績提要》，第十四編（1909），頁 52～53。

於嘉義廳實施〔註30〕，1909年，將結果編製成統計表，並於1910年2月，以臨時刊行物的方式出版〔註31〕。

製茶調查方面：臺灣自清代開港通商之後，茶即成為貿易商品類的大宗之一，至日治時期，每年臺灣茶的輸出額多達兩千萬斤、六百萬圓以上，產地主要來自北部各廳，其中又以桃園廳最多，占全島輸出總額的一半。鑑於如此重要的物產，向來卻沒有實施過生產數量的調查，1911年，桃園廳率先制訂〈製茶統計調查規程〉，於該年7月，實施第一次茶葉統計調查，官房統計課也派一名官員視察，希望能夠獎勵其他廳，也實施關於物產的統計調查〔註32〕。

工業調查方面：實施地區為嘉義廳，調查負責人為嘉義廳屬江口形太郎，執行調查時為統計主務〔註33〕。1910年，「臺灣總督府報告例」首度置入工場調查的「工場票」格式，成為工業調查的契機。為明確地得知製造業的狀態，1912年1月，江口形太郎根據「臺灣總督府報告例」中的「工場票」作為調查票，執行工業調查，廳由庶務課殖產係員和統計事務擔當者負責；支廳由雇員負責；其他地方則由區長擔任調查員，訪問轄區內工廠的業主或管理者〔註34〕。

（二）統計書編纂事項

至於官房統計課出版的統計書，可分為三大類：其一、接續官房文書課的《臺灣總督府統計書》、《統計摘要》、《臺灣事情》、《臺灣統計要覽》。其二、承接臨時臺灣戶口調查部的《臨時臺灣戶口調查顛末》、《英譯臨時臺灣戶口調查記述報文》、《漢譯臨時臺灣戶口調查記述報文》。其三、為該階段才著手展開編製，每年一刊的《臺灣現住人口統計》、《臺灣人口動態統計》、

〔註30〕 江口形太郎，〈嘉義廳に於ける工業調查について〉，《臺灣統計協會雜誌》，75號（1912.4），頁47～57。

〔註31〕 臺灣總督府，《臺灣總督府民政事務成績提要》，第十六編（1911），頁51。

〔註32〕 臺灣總督府，《臺灣總督府民政事務成績提要》，第十七編（1912），頁52～53。

〔註33〕 江口形太郎1874年生於佐賀，1902年9月來臺，擔任臺灣總督府監獄監吏，1904年5月起轉任臺北廳屬；於第一次臨時臺灣戶口調查時，擔任臨時臺灣戶口調查部屬兼臺北廳屬；1918年1月起，轉任嘉義廳屬，於1913年11月離職。江口為總督府第一屆統計講習會結業生，臺灣統計協會的普通會員。參佐藤正広，〈台灣総督府の報告体系〉，頁186～187。

〔註34〕 臺灣總督府，《臺灣總督府民政事務成績提要》，第十八編（1913），頁49～50。

《臺灣人口動態統計記述報文》、《臺灣犯罪統計》〔註35〕，以及非常態的《臺灣米作統計》、《臺灣統計圖表》、《臺灣統計梗概》、《英文統計摘要》等統計書〔註36〕。

官房統計課時期的統計書業務多有突破。特別是內田嘉吉〔註37〕就任民政長官之後，對統計活動頗有想法，一方面改善總督府各地統計行政的缺失，一方面積極鼓吹統計的益處和趣味。甚至製作以臺灣為中心，日本各殖民地的比較統計書，南洋諸殖民地的統計書等，以作為統治上的參考。使臺灣讓海外週知，製作統計描繪圖以活用統計，並在東京、大阪兩博覽會中展覽。

此外，為給予在臺灣的內地人關於臺灣的知識，官房統計課特別印製簡單的統計表，傳布到臺灣各地，成為日本人知識階級和區長以下統治的訓示，又在以往刊行的統計摘要之外，特別出版《統計要覽》，輔以記述文字，以統計表和照片使統計通俗化，讓統計表更淺顯易懂，增加一般民眾的接受度。《統計要覽》日文版出刊三回、英文版出刊一回，對外國和日本介紹總督府如何實施統計〔註38〕，對總督府的統計事業作了很大的行銷。

最後，1913年，官房統計課又發行《臺灣統計梗概》，主要是為了讓臺灣人瞭解臺灣進步的概況而編製，該書編纂1897～1912年間，每五年臺灣的各種事項。同時，由於對各校學生實施健康調查所需，官房統計課又於1910年4月，調查臺灣學齡兒童發育情形，並於1913年編製成《臺灣各種學校生徒及兒童發育統計》，提供學齡兒童發育狀況的參考資料（參表4-1-3　官房統計課歷年出版的統計報告書）〔註39〕。

〔註35〕　〈統計課的近況〉，《臺灣統計協會雜誌》，39號（1909.5），頁42。

〔註36〕　臺灣總督府，《臺灣總督府民政事務成績提要》，第十四至二十三編（1907～1918）。

〔註37〕　內田嘉吉東京人，來臺前先於司法省、遞信省任職，1909年8月擔任臺灣總督府民政長官，1915年10月，因病離開職務。參第2476號文書，〈恩給証書下附（內田嘉吉）〉，《臺灣總督府公文類纂》，15號，第一門・秘書，1916年2月。

〔註38〕　水科七三郎，〈內田前民政長官卜統計〉，《臺灣統計協會雜誌》120號（1916.1），頁3～7。

〔註39〕　臺灣總督府，《臺灣總督府民政事務成績提要》，第十九編（1914），頁50～51。

表 4-1-3 官房統計課歷年出版的統計書

出版年	書名	備 註
1908	臺灣總督府第十統計書（明治三十九年） 臺灣第三統計摘要（明治四十年） 臺灣人口動態統計記述報文（明治三十九年） 臺灣現住人口統計（明治四十年） 臺灣人口動態統計（明治四十年） 臨時臺灣戶口調查顛末	臨時臺灣戶口調查部編纂 臨時臺灣戶口調查部編纂
1909	臺灣總督府第十一統計書（明治四十年） 第四統計摘要（明治四十一年） 臺灣現住人口統計（明治四十一年） 臺灣人口動態統計（明治四十年） 臺灣人口動態統計記述報文（明治四十年） 漢譯臨時臺灣戶口調查記述報文	
1910	臺灣總督府第十二統計書（明治四十一年） 第五統計摘要（明治四十二年） 臺灣現住人口統計（明治四十二年） 臺灣人口動態統計（明治四十一） 臺灣人口動態統計記述報文（明治四十一年） 臺灣米作統計 英譯臨時戶口調查記述報文	
1911	臺灣總督府第十三統計書（明治四十二年） 第六統計摘要（明治四十三年） 臺灣現住人口統計（明治四十三年） 臺灣人口動態統計（明治四十二年） 臺灣犯罪統計（明治四十二年）	
1912	臺灣總督府第十四統計書（明治四十三年） 第七統計摘要（明治四十四年） 臺灣統計要覽 臺灣統計圖表 臺灣現住人口統計（明治四十四年） 臺灣人口動態統計（明治四十三年） 臺灣人口動態統計記述報文（明治四十三年） 臺灣犯罪統計（明治四十三年）	

1913	臺灣總督府第十五統計書（明治四十四年） 第八統計摘要（大正元年） 臺灣統計梗概（大正元年） 英文統計摘要（明治四十四年） 臺灣現住人口統計（大正元年） 臺灣人口動態統計（明治四十四年） 臺灣人口動態統計記述報文（明治四十四年） 臺灣犯罪統計（實數之部）（大正元年） 臺灣各種學校生徒及兒童發育統計（明治四十三年四月） 臺灣人口動態統計五年報（實數及比例）	
1914	臺灣總督府第十六統計書（大正元年） 臺灣總督府第十七統計書（大正二年） 第九統計摘要（大正二年） 臺灣統計要覽（大正元年） 臺灣現住人口統計（大正二年） 臺灣人口動態統計（大正元年） 臺灣人口動態統計（大正二年） 臺灣人口動態統計記述報文（大正元年） 臺灣犯罪統計（比例之部）（大正元年）	
1915	臺灣統計要覽（大正二年） 臺灣人口動態統計記述報文（大正二年） 臺灣犯罪統計（大正二年） 第十統計摘要（大正三年） 臺灣總督府第十八統計書（大正三年） 臺灣現住人口統計（大正三年） 臺灣人口動態統計（大正三年）	
1916	臺灣統計要覽（大正三年） 臺灣人口動態統計記述報文（大正三年） 臺灣事情（大正四年） 第十一統計摘要（大正四年） 臺灣現住人口統計（大正四年）	
1917	臺灣人口動態統計記述報文（大正四年） 臺灣人口動態統計十年報 臺灣總督府第二十統計書（大正五年）	

臺灣事情（大正五年） 第十二統計摘要（大正五年） 臺灣現住人口統計（大正五年）	

資料來源：臺灣總督府，《臺灣總督府民政事務成績提要》，第十四至二十三編。

　　總之，臨時臺灣戶口調查部於 1908 年 3 月關閉之後，所有未完成的業務回歸中央統計機關，1908 年 7 月，總督府於官房成立統計課，去除原來統計主任，設置官房統計課長，將統計業務自文書課獨立。此係因應日人在臺統計活動趨於頻繁，原單位編制不敷需求所致，設置官房統計課實為水到渠成的結果。

　　此階段為總督府統計事業的新里程，在首任課長水科七三郎帶領下，統計活動有承襲也有創新。承襲點為：延續官房文書課時期的統計任務，繼續編製「臺灣總督府統計書」，編製第一次臨時臺灣戶口調查結果表，以及監督地方統計事項等。創新點為：結合臨時臺灣戶口調查部和警察本署，展開人口動態統計和犯罪統計的編製；並於 1915 年著手實施第二次臨時臺灣戶口調查；各種產業統計調查的實施；《臺灣統計圖表》、《臺灣統計梗概》、《英文統計摘要》等，為行銷臺灣與普及統計知識的統計報告。

第二節　業務統計的編製

　　業務統計係根據日常行政業務蓄積的資料，做為統計材料編製而成的統計書〔註 40〕，在此前提下，所運用的材料不需特別經過統計調查。雖不需經過特別的統計調查，但為了統計報告書的可信度，統計材料取得過程不可不謹慎。官房統計課時期實施兩項重要的業務統計：其一，為「人口動態統計」；其二、為「臺灣犯罪統計」。該課接手承辦之後，此後不論總督府統計機關如何變遷，這兩項統計報告每年出刊未曾中斷，此時期的定礎功不可沒。以下介紹《臺灣人口動態統計》和《臺灣犯罪統計》的編製情形。

一、《臺灣人口動態統計》的編製

　　如前所述，人口統計分為「人口靜態統計」和「人口動態統計」兩類，前者是在一定時間內，調查該地住民年齡、性別、男女結構等，住民社會的

〔註 40〕佐藤正広，〈戦前日本の統計編成業務と行政資料〉，《記録と史料》，No.6（1995.9），頁 9。

靜止狀態〔註41〕。後者則是調查一段時間內，該地住民的出生（包括生產、死產及棄兒）、死亡、婚姻（包括結婚和離婚）、轉住（包括轉入和轉出）等五種八類，自然和人爲的異動情形〔註42〕。將動態統計和靜態統計結果相互對照，可算定一地人口的消長〔註43〕，對完整的人口的政策來說，兩者缺一不可。

　　1905 年 10 月，臨時臺灣戶口調查部著手人口動態調查事務，但官房統計課階段才是重要的奠基期。以下論述臺灣實施人口動態調查，以及編製《臺灣人口動態統計》的情形。

（一）人口動態調查的背景

　　近代日本人口動態調查始於 1898 年，當時內閣以訓令第一號，指示從道府縣徵集材料，由內閣統計局編集、編纂，製作成《日本帝國人口動態統計》。不過，該統計書雖然標榜是日本帝國人口動態統計，實施範圍並沒有包括臺灣，水科七三郎認爲這是報告書一大缺憾，指出臺灣實施人口動態調查實具必要性〔註44〕。

　　1905 年 1 月，第一次臨時臺灣戶口調查尙在籌備期間，水科七三郎即在《臺灣統計協會雜誌》中撰文，呼籲臨時臺灣戶口調查實施後，宜參照《日本帝國人口動態統計》，繼續實施臺灣人口動態調查，據此編製《臺灣人口動態統計》〔註45〕。水科七三郎指出，瞭解殖民地人口的增減，是執政者的重要事項〔註46〕，第一次臨時臺灣戶口調查是臺灣人口統計的新紀元，讓臺灣向來爲人所不知的人口狀態大白於世，然而，卻未能全面性地看出臺灣人口的問題，應將調查結果與其他統計對照，以凸顯調查數據的意義，做爲出生、死亡、結婚、離婚、遷出、遷入等，各種人口動態的進一步研究〔註47〕。

〔註41〕　水科七三郎，〈臨時臺灣戶口調查に就て〉，頁 37。
〔註42〕　水科七三郎，〈人口動態統計より得なる結果の一二に就て〉，《臺灣日日新報》，第三版，1908 年 1 月 1 日。
〔註43〕　堤一馬，〈臺灣人口統計論（一）〉，《臺灣時報》，8 月號（1922.8），頁 85。
〔註44〕　水科七三郎，〈國勢調査ト他ノ統計（人口ノ靜態調査對動態調查）〉，《臺灣統計協會雜誌》，8 號（1905.1），頁 36。
〔註45〕　水科七三郎，〈國勢調査ト他ノ統計（人口ノ靜態調査對動態調查）〉，頁 37。
〔註46〕　臺灣總督府官房統計課，《臺灣人口動態統計記述報文　明治三十九年》（臺北：該課，1908.3），頁 1～2。
〔註47〕　水科七三郎，〈國勢調査ト他ノ統計〉，《臺灣統計協會雜誌》，8 號（1905.1），頁 35～36。

人口的成長問題即是一例。水科指出，一地人口之增減必定有其規律，速度也有緩急之別，必須清楚掌握該地人口成長資料，長時間研究推算，才能具體掌握人口成長速度。當時國際的統計界，對世界人口增長兩倍的推論，有二十五年說，六十年說及四百年說等三種說法，臺灣人口增長兩倍的時間，是否與世界學者研究相同？或者另有規律？惟有透過每年定期的人口動態統計的數據，才能瞭解真相，推知臺灣人口增長兩倍的時間與人口成長的規律〔註48〕。

水科七三郎建議，應進一步實施人口動態統計，將人口靜態統計和人口動態統計結果相互對照，作為算定臺灣人口的基礎數據〔註49〕，具體實施人口動態統計，才算真正確立臺灣人口的基礎資料〔註50〕。阪本敦也指出，若將人口靜態調查視為一種人口的「寫真」，人口動態調查則是一種「活動寫真」，鮮活地呈現人類在社會活動的所有狀態〔註51〕。不過，當時臨時臺灣戶口調查尚未完成，因此人口動態統計仍為初步構思階段，具體調查事項尚無具體結論〔註52〕。

（二）「人口動態報告規則」的制訂

1905年10月，第一次臨時臺灣戶口調查結束之後，臨時臺灣戶口調查部開始醞釀人口動態調查〔註53〕，由於調查所需費用不貲，最後獲得總督府財務局長祝辰巳的支持，以臺灣總督府預算中的經常費和一部份臨時費支出，才得以順利辦理業務〔註54〕。

不同於人口靜態調查，總督府並無特設人口動態調查的機關，而是利用行政機關作為施調單位，調查方式則模仿內閣統計局，每月將各街庄社的人

〔註48〕水科七三郎，〈人口動態統計二關スル一二ノ注意〉，《臺灣統計協會雜誌》，14 號（1905.11），頁 27～29。

〔註49〕水科七三郎，〈國勢調查卜他ノ統計（人口ノ靜態調查對動態調查）〉，頁 35～36。

〔註50〕水科七三郎，〈臺灣ノ人口動態調查二就テ〉，《臺灣統計協會雜誌》，12 號（1905.8），頁 82。

〔註51〕阪本敦，〈臺灣二於ケル人口動態統計ノ話〉，《臺灣統計協會雜誌》，14 號（1905.11），頁 29。

〔註52〕水科七三郎，〈國勢調查卜他ノ統計（人口ノ靜態調查對動態調查）〉，頁 35～36。

〔註53〕〈臺灣人口動態調查〉，《統計集誌》，295 號（1905.10），頁 525。

〔註54〕水科七三郎，〈後藤伯卜臺灣ノ人口動態統計〉，《統計學雜誌》，516 號（1929.6），頁 226～227。

口動態狀況製作成統計表〔註 55〕。但不同於日本的是，受理民眾辦理人口異動變更的單位，由於日本實施戶籍法，地方設有戶籍役場，民眾可到各地戶籍役場辦理異動申告〔註 56〕，但臺灣沒有戶籍法，地方未設戶籍役場，人民姓名、年齡及其他等事項登記，皆掌握在警察之手，在此情形下，警察手中的戶口資料便極為關鍵。

　　如前章所述，臺灣社會同時擁有「戶籍簿」和「戶口調查簿」兩種戶口登記資料，前者掌握在街庄長，後者掌握在警察。由於第一次臨時臺灣戶口調查係根據戶口調查簿進行，在調查前置作業中，又進行了戶口調查簿的整理和校對，關於臺灣居民的出生、死亡、結婚、離婚、轉住，領養關係、身份改變、國籍改變等異動狀態，也是記載於戶口調查簿。

　　因此，1905 年之後，戶口調查簿中的人口動態資訊，已遠較戶籍簿完整，對殖民當局來說，重要性已超越戶籍簿〔註 57〕，由此看來，戶口調查簿比戶籍簿適合當作人口動態調查的參考。不過，後藤新平設計戶口調查簿的初衷，是為了與保甲制度配合，作為監控臺灣人民的工具，主要是治安的考量，用途僅止於身份登記，若要當作編製人口動態統計的參考資料，仍不夠充分。

　　在此前提下，為掌握足以編製人口動態統計的戶口資料，1905 年 9 月 19 日，總督府以訓令第二〇二號，發佈〈人口動態報告規程〉。指出人口動態包括：生產（包括棄兒）、死產、死亡、結婚（包括招贅、招夫等各種婚姻）、離婚及轉住等六種人民的變動狀態。派出所必須將轄區內的人口異動，以一事件、一小票（即一個案件，使用一張登記表）的原則，登記在「人口動態小票」（人口動態登記表）中，於每月五日前將上個月的資料彙整，加上目錄之後交至總督府。此為警察官吏的業務，但廳長需派遣監督員隨時視察登記的狀況（參圖 4-2-1　人口動態規程中的人口動態報告小票）〔註 58〕。

〔註 55〕　水科七三郎，〈人口動態統計二關スル一二ノ注意〉，頁 27。

〔註 56〕　阪本敦，〈臺灣二於ケル人口動態統計ノ話〉，頁 30。

〔註 57〕　阪本敦，〈臺灣二於ケル人口動態統計ノ話（承前）〉，《臺灣統計協會雜誌》，17 號（1906.5），頁 16。

〔註 58〕　第 1116 號文書，〈人口動態小票取扱順序疑義二付基隆廳長照會二付通達ノ旨各廳長二通牒ノ件〉，《臺灣總督府公文類纂》，26 號，第十二門・戶口調查，1905 年 9 月。

圖 4-2-1　人口動態規程中的人口動態報告小票

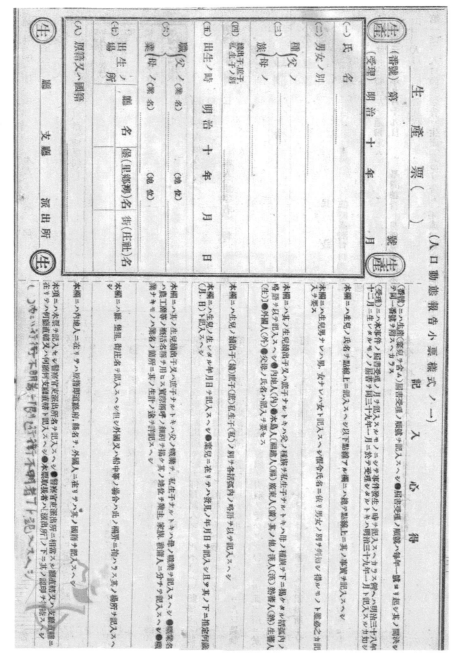

資料來源：〈人口動態報告規程〉，《臺灣總督府府報》，1831a，1905 年 9 月 19
日，頁 51。

　　同時，總督府又以府令第七○號，發佈〈人口異動屆出規則〉，以此作爲〈人口動態報告規程〉的配套法令。指出民眾若有生產、死產、死亡、認養、結婚、離緣、離婚、轉住，或是國籍取得、姓名、出生年月日、原籍變更等，各種變動事項，必須在十日內，透過當地保甲向警察提出異動書〔註59〕，每個月警察彙整異動書之後，提交至總督府，申請書即成爲人口動態統計的基本資料。

　　就應塡寫內容觀之，「生產屆」（生產登記書）應塡寫內容爲：新生兒姓名、性別、父母姓名及種族、長幼次序、出生年月日、父母職業、出生地、原籍地（限日本人）、國籍（限外國人）、新生兒與家族排行。「死產屆」（死產登記書）應塡寫內容爲：性別、分娩時間、懷孕月數、長幼順序、父母姓名及種族、父母職業、死胎分娩的場所、原籍地（限日本人）、國籍（限外國人）、死兒與家族排行。「死亡屆」（死亡登記書）應塡寫內容爲：死亡者姓名、性別、種族、長幼順序（限六歲以下死亡者）、出生年月日、死亡年月日、職業及其地位、死因及主治醫師、死亡地、原籍地（限日本人塡寫）、國籍（限外國人）、死亡者與家族排行等。

　　「養子緣組屆」（認養登記書）應塡寫內容爲：認養者和被認養者雙方的姓名、雙方的種族、雙方的職業及其地位、養子的出生年月日、雙方的現住所、原籍地（限日本人）、國籍（限外國人）。「結婚屆」（結婚登記書）應塡寫內容爲：結婚者雙方的姓名、雙方的種族、雙方職業及地位、雙方的婚姻記錄、結婚的類別（普通姻、婿養子、招夫或招婿）、雙方的出生年月日、雙方的現住所、原籍地（限日本人）、國籍（限外國人）等〔註60〕。

　　「養子離緣屆」（終止認養異動書）應塡寫內容爲：認養者和被認養者雙方的姓名、雙方的種族、雙方的職業及其地位、終止認養的原因、終止認養的時間、終止認養異動書提出的時間、養子的出生年月日、雙方的現住所、原籍地（限日本人）、國籍（限外國人）等。「離婚屆」（離婚登記書）應塡寫內容爲：雙方的姓名、雙方的種族、雙方的職業及其地位、離婚的原因、離婚的時間、結婚異動書提出時間、雙方的出生年月日、雙方的現住所、原籍地（限內地人）、國籍（限外國人）。「轉住屆」（遷居登記書）應塡寫內容爲：

〔註59〕　第 1116 號文書，〈府令第七十號ヲ以テ人口異動二關スル屆出規則發布ノ件〉，《臺灣總督府公文類纂》，24 號，第十二門・戶口調查，1905 年 9 月。
〔註60〕　同上註 59。

姓名、性別、種族、職業及其地位、出生年月日、遷居的時間、舊住所、新住所、遷居的理由、原籍地（限內地人）、國籍（限外國人）等資訊。

此外，還有國籍變更申請書。其一、若取得日本國籍，應提出的申請書內容爲：姓名、性別、種族、職業及其地位、出生年月日、取得國籍時間、舊國籍、取得日本國籍的原因、原籍地或現居所。其二、若喪失日本國籍，應提出的內容爲：姓名、性別、種族、職業及其地位、出生年月日、喪失日本國籍時間、新國籍、失去日本國籍的原因、舊原籍地或舊居所。而若個人資料如：姓名、出生年月日、原籍（限內地人）變更時，應提出的內容爲：變更前的姓名、出生年月日、原籍，變更後的姓名、出生年月日、原籍，資料變更的原因，變更受理日期，原籍地或現住所等〔註 61〕。由此綿密的登記項目，可知當局欲將民眾各種變動掌握其中的企圖。

（三）〈戶口規則〉的發佈與人口異動申告內容的改變

然而，總督府雖然以〈人口異動屆出規則〉，確立了民眾向總督府申報人口異動的方式，卻並未持續太久，鑑於臺灣已走向以戶口調查簿來登記人口變遷的趨勢，統一戶口登記制度勢在必行。

基於人口動態調查對臺灣戶籍行政具重大影響，1905 年 11 月，總督府先召開警務課長會議，針對廢除戶籍簿，讓戶籍調查簿兼用戶籍的計畫等事宜，詢問與會警務人員意見〔註 62〕。12 月 26 日，發佈諭令第三號，宣布了新的戶口規則。諭令中指出，欲詳查臺灣戶口變動的狀態，應以警察的戶口調查爲準，同時廢止地方廳的戶籍簿，居住在臺灣的帝國臣民或清國人，若有戶口規則規定的變動事項產生，應留意儘速申告，不能有殆慢違反的行爲〔註 63〕。

換言之，這個諭告說明，將臺灣人口異動狀況載明在戶口調查簿中的方針。同時，總督府廢止舊的戶籍簿和戶口調查簿，另外製作全新的戶口調查簿，統籌一切戶籍資料。在此之前，地方廳必須根據舊的兩種戶口簿，加速新戶口調查簿的謄寫，明確地記載非現住者和在籍者，若有戶口調查簿沒登記的住戶，則需以戶口實查的方式，將其資訊補登記在新的戶口調查簿中〔註 64〕。

〔註 61〕 第 1116 號文書，〈府令第七十號ヲ以テ人口異動ニ關スル屆出規則發布ノ件〉。

〔註 62〕 〈警務課長會議〉，《臺灣統計協會雜誌》，14 號（1905.11），頁 41。

〔註 63〕 第 1062 號文書，〈戶口規則及戶口調查規程制定ノ件〉，《臺灣總督府公文類纂》，9 號，第三門・警察，1905 年 12 月 26 日。

〔註 64〕 第 4841 號文書，〈戶口調查簿改寫ニ付各廳長へ通達ノ件〉，《臺灣總督府公文類纂》，7 號，第三門・警察，1905 年 12 月 1 日。

　　同日，總督府又以府令第九十三號發佈〈戶口規則〉，制訂新的戶口登記方法。規則中指出，各廳、支廳應備有戶口調查簿，作為記載戶口相關事項的依據，臺灣民眾若有出生、嫡出子否認、私生子承認、認養關係（包含過房子、螟蛉子、媳婦仔）、終結認養關係（包含過房子、螟蛉子及媳婦仔）、婚姻（包含婿養子、入夫婚、招夫婚）、離婚（包含婿養子、入夫婚、招夫婚）、後見、隱居、失蹤、死產、死亡、戶主繼承、廢除戶主繼承人、入戶及離戶、廢戶及絕戶、一戶創立或分戶、國籍得失、姓名及族稱變更、發現棄兒、轉居、寄留或寄留退去等變更事項，必須在十天之內，透過轄區派出所，向廳長提出異動書。並宣佈自 1906 年 1 月起，該規則公告實施時，廢止〈人口異動屆出規則〉（參圖 4-2-2　戶口規則中的人口動態登記票）〔註65〕。

圖 4-2-2　戶口規則中的人口動態登記票

資料來源：〈戶口規則〉，《臺灣總督府府報》，18897a，1905年 12 月 26 日，頁 76。

〔註65〕　〈戶口規則〉，《臺灣總督府府報》，1887 號，1905 年 12 月 26 日，頁 96。

　　同一時間，總督府又以訓令二五五號發佈〈戶口調查規程〉，規程中指出，戶口調查是爲瞭解戶口狀態而實施，包含戶口實查、戶口調查簿的整理，以及戶口調查副簿的整理等三項。根據該法，人口動態調查由警察署、警察分署、郡警務課等單位掌管〔註66〕，警察再據此每月向官房統計課報告，人口動態調查因而成爲戶口行政的副產物〔註67〕。

　　仔細比較〈人口異動屆出規則〉和〈戶口規則〉兩規則人口異動申請的不同點，可發現後者規範更爲具體。例如：「嫡出子否認屆」（嫡出子否認書）、「私生子認知屆」（私生子承認書）、「後見就職屆」（監護就職書）、「後見更迭屆」（監護更改書）、「後見終了屆」（監護結束書）、「隱居屆」（隱居書）、「失蹤屆」（失蹤書）、「戶主相續屆」（戶主繼承書）、「戶主相續人廢除屆」（戶主繼承人廢止書）、「戶主相續人指定屆」（戶主繼承人指定書）、「入戶屆」（入戶書）、「離戶屆」（離戶書）、「廢戶屆」（廢戶書）、「絕戶屆」（絕戶書）、「一戶創立屆」（創戶書）、「分戶屆」（分戶書）、「棄兒發見屆」（棄兒發現書）、「轉居屆」（轉居書）、「寄留屆」（寄留書）、「寄留退去屆」（寄住停止書）等申請書，都是原來〈人口異動屆出規則〉所沒有的。

　　再則，總督府所規定，各種關於人口變動的登記事項，有一點不同於日本。日本對於人口變動事項，僅強調出生、死亡、婚姻、離婚、死產等五種，並不強調「轉住」，臺灣則加入「寄留」（不在本籍，寄住他鄉或他人的住所）的登記〔註68〕。

　　水科七三郎指出，1901 年，日本人口約 4,543 萬 7,032 人，動態人口數有 302 萬 9,658 人，佔總人口數 6.7%，但不包括不在本籍，寄住他地的人口。反觀 1903 年，臺灣人口約 292 萬 7,097 人，動態人口數爲 23 萬 5,664 人，佔總人口數 8%。此數字包括各廳的「管內入寄留」（本籍在外地，寄住在轄區內）和「管外出寄留」（本籍在轄區，寄住在外地）人口。若以此比例計算，則臺灣一年動態人口超過 24 萬人，一廳平均 1 萬 2,000 人，一支廳平均 2,857 人，一派出所平均 249 人〔註69〕，此數字不容忽視。「轉住」登記爲殖民地臺灣首創，主要爲探查臺灣住民移居情形，「轉居屆」（轉居書）應詳細說明遷居的

<hr>

〔註66〕　堤一馬，〈臺灣人口統計論（五）〉，《臺灣時報》，12 月號（1922.12），頁 92。
〔註67〕　〈戶口規則〉，《臺灣統計協會雜誌》，15 號（1906.1），頁 96。
〔註68〕　水科七三郎，〈臺灣ノ人口動態調查二就テ〉，頁 85。
〔註69〕　水科七三郎，〈臺灣ノ人口動態調查二就テ〉，頁 83。

原因和轉住的地點〔註 70〕，此項目被認爲是臺灣人口動態調查略勝日本一籌之處〔註 71〕。

（四）《臺灣人口動態統計》的編製

1906 年 9 月，臨時臺灣戶口調查部將動態統計表分爲總覽、生產及死產、死亡、結婚、離婚、轉住等六大部分〔註 72〕。編製材料爲住民提出的各種登記表，受理的警察官署精查之後，先個別編纂製作成臺帳，每月官房統計課報告〔註 73〕。官房統計課收到之後，首先檢查是否重複或脫漏，將登記書妥善地存放於倉庫內，仔細檢查是否記載不實，若有不實記載則以附籤標記，退回原地方廳訂正。最後，依照職業別和死亡別，加以分類之後，編製成統計表。

「臺灣人口動態統計表」基本形式與內閣統計局的「日本帝國人口動態統計」相同，但基於臺灣與日本的人情風俗氣候等狀況仍有差異，因此向有例外之處〔註 74〕。例如：日本有戶籍法，因此統計表特別彰顯「本籍人口」和「現住人口」的不同；臺灣則只有「現住人口」一欄。日本由於經費的關係，統計表並未編製職業的變動，但臺灣則有此欄，此外，日本並沒有特別強調種族，但因臺灣爲多種族的社會，因此表中特別記載了種族別〔註 75〕。

編製「臺灣人口動態統計表」之後，官房統計課出版《臺灣人口動態統計 原票之部》和臺灣人口動態記述報文》〔註 76〕。1913 年，官房統計課出版《明治三十九年至四十三年 臺灣人口動態統計五年報》，將 1906 年至 1910 年五年間，臺灣人口動態統的狀況予以統計，並編製成書，分爲實數和比例兩大部分，分別算出五年間的平均數，凸顯這段時期，臺灣人口變動的狀況〔註 77〕。

〔註 70〕　堤一馬，〈戶口規則卜人口動態報告〉，《臺灣統計協會雜誌》，39 號（1909.5），頁 23。

〔註 71〕　〈臺灣總督府民政事務成績提要第十四編〉，《臺灣統計協會雜誌》，53 號（1910.6），頁 49。

〔註 72〕　〈臺灣ノ人口統計表〉，《臺灣統計協會雜誌》，19 號（1906.9），頁 73～75。

〔註 73〕　水科七三郎，〈臺灣ノ人口動態調查二就テ〉，頁 82。

〔註 74〕　臨時臺灣戶口調查部，〈凡例〉，《臺灣人口動態統計：原表之部（一）》明治三十八年（臺北：該部，1907），頁 1。

〔註 75〕　阪本敦，〈臺灣二於ケル人口動態統計ノ話〉，頁 34～35。

〔註 76〕　〈四十年臺灣人口動態記述報文〉，《臺灣統計協會雜誌》，45 號（1909.11），頁 55。

〔註 77〕　臺灣總督府，《臺灣總督府民政事務成績提要》，19 編（1914），頁 52。

　　總之，乘著第一次臨時臺灣戶口調查實施之後，地方戶口資料完整之便，臨時臺灣戶口調查部著手進行人口動態統計編製事項，制訂「人口動態調查」的方針，以取得編製統計書的基礎資料。臺灣的人口動態調查仿效內閣統計局，以街庄爲空間單位，警察爲人口動態的調查機關，以住民的變動申請書作爲統計的材料〔註 78〕，受理官署紀錄和整理之後，以月報的方式，每月提交至中央，初交由臨時臺灣戶口調查部，之後由官房統計課接續負責。

　　值得注意的是，1906 年 1 月，總督府先後公佈「戶口規則」和「戶口調查規則」，打破以往戶籍簿和戶口調查簿同時並存的現象，轉而製作全新的戶口調查簿，由廳和支廳保管，警察手中同樣握有資訊相同的戶口調查副簿。不同於以往簡單的戶口調查簿，全新的戶口調查簿登載臺灣民眾各種靜態、動態的狀況，成爲人口動態統計的基礎資料。此項戶口制度的重大改革，也影響 1915 年第二次臨時臺灣戶口調查的實施，此在第三節另有論述。

二、《臺灣犯罪統計》的編製

　　犯罪統計是運用統計上的觀察，將犯罪的特徵數字化，藉以瞭解一地犯罪人之特質，作爲預防犯罪的準則〔註 79〕，屬於道德統計（Moralstatistik）〔註 80〕的一種。危及社會的所有行爲都稱爲犯罪，犯罪統計是道德統計中的不道德統計，紀錄道德不允許的一切行爲，針對被告人身份的關係和犯罪的輕重等要件，以統計學量化，研究國民的道德和不道德現象，具犯罪學研究價值。統計結果可做爲各國犯罪狀態的比較，究明各國刑法及適用範圍的差異，各國警察和司法廳對犯罪行爲的偵察，以及與國民對犯罪行爲處罰感受的異同等比較〔註 81〕，是一門重要的統計。以下論述《臺灣犯罪統計》編製的背景、經過及成果。

〔註 78〕 阪本敦，〈臺灣ニ於ケル人口動態統計ノ話〉，頁 30。

〔註 79〕 橫山雅男，〈犯罪ノ統計ニ就テ（二）〉，《臺灣統計協會雜誌》，51 號（1909.5），頁 9。

〔註 80〕 道德統計任務是觀察國民道德程度及消長，1830 年，由法國人蓋理（A.M. Guerry, 1802～1866）首先提出，分爲宗教統計、教育統計及犯罪統計等，蓋理針對犯罪統計進行觀察，提出犯罪、自殺、私生兒、慈善及教育等各項事業的關係，並指出關於財產犯罪的再犯率頗高的論點。花房直三郎，〈監獄統計に就て〉，《統計集誌》，342 號（1909.8），頁 363～364。郡菊之助，〈チスッカの統計學史〉，頁 42～44；郡菊之助，〈ヴエスタアガードの統計學史拔要〉，頁 80。

〔註 81〕 相原重政，〈犯罪統計〉，《統計集誌》，315 號（1907.6），頁 269。

（一）《臺灣犯罪統計》編製的背景

1. 犯罪統計的歷史

　　爲犯罪統計理論提出重要基礎的人物是凱特勒〔註 82〕，歐洲工業革命之後，社會產生激烈變化，因貧富差距擴大引起的犯罪問題逐年增加，引起統治者關切，由此產生犯罪統計以瞭解犯罪現象的興趣。1825 年，法國首開風氣編製；隔年，比利時也以法國作爲模範，編製了該國犯罪統計。其後，瑞典、挪威、丹麥、奧地利、匈牙利、英國、荷蘭、西班牙及義大利等國，也陸續進行犯罪統計的編製。其中，奧地利的犯罪統計在重罪和輕罪之外，還加上違警罪的內容。1889 年，法國又加入犯罪行爲動機等調查項目〔註 83〕。

　　最具代表性的是德國犯罪統計。1881 年，德國聯邦議會決議，令各判決所將被判決有罪的罪犯，姓名、年齡、宗教、婚姻關係、職業、犯罪種類、犯罪時間和場所，以及如何判決、判決結果、是否有前科等資訊，記入調查票，由帝國統計局編製成犯罪統計，做爲德國帝國統計書的一部分。此外，由於犯罪統計的普及，在國際統計的場合也有了編製格式的討論，1872 年國際統計會議在聖彼得堡召開，協調了各國犯罪統計的編製方針。隨後的國際統計協會和國際犯罪協會，同樣致力於犯罪統計標準化的工作〔註 84〕。

　　總之，歐洲在工業革命之後，貧富差距擴大，犯罪層出不窮，爲了瞭解社會底層的問題，各國開始致力於研究犯罪現象，著手編製犯罪統計，而在此背景下，國際統計機構也著手犯罪統計樣式的統整。統治者得以具體觀察社會的犯罪行爲，以財產、性別、身份、住家、職業、教育程度、麥價關係等面相，對犯罪者進行研究和分析，並透過刑法的修訂以及對犯罪統計的研究，不斷地修正犯罪的種類，研究適切地降低社會犯罪的方法〔註 85〕。

〔註 82〕凱特勒分析比利時、義大利及法國之刑事案件，認爲人類犯罪具有規律性，實施犯罪統計可預測一地的犯罪人數，預知司法機構應編列的預算。凱特勒「論人類」一書，著眼犯罪統計的規則性，提出人類具有「犯罪的傾向」的概念，認爲每個社會都有內在犯罪的傾向，只是犯罪的傾向具有不同形式，例如：竊盜癖自人年少時開始，剛開始是發生在家庭，最後擴及家庭以外，最後演變爲性犯罪或是殺人罪。後發性的犯罪以詐欺最多，這是由於年少時缺乏教養而引起的缺陷。凱特勒認爲，犯罪數年年以顯著的規則性出現，就跟金錢的預算一樣，而提出聞名的「犯罪的預算」學說。郡菊之助，〈チスツカの統計学史〉，頁 36～37；郡菊之助，〈ヴエスタアガードの統計学史拔要〉，頁 80～81。

〔註 83〕相原重政，〈犯罪統計〉，頁 270。

〔註 84〕相原重政，〈犯罪統計〉，頁 270～271。

〔註 85〕高橋二郎，〈犯罪統計論〉，《統計集誌》58 號（1886.6），頁 183～189。

2. 日本統計家對犯罪統計的討論

犯罪統計也頗受日本統計家重視，1888 年，吳文聰指出，統計是為了改良社會誕生，必須多普及統計思想，犯罪是社會的危害，司法家應注意社會的犯罪現象，最佳辦法即是培養統計思想，加強統計學科，參照犯罪統計中的資訊，作為司法改正的參考〔註 86〕。高橋二郎指出，人口統計和道德統計是統計的最高境界，兩種統計缺一不可，道德統計是調查社會上的道德現象，屬於不道德現象的罪惡統計尤其重要。高橋舉各國統計家的分析結果，認為人類犯罪的原因，與犯人個性、季節、經濟、教育、文明及社會風俗等密切相關，若沒有編製相關統計則無法得知其原因〔註 87〕。

橫山雅男則指出，統計學除理論研究外，又可分為人口統計、經濟統計、社會統計、政治統計、道德統計等實務統計；後者又可細分為宗教統計、教育統計及犯罪統計等，因犯罪屬於不道德的材料，可研究社會的黑暗面，是道德統計最重要的部份。橫山雅男認為，人類犯罪的原因，有天然的、生物學的及社會的原因等，研究起來雖頗為複雜，卻是瞭解社會重要的依據〔註 88〕。花房直三郎則指出，內閣統計局的任務是以統計觀察國家統治的實體社會，作為施政的參考，首先著重於作為社會基礎的人口，其次則是社會道德、智識、經濟及政治等層面，犯罪統計可觀察國民道德的消長情形，是觀察社會道德問題的重要材料〔註 89〕。

不僅是統計界，司法界也持有同樣的看法。例如：1899 年 11 月起，擔任臺灣覆審法院檢察官長，長期關注臺灣犯罪問題的尾立維孝〔註 90〕，於 1905 年底，在臺灣統計協會第二回總會發表演說時指出，確定臺灣的刑政是政府領臺以來必須解決的問題。臺灣社會都犯何罪，犯後如何判決，經過判決及施予刑罰之後，勸善懲惡的成效如何，為當局必須清楚明白的課題，若沒有具體的統計數字，就不知社會都犯什麼罪，實施刑事統計是瞭解犯罪問題的首要步驟〔註 91〕。統計界和司法界普遍認為，認為編製犯罪統計，瞭解犯罪

〔註 86〕 吳文聰，〈司法家モ亦統計思想ヲ要ス〉，《統計集誌》，87 號（1888.11），頁 390～391。

〔註 87〕 高橋二郎，〈道德統計〉，《臺灣統計協會雜誌》14（1905.11），頁 14～20。

〔註 88〕 橫山雅男，〈犯罪ノ統計二就テ（一）〉，《臺灣統計協會雜誌》50（1909.3），頁 14。

〔註 89〕 花房直三郎，〈監獄統計に就て〉，頁 363～364。

〔註 90〕 〈覆審法院檢察官長の新任〉，《臺灣日日新報》，1899 年 11 月，2 版。

〔註 91〕 尾立維孝，〈刑事ノ統計二就テ〉，《臺灣統計協會雜誌》，15（1906.1），頁 37。

模式，是防範犯罪的重要手段。

（二）《臺灣犯罪統計》編製的開始

《臺灣犯罪統計》的編製以 1908 年爲重要的轉捩點。日治時期，由於臺灣特殊的犯罪審判方式，犯罪統計資料取得向來頗爲不便。當時，臺灣的刑事案件雖然須由法院的檢察官和法官裁判，但總督府仍延續清領時期傳統的訴訟程序，地方廳長就像清領時期的知縣，對輕犯罪者擁有司法審判的權力，通常由廳警部或支廳長擔任即決官，代理廳長行使犯罪即決權〔註 92〕。

因此，深入人民生活的基層警察，一旦偵知有犯罪嫌疑人，可依兩種方式處理：其一是移送檢察官，讓法院系統接手，由檢察官偵察、法官審判，在檢察官督導的監獄內執行。其二是移送由高階警察擔任的犯罪即決官，由其偵察、審判，在警察官署內執行〔註 93〕。因此，1908 年以前臺灣的犯罪登錄方式有兩種，其一，是法院的刑事登記制度，對象是經由檢察官偵察、法官審判的犯人；其二，是地方廳的犯罪票制度，對象是經由警察檢舉、由廳長或高階警察裁判的犯人〔註 94〕，這兩種制度分屬法務課和保安課管轄。

兩種刑事登記制度可見 1903 年 11 月及 1904 年 12 月先後發佈的「臺灣總督府報告例」第三十表（刑事登記）和第五十六表（犯罪票）。刑事登記制度內容爲：受理法院、犯罪時間、犯罪地點、犯罪事實、罪名、適用法條、判決結果，以及犯人姓名、性別、種族、年齡、職業、住所、出生地、籍貫等（參圖 4-2-3　刑事登記票的樣式）。犯罪票內容則爲：犯人姓名、種族、年齡、出生地、犯罪地點、住所、犯罪特徵、前科、犯罪原因、生長背景、職業、婚姻關係、教育程度、生活狀況及鴉片吸食狀況等，因地方廳和法院權責不同，兩者登記項目亦略有差別（參圖 4-2-4　犯罪票的樣式）〔註 95〕。

〔註 92〕王泰升，《臺灣日治時期的法律改革》，頁 98、214～215。
〔註 93〕王泰升，《臺灣法律史概論》（臺北：元照出版社，2001.7），頁 306～307。
〔註 94〕第 5099 號文書，〈三十六年訓令二百八號總督府報告例別冊中改正ノ件（訓令二百十四號）〉，《臺灣總督府公文類纂》，7 號，第六門・司法，1908 年 12 月。
〔註 95〕同上註 94。

圖 4-2-3　刑事登記票的樣式

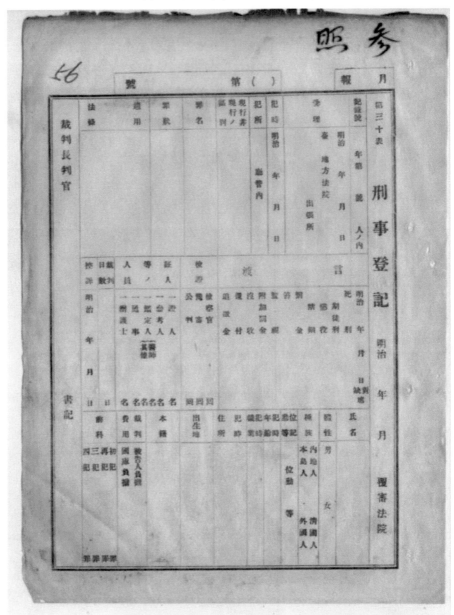

資料來源：第 5099 號文書，〈三十六年訓令二百八號總督府報告例別冊中改
正ノ件（訓令二百十四號）〉，《臺灣總督府公文類纂》，7 號，第
六門・司法，1908 年 12 月。

圖 4-2-4　犯罪票的樣式

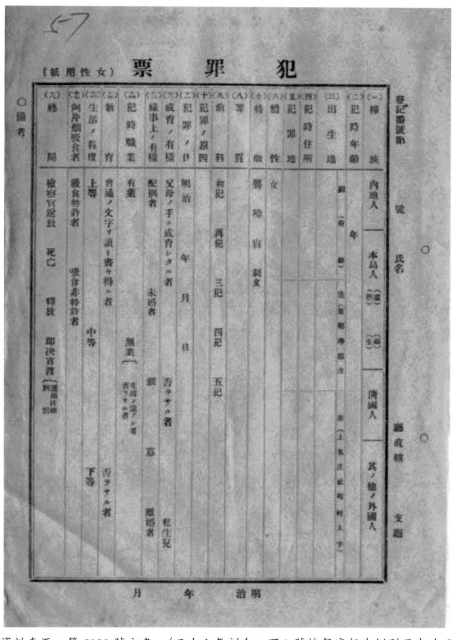

資料來源：第 5099 號文書，〈三十六年訓令二百八號總督府報告例別冊中改正
　　　　　ノ件（訓令二百十四號）〉，《臺灣總督府公文類纂》，7 號，第六門・
　　　　　司法，1908 年 12 月。

　　1906 年，警察本署保安課以 1905 年度的犯罪票作爲材料〔註 96〕，將其製作成十四個統計表，分別爲：各廳檢舉的犯罪件數、各廳的檢舉人員及結果、犯罪與種族的關係、罪犯與年齡的關係、犯罪與犯罪地的關係、犯罪與犯時住所的關係、犯罪與罪犯特徵的關係、犯罪與前科的關係、犯罪與犯因的關係、犯罪與氣候的關係、犯罪與教育程度的關係、犯罪者的婚姻、犯罪與職業的關係、犯罪與生活的關係、犯罪與鴉片癮者的關係等，整理出版之後，成爲日治時期最早的《臺灣犯罪統計》〔註 97〕。

　　設計犯罪票與編製第一冊《臺灣犯罪統計》之人，是總督府事務官森孝三，編製的技術和理念，來自於在德國所學成果〔註 98〕。森孝三 1893 年畢業於獨逸學協會中學，年輕時即頗醉心於研究德、義兩國學問。學成後先服務於內務省，1898 年 4 月抵臺，擔任總督府事務囑託、事務官、警察官及司獄官練習所講師〔註 99〕。1900 年間，赴德國考察，留德期間撰寫不少關於德國、俄國及英國時勢動態文章〔註 100〕，亦有翻譯作品出版〔註 101〕，對世界局勢頗爲關注。

　　森孝三認爲，犯人是社會的一員，犯罪統計是以犯罪來看社會的現象，透過統計調查瞭解犯罪的種類和原因，瞭解社會人口及構成〔註 102〕。第一冊《臺灣犯罪統計》發行時，僅是初試啼聲，但已有正面評價，輿論認爲可看出臺灣犯罪者及其再犯狀況，是司法、警察行政的參考，雖無長年累積之研究作爲比較，但大體具備基本統計書形式〔註 103〕，稱其可作爲刑事警察之參考〔註 104〕。

（三）刑法改訂與《臺灣犯罪統計》的新編

　　警察和法院兩系統各自編製相關統計各有侷限，無法滿足統計家需

〔註 96〕　〈製調本島犯罪票〉，《臺灣日日新報》，1906 年 11 月 8 日，2 版。

〔註 97〕　〈犯罪統計の編纂〉，《臺灣日日新報》，1910 年 9 月 8 日，1 版。

〔註 98〕　〈製調本島犯罪票〉，《臺灣日日新報》，1906 年 11 月 8 日，2 版。

〔註 99〕　第 339 號文書，〈森孝三總督府事務囑託〉，《臺灣總督府公文類纂》，92 號，第二門・官規官職，1898 年 4 月。

〔註 100〕　〈會事彙誌〉，《臺灣日日新報》，1903 年 9 月 13 日，5 版。

〔註 101〕　〈新刊紹介 殖民行政組織改革論（森孝三氏譯）〉，《臺灣日日新報》，1905 年 8 月 1 日，1 版。

〔註 102〕　森孝三，〈國勢調查ノ實用〉，《臺灣統計協會雜誌》4 號（1904.5），頁 38。

〔註 103〕　〈犯罪統計の編纂〉，《臺灣日日新報》，1910 年 9 月 8 日，1 版。

〔註 104〕　〈調製本島犯罪票〉，《臺灣日日新報》，1906 年 11 月 8 日，2 版。

求。首先，就警察方面來說：警察本署的《臺灣犯罪統計》是以地方廳的犯罪票做爲材料編製，以警察檢舉、廳長判決的犯人爲對象〔註105〕，僅是部分犯罪人口和犯罪內容，不含法院的判決結果。就法院方面來說，當時台灣法院的刑事登記制度與日本司法省刑事登記簿相同，係由法院每個月蒐集材料，經過統整之後於月報中發表，卻缺乏統計方法，不是標準的統計報告。

水科七三郎認爲，法院與地方廳缺乏溝通橋樑，刑事登記制度沒有統整，導致《臺灣犯罪統計》即使已經發行過兩回，卻仍無法從中得到從檢舉到判決的系統性觀察資料〔註106〕。因此，官房統計課承接該業務後，首要步驟即是統一不同調的刑事登記制度。

1.「刑事犯人票」的制訂

爲了擁有具備製作犯罪統計的資料，統一刑事登記制度成爲當務之急，適逢1907年，日本以1870年德國刑法爲範本，制訂新刑法〔註107〕，修訂日本國內的刑事統計表和刑事登記簿，成爲臺灣統一刑事登記制度的新契機。

根據日本新刑法設計的統計表，計有96個表格，分爲八大類，分別爲搜查、預審、裁判、證人鑑定人通事費用、確定判決的被告、刑的執行、刑的執行猶豫（緩刑），以及關於外國人事項等〔註108〕。1908年8月，爲配合日本新刑法，並推動民、刑法分別立法，總督府於是發佈「臺灣刑事令」〔註109〕。臺灣刑事令發佈之後，因應其需求，總督府以舊刑法爲原則設計的刑事登記和犯罪票已不合時宜，同年10月，宣布廢除兩種刑事登記票〔註110〕。

隨後，水科參考日本司法省的「刑事統計年表記載例」、臺灣舊的犯罪票，以及德國、義大利兩國的刑事登記票，結合四者優點和專長，設計了符合新

〔註105〕 〈犯罪統計〉，《臺灣日日新報》，1911年3月2日，3版。
〔註106〕 水科七三郎，〈刑事統計論（二）〉，《臺灣統計協會雜誌》36（1909.2），頁21～22。
〔註107〕 王泰升，《臺灣法律史概論》，頁276。
〔註108〕 水科七三郎，〈刑事統計論（二）〉，頁21。
〔註109〕 王泰升，《臺灣法律史概論》，頁276～277。
〔註110〕 〈報告例中改正〉，《臺灣統計協會雜誌》35（1909.1），頁49；第5099號文書，〈法務、統計、保安三課協定書〉，《臺灣總督府公文類纂》，7號，第六門・司法，1908年12月。

刑法主義的「刑事犯人票」。1908 年 12 月，總督府改正臺灣總督府報告例，正式公布刑事犯人票的體例〔註 111〕，自 1909 年 1 月實施〔註 112〕。刑事犯人票與舊刑法的刑事登記和犯罪票相同，都是以小票蒐集材料，但內容配合臺灣刑事令做調整，改善原本犯罪票設計不良，不知究竟應以犯罪事件做爲對象，或以犯人做爲對象的問題。刑事犯人票如其名所示，登記的主要對象是犯人〔註 113〕。

最重要的是，水科七三郎整合刑事登記的體例和規格，法院和地方廳都適用刑事犯人票，將法院判決的犯人與地方廳長判決的犯人，或是經檢察官認定不起訴者，登記在同樣的表格中，如此即可蒐集全面的統計材料，彌補舊版《臺灣犯罪統計》偏頗的缺點〔註 114〕。

「刑事犯人票」的應填寫欄有 29 項之多，第 1 至 18 項是罪犯的基本資料，包括：犯人的種族、年齡、本籍地、出生地、犯罪時的居住地、犯罪的地點、性別、特徵、所犯的罪名、是否有前科、犯罪的原因、犯罪的時間、犯人成長背景（例如：是否由父母親帶大，或爲私生兒）、婚姻關係、犯罪時的職業、教育的程度、生活的程度、是否爲特許鴉片吸食者等，爲警察、檢察局、法院必填寫之內容。

第 19 至 29 項是罪犯受審的資料，由受理機關分別填寫：第 19 項是廳或支廳的審理結果，爲警察應填寫之內容；第 20 項爲起訴與否，爲檢察應填寫之內容；第 21～29 項則標示受理時間及單位、罪狀、適用法條、判決結果、檢證、證人、裁判費用、裁判日數、控訴時間等，爲法院應填寫之內容（參圖 4-2-5　刑事犯人票的樣式）〔註 115〕。就此設計概念而言，法界人士認爲與從前的刑事登記和犯罪票相比，刑事犯人票頗符合新刑法原則〔註 116〕。

〔註 111〕　〈刑事犯人票ノ件〉，《法院月報》3：1（1909.1），頁 32～36。
〔註 112〕　〈改正犯罪票〉，《臺灣日日新報》，1908 年 12 月 25 日，2 版。
〔註 113〕　水科七三郎，〈刑事統計論（三）〉，《臺灣統計協會雜誌》37（1909.2），頁 44。
〔註 114〕　第 5099 號文書，〈法務、統計、保安三課協定書〉。
〔註 115〕　水科七三郎，〈刑事統計論（二）〉，頁 26。
〔註 116〕　〈本島刑事犯人票ノ制定理由〉，《法院月報》3：1（1909.1），頁 119。

圖 4-2-5　刑事犯人票的樣式

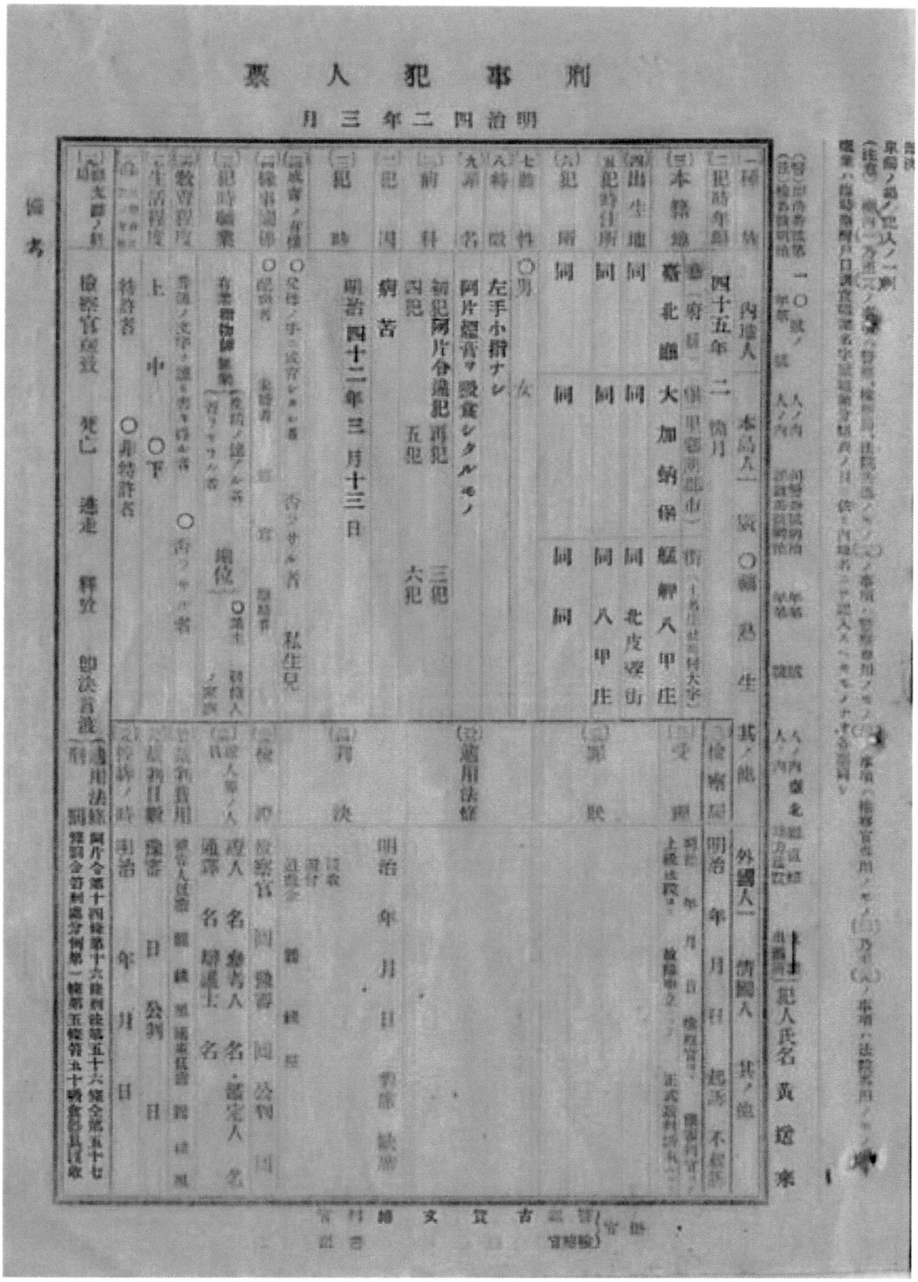

資料來源：第 5158 號文書，〈各廳刑事犯人票記入心得通達ノ件〉，《臺灣總督府公文類纂》，38 號，第三門・警察，1909 年 2 月 1 日。

2. 法務、統計、保安三課的權責分工

刑事犯人票制定之後，確定了《臺灣犯罪統計》的編製流程和權責分工，由警察本署、總務局負責進行犯罪登記與刑事犯人票的蒐集和檢查；官房統計課負責回收刑事犯人票，進行歸納、統整，以及犯罪統計書的編纂〔註117〕。自官方文書〈法務、統計、保安三課協定書〉可知，水科七三郎設計刑事犯人票的目的，即是為了製作犯罪統計，為順利取得統計材料，若官房統計課有材料的需求，法務、保安二課須隨時提供，不得有疑義；若法務、保安二課人力不足，無法應付，官房統計課亦須無條件支援〔註118〕。

由於編製統計和實務登記著眼點不同，法務、保安及統計三單位需協調溝通，1909年1月，官房統計課公布〈刑事犯人票記載方法〉，討論三單位對刑事犯人票填寫之疑義處，協調關於不起訴案件、犯罪人住所不明確，以及資料登記發生問題時等各項問題〔註119〕。同年6月，水科七三郎更親自到警察官及司獄官練習所對甲科生授課，提醒登記「刑事犯人票」應注意的事項，並指出登記犯人資料時易犯之錯誤〔註120〕。

「刑事犯人票」獲得不錯的評價，橫山雅男即認為，該票設計頗具巧思，可知「臺灣刑事令」實施的效果，也可彌補警察和法院間聯繫不足的缺點，使刑事調查更加便利，不僅有助總督府司法和立法的參考，內容設計也頗呼應統計學之學術要求，具有相當的研究價值〔註121〕。

3. 設計「犯罪統計原表」

刑事犯人票制訂之後，下一步驟為設計犯罪統計表，在水科七三郎的規劃中，理想的臺灣犯罪統計表應該具有幾點特色：一、可知道臺灣人的犯罪傾向：水科認為，臺灣的風土氣候、慣習及語言文化與日本迴異，若能從犯罪統計中知道臺灣漢人的犯罪特質，不僅可做為救治臺灣人的犯罪之用，還可以作為研究「支那」民族犯罪的研究材料。二、可比較臺灣與母國的犯罪差異：新刑法實施之後，「內地人」與「本島人」同在一個法律規範之下，犯罪統計可做為日本和臺灣的比較研究，看出兩民族之犯罪有何異同。

〔註117〕 第5099號文書，〈法務、統計、保安三課協定書〉。
〔註118〕 同上註117。
〔註119〕 第5193號文書，〈臺北地方法院刑事犯人票記載方二付回答ノ件〉，《臺灣總督府公文類纂》，27號，第六門・司法，1909年1月。
〔註120〕 〈刑事犯人票ノ不備事項〉，《臺灣統計協會雜誌》53（1909.6），頁44～46。
〔註121〕 橫山雅男，〈犯罪ノ統計二就テ（一）〉，頁13。

　　三、可與他國的犯罪相互研究：雖然水科坦言各國編製犯罪統計的標準不一，實難達成比較目的，但可作爲努力目標。四、可知道裁判事務的狀況：認爲統計表之制定，不僅是犯人統計，也應具備可知道法律實務運作之特性，犯罪統計表應朝此方向努力。五、可進一步做爲監獄統計之參考：監獄統計是關於獄中囚犯的統計，爲判決確定犯人的執行狀況，是刑事統計的一部份，從前的犯罪統計與監獄統計兩者間毫無關連，水科期許新版犯罪統計透過警察、法院兩方之連接，可與監獄統計結合，擴大犯罪統計之成效〔註122〕。

　　1910 年 6 月，日本內務局協議之後，官房統計課提出「犯罪統計原表樣式」，制訂犯罪統計表共二十個表格，分爲「事務統計原表」和「犯人統計原表」兩大類，前者係根據事務性質和職權編寫，分爲地方廳、檢察局和法院兩種。後者則是以大量觀察爲目的設計，不問受理單位，以全島綜合網羅爲主。

　　「事務統計原表」共有六個表格，分別是：負責機關受理人數表、各廳受理人數表、各法院及檢證受理件數表、各法院訴訟花費及人數表、各法院及訴訟關係人件數表、一審判決對二審判決成果及人數表等，犯罪若涉及兩個單位以上，則需另外標誌。

　　「犯人統計原表」共有十四個表格，分別是：各地方廳犯罪名稱表、各廳都市鄉村犯罪名稱表、犯人居住地犯罪名稱表（廳）、犯人居住地犯罪名稱表（城市、鄉村）、犯人犯罪地居住地之關連表、犯人出生地表、各月犯罪表、犯罪人種族表、犯罪人年齡婚姻關係表、犯罪人職業及其地位關係表、生長教育生活生理特徵等背景關係表、阿片特許吸食者與非阿片特許吸食者關係表、各地阿片令違犯的犯人表、有前科罪名的犯人之罪犯次數、罪犯判刑的類別表（判決或即決）、合併罪之犯人表、再犯加重罪之犯人表、犯罪人的犯因等〔註123〕。由設計結果可知，與水科七三郎原先構想相距不遠。

　　該樣式持續至 1911 年 1 月，因應時代需求，官房統計課又進一步調整犯罪統計原表樣式，改進比例表的設計，並補充說明刑法、特別法等犯人在統計表中的標誌方法〔註124〕。新版《臺灣犯罪統計》編製時，第一次臨

〔註122〕水科七三郎，〈刑事統計論（三）〉，頁 45～46。
〔註123〕〈犯罪統計原表〉，《臺灣統計協會雜誌》，55（1909.8），頁 45～46；臺灣總督府官房統計課，《臺灣犯罪統計》，明治 42 年度（臺北：該課，1911）。
〔註124〕第 5341 號文書，〈犯罪比例表樣式及罪名表彰方改定ノ件〉，《臺灣總督府公文類纂》，1 號，第二門・統計及文書，1911 年 1 月。

時臺灣戶口調查剛結束，調查結果突出，成果豐碩，成為犯罪統計編製之
參考，統計課配合第一次臨時臺灣戶口調查成果，具體呈現台灣當時的犯
罪人口和總人口之比例，論者認為是人口統計之最佳應用〔註125〕；而 1908
年 1 月發行之《戶口調查職業名字彙》，收錄戶口調查時收集到的本島人職
業多達 4,299 種，對了解臺灣社會幫助甚大〔註126〕，亦是進行犯人職業登
記時之依據〔註127〕。

4. 對地方的訓練

對於統計書編製來說，統計材料的正確性扮有關鍵角色，基層人員的統
計知識尤其重要。因此，在中央和地方的統計講習會中，亦可見對犯罪統計
的課程內容。總督府分別於 1909 年和 1910 年，舉辦的第五回和第六回統計
講習會中，由竹田唯四郎教授倫理統計，講述犯罪與倫理統計的關係，並以
此作為結業考題〔註128〕。1917 年 2 月，亦舉辦專門講授犯罪統計之刑事講習
會〔註129〕。

地方方面：1908 年 5 月，嘉義廳舉辦第二回統計講習會，講習科目為統
計方法、人口統計、經濟統計及倫理統計等，就其講題、課後作業及考題觀
之，倫理統計中便有犯罪與季節關係之討論。課後也有演講，對講習員中的
警察講述犯罪小票填寫方法〔註130〕。1911 年 5 月，嘉義廳舉辦的第三回統計
講習會，也有年齡、性別的犯罪及其影響之授課內容，講師為嘉義廳巡查高
瀨健次〔註131〕；1915 年 1 月，臺北廳統計講習會，也有為犯罪統計設計的課
程和考題〔註132〕。

〔註125〕 手島兵次郎，〈臺灣犯罪統計ヲ讀ム〉，《臺灣統計協會雜誌》69 號（1911.10），
頁 11。
〔註126〕 臨時臺灣戶口調查部，《戶口調查職業名字彙》（臺北：臨時臺灣戶口調查部，
1908.1）。
〔註127〕 〈刑事犯人票ノ件〉，《法院月報》3：1（1909.1），頁 32～36。
〔註128〕 〈第五回統計講習會經過〉，《臺灣統計協會雜誌》45 號（1909.1），頁 40～
41；〈第六回統計講習會經過〉，《臺灣統計協會雜誌》62 號（1911.3），頁 48
～50。
〔註129〕 〈刑事講習會ノ統計〉，《臺灣統計協會雜誌》，133 號（1917.2），頁 62。
〔註130〕 〈嘉義廳第二回統計講習會〉，《臺灣統計協會雜誌》31 號（1908.7），頁 91。
〔註131〕 〈嘉義廳第三回統計講習會〉，《臺灣統計協會雜誌》，66 號（1911.7），頁 65
～66。
〔註132〕 〈第一回臺北廳統計講習會顛末〉，《臺灣統計協會雜誌》，109 號（1915.2），
頁 64。

（四）新版《臺灣犯罪統計》的評價及運用

1911 年 6 月，官房統計課編製的《臺灣犯罪統計》出刊，主要針對 1909 年違反刑法全部及行政諸規則（臺灣違警令除外），拘留十天以上，罰金二圓以上，由法院、檢察局、廳、支廳檢舉的犯人，或不起訴者。就體例觀之，統計書分爲實數表、比例表兩大類，再分別以事務統計與犯人統計劃分，前者是以觀察官廳事務爲目的，後者以觀察犯人犯罪現象爲目的。統計書實數三十三表、比例二十二表〔註 133〕，內容、體例及編製方法頗合乎國際標準〔註 134〕。

新編的《臺灣犯罪統計》在法界評價頗高，《法院月報》主編手島兵次郎即認爲，從前的《臺灣犯罪統計》只針對廳、支廳的檢舉事件，新版《臺灣犯罪統計》範圍擴張至法院、檢察局，更能清楚說明臺灣犯罪的性質，忠實地呈現臺灣犯罪概況，精確的數字對臺灣的刑政來說是一大福音，不論是研究刑事事務的實務家，或是研究犯罪統計的學術家，均頗適合研讀〔註 135〕。

新編的《臺灣犯罪統計》接近統計學原理〔註 136〕，評價或迴響屢見於雜誌、報紙，稱其爲總督府刑政之一大進展〔註 137〕，內容設計勝過日本的改正刑事登記簿〔註 138〕。亦有論者認爲，官房統計課接辦之後，確立《臺灣犯罪統計》分類的基本方針，系統性地整理材料，讓《臺灣犯罪統計》從早期僅有 5、60 頁的簡單統計，至如今多達 600 餘頁的豐富內容，成爲更具專業之統計書〔註 139〕。檢察官上內恆三郎亦對《臺灣犯罪統計》語多讚許，期許總督府官員必須善加利用〔註 140〕。

此後，總督府統計機關持續發行，至日治結束才停止。累積出版數期之後，犯罪資料更爲豐富，不少統計界、司法界學者、專家針對書中資訊提出

〔註 133〕〈臺灣犯罪統計〉，《臺灣統計協會雜誌》66（1911.7），頁 70～71。

〔註 134〕1889 年，國際統計協會於法國巴黎舉行大會，討論刑事統計必須有之登記事項和方法。參〈刑事統計二關スル萬國協會ノ決議〉，《臺灣統計協會雜誌》，76 號（1912.5），頁 1～3。

〔註 135〕手島兵次郎，〈臺灣犯罪統計ヲ讀ム〉，頁 11。

〔註 136〕第 6506 號文書，〈臺灣犯罪統計改正要項〉，《臺灣總督府公文類纂》，8 號，第二門・文書及統計，1918 年 9 月。

〔註 137〕手島兵次郎，〈臺灣犯罪統計ヲ讀ム〉，頁 11。

〔註 138〕橫山雅男，〈犯罪ノ統計二就テ（二）〉，頁 13。

〔註 139〕尾立茂，〈臺灣犯罪統計に就て〉，《臺法月報》10：4（1916.4），頁 46。

〔註 140〕上內恆三郎，〈臺灣犯罪統計に就て〉，《臺法月報》5：10（1910.10），頁 308。

意見。或概括性地列出臺灣各年度、各地區犯罪人數，或分析臺灣的犯罪及其環境，或分析臺灣犯罪與城鄉、季節、性別、年齡、職業、教育之關係，或比較臺灣、日本、朝鮮三地之犯罪趨勢，或就統計內容分析臺灣人易犯之罪，討論是否與臺灣風俗民情相關，或針對臺灣犯罪狀況提出解決之道等，頗具多元的觀察面向。

1911 年，1910 年度的《臺灣犯罪統計》出刊，讀者閱讀之後指出，臺灣人的犯罪年齡以 20 至 35 歲最多，職業多爲無業者，若是涉及賭博、暴力事件之犯人，則多是擁有傭人的大業主。以教育程度觀之，未受過教育者犯罪率較高，與接受過教育的犯罪者比例爲 7.6：2.2。以犯罪和季節分析，六月至九月最易犯私通罪，一月至三月最容易犯下賭博罪，七、八兩月最容易犯下傷害罪，鴉片令違犯者則以六、七、八月最多。而當年的犯罪件數中，2,299 件發生在城市、4,736 件發生在鄉村，雖然後者人數較多，但臺灣鄉村人口多於都市人口，以人口總比例來看，鄉村的犯罪率低於城市〔註 141〕。

竹田唯四郎分析，犯罪率最高的都市分別爲臺北、臺中、臺南、阿猴及桃園等。以犯罪地點和罪名來看，通姦罪和竊盜罪多發生在都會臺北，臺中、臺北、花蓮港及臺南市。慣性賭博多發生在嘉義，非慣性賭博多發生在桃園、新竹、宜蘭及臺東等地。鴉片令違犯、稅則違犯者則是臺東、臺北及臺南等地比例較高；臺東和花蓮港廳等鄉下地區，犯罪率較高的是違反公安及風俗規則〔註 142〕。

將數年的統計數字交叉分析，進而比較，則更能呈現臺灣的犯罪實況。1916 年，檢察官上內恆三郎研究 1905～1914 年十年間，臺灣的犯罪總數及增減狀態，提出犯人總數、日本人犯罪數、累犯總數，及即決犯人總數等比較分析〔註 143〕。1925 年，又就 1915～1921 年的統計報告，針對犯罪總人數與各種犯罪人數進行析論，分析臺灣和日本的犯罪類型，指出本島人犯罪不同於日本內地，自有其特殊之處，以賭博、鴉片及竊盜等案件最嚴重〔註 144〕。

〔註 141〕城南外史，〈臺灣犯罪統計ヲ讀ム〉，《臺法月報》5：10（1911.10），頁 237。
〔註 142〕竹田唯四郎，〈臺灣犯罪統計一斑〉，《臺灣統計協會雜誌》63 號（1911.4），頁 56～57。
〔註 143〕上內恆三郎，〈臺灣に於ける犯罪人員概觀〉，《臺法月報》，10：3（1916.1），頁 35～46。
〔註 144〕上內恆三郎，〈臺灣に於ける犯罪狀態概觀〉，《臺法月報》，19：1（1925.1），頁 8～21。

官員從統計中發現，本島人的犯罪特性與風俗民情有極大關連，以犯罪發生的季節來說，每種犯罪發生的月份不盡相同，此現象與臺灣的歲時節慶微妙結合。臺灣二月份最容易發生賭博罪，因爲二月是舊曆年的開始，本島人的習慣，即是過年期間盡情賭博，因過年賭博關係來年吉凶，若是過年手氣順暢，來年就會萬事亨通，且農曆正月是所有人放下手邊工作休息的日子，很多本島人因此沉溺於賭博中。而一月和七月最容易發生財務上的犯罪，一月是季節的交替期，七月則是中元普渡前夕，投機取巧或貧困之人最易趁機活動。七月份氣候炎熱，民眾無法控制情緒，因此容易發生傷害罪〔註145〕。

統計也可看出統計官員對本島人性格的觀察。竹田唯四郎指出，本島人的性格是造成某些犯罪居高不下之因，本島人最常犯的是賭博、傷害及殺人罪。就賭博罪來說，根據竹田唯四郎觀察，臺灣自新刑法實施之後，1909～1913 年間，賭博犯罪者成長驚人。本島人賭性堅強，不論上層或下層階級皆酷愛賭博，福建人犯賭博罪的比例又高於廣東人，而好賭的季節以一月至三月居多，這時正是舊曆的正月，各地總會有賭場開張〔註146〕。日治時期臺灣賭風盛行，爲此總督府曾經針對臺灣社會流行的賭博名稱、種類、方法、流行季節及使用器具等，做過一番調查，調查結果指出，當時臺灣流行的賭博方法有 114 種之多，實令人嘆爲觀止〔註147〕。尾立茂也指出，臺灣賭博罪成長快速，但賭風不可長，相關單位宜密切注意〔註148〕。

就傷害及殺人罪而言，上內恆三郎研究指出，臺灣社會分類意識極強，常發生群體糾眾械鬥。例如：福建和廣東的分類械鬥，或西皮和福祿的分類械鬥等，常有雙方一言不合，兩派結盟率眾鬥毆，產生殺傷行爲。本島人報復心強烈、殘忍刻薄，總能輕易痛下殺手，加以本島人又好迷信，常引發許多利用迷信，煽動民眾作亂而犯罪的例子，皆是造成傷害及殺人罪居高不下的因素。上內也認爲竊盜、誣告、通姦罪及阿片令違犯等，犯罪率高居不下，也與本島人性格有關，呼籲當局應制定足以遏止這些犯罪的刑事政策〔註149〕。

〔註145〕尾立茂，〈臺灣には如何なる時季に犯罪多きや〉，《臺法月報》，9：11（1915.11），頁 53～59。

〔註146〕竹田唯四郎，〈臺灣ノ賭博犯人〉，《臺灣統計協會雜誌》，66 號（1911.7），頁 26～29。

〔註147〕臺灣總督府，《臺灣總督府民政事務成績提要》，第十一編（1906），頁 99～103。

〔註148〕尾立茂，〈臺灣には如何なる犯罪多きや〉，《臺法月報》，9：8（1915.8），頁 167～168。

〔註149〕上內恆三郎，〈臺灣人の犯罪觀念〉，《臺法月報》，8：1（1914.1），頁 25～45。

　　以犯罪率來說，各國犯罪率逐年攀升，臺灣也不例外。眞倉民治研究認爲，臺灣犯罪率成長之因，與生活奢侈及艱難有極大關連〔註150〕。小野得一郎則認爲，犯罪就像一種傳染病，有流行性、猛烈性及傳染性，如同鼠疫、霍亂等疾病一樣，危害人類生活的幸福，然而世人往往致力於對危害肉體的傳染病提出解決或防疫之道，卻少見有志之士對犯罪問題提出解決方式〔註151〕。

　　《臺灣犯罪統計》屢屢顯示犯罪率逐年升高之現象，有志之士相繼提出解決方式，並催生各種防制犯罪運動。論者指出，臺灣正處於文化的過渡時期，教化仍不普及，本島人還沒有社會的生活意義，道德觀和自制心不足，存有利己和僥倖的心態，尤其是對刑罰的靈敏度極低，因此疾呼防制犯罪政策〔註152〕。

　　1918年，臺灣覆審法院檢察官長菅野善三郎，在司獄官會議中發表演講，同樣指出臺灣的犯罪率逐年提升，速度驚人，究其原因，乃是因社會日益進步，人口增多，社會競爭劇烈，貧富懸殊拉大，住民對基本生命、財產等權利要求增加所致，加以時代變遷劇烈，物價上漲，導致人民生活困難，而不惜鋌而走險。菅野善三郎除剴切建議當局，應針對犯罪問題提出社會救濟政策，也指出降低犯罪率當務之急，即是降低再犯率〔註153〕。

　　進入戰時體制之後，由於環境變遷，犯罪性質也產生變化，竊盜罪佔犯罪率第一名；其次是詐欺事件，例如：保險金詐欺、空頭公司詐欺、國防獻金詐欺、出征遺族詐欺，獲釋侵佔祭祀公業財產等。論者由《臺灣犯罪統計》分析，由於時代進步，經濟發達，經濟行爲趨於複雜，台灣的經濟犯罪也隨之提高〔註154〕。

　　官房統計課每一至兩年，即出版上年度或上上年度的《臺灣犯罪統計》，不過，隨著社會變遷，統計原表時有變更，內容亦有所更改。1918年1月，官房統計課的繼任單位官房調查課，累積數年《臺灣犯罪統計》的編製經驗，

〔註150〕眞倉民治，〈種族體性及緣事ヨリ觀タル犯罪〉，《臺灣統計協會雜誌》，125號（1916.6），頁42。

〔註151〕小野得一郎，〈臺灣の犯罪に就て〉，《臺法月報》，13：8（1919.8），頁23。

〔註152〕長尾景德，〈臺灣の犯罪傾向と對策〉，《臺法月報》，14：9（1920.9），頁167。

〔註153〕菅野善三郎，〈犯罪增加の原因及之が撲滅策に就て〉，《臺法月報》，12：11（1918.11），頁195～203。

〔註154〕安平政吉，〈臺灣の犯罪と其の豫防政策〉，《臺灣警察協會雜誌》，275號（1938.10），頁6～9。

發覺臺灣地區犯罪人口每年約 20,000 餘人，其中有 18,000 人爲本島人，內地人、外國人（幾乎爲清國人）則佔剩下的 2,000 人，舊有的統計原表不足以反應此趨勢變化，認爲有重新設計之必要。新的犯罪統計原表中，除了記錄犯罪人是臺灣人或中國人外，特別強調種族別，作爲特別觀察的對象，另外又有增減、刪補統計原表等措施，以及其他更符合時代變遷等變更〔註 155〕。

　　綜上所述，《臺灣犯罪統計》最初由警察本署保安課編製兩回，1908 年起轉由官房統計課接辦。由警察本署法務課和保安課登記刑事犯人票，彙整之後，交由官房統計課整理和分析，編製成書出版，使臺灣歷年的犯罪人數、事件及犯罪現象得以數字化。

　　官房統計課確立犯罪統計的體例，成爲統計、法務、保安三贏的局面。1909 年，水科七三郎亦說明總督府編製犯罪統計書之目的，即是在闡明臺灣犯罪的原因和特性，作爲司法、警察行政的參考〔註 156〕。由於編製嚴謹，頗符合統計學原理，出版後頗受好評，統計界和司法界紛紛提出建議與迴響，從中分析臺灣的犯罪現象及防制犯罪之道，成爲總督府刑政的參考。

　　從各界投書內容看來，日人自《臺灣犯罪統計》中歸納臺灣人的犯罪特徵，並思考制訂相關犯罪的防制政策，可見犯罪統計確實成功達到設計初衷。然而，《臺灣犯罪統計》是爲殖民統治者所編製，是以日人眼光看臺灣，是否能忠實呈現臺灣的社會現象，尚存疑。其次，《臺灣犯罪統計》呈現臺灣歷年的犯罪現象，但戰爭時期，相關人員執法標準轉趨輕率嚴厲〔註 157〕，若僅以統計的結果認定，臺灣社會的犯罪率節節升高，亦似有待商榷。

　　從《臺灣犯罪統計》與相關評論，可知殖民官員如何解讀臺灣人的犯罪，如何看待臺灣的風俗民情。然而，臺日風俗民情迥異，加以日治時期人員執法鬆嚴程度不一，因此，對犯罪統計的數字或相關評論，更應審慎看待。最後，從統計官員和司法人員對統計的解析，也可察覺殖民當局對臺灣社會的刻板印象，例如：認爲臺灣人好迷信、好嫉、好賭及好逞強鬥狠，以及社會多因此性格引起許多犯罪等言論，亦仍有討論空間。

〔註 155〕第 6506 號文書，〈臺灣犯罪統計樣式改正件ノ件〉，《臺灣總督府公文類纂》，8 號，第二門・文書及統計，1918 年 1 月。

〔註 156〕水科七三郎，〈刑事統計論（四）〉，《臺灣統計協會雜誌》，40 號（1909.6），頁 8。

〔註 157〕王泰升，〈臺灣法律史概論〉，頁 309。

第三節　第二次臨時臺灣戶口調查的實施

　　日本原訂於 1905 年實施國勢調查雖然延期，統計家或是對統計調查有興趣的議員，仍繼續爭取調查實施的可能，歷次討論案中，臺灣也被納入議程。議員們認爲已實施過一次調查的臺灣，爲能比較兩次調查的變化，有必要再實施第二次。在此背景下，即使日本 1915 年的調查再度延期，臺灣仍如期舉行。不過，兩次人口調查間隔 10 年，10 年間，臺灣社會歷經許多變化：其一、武裝抗日運動逐漸消弭；其二、發佈〈戶口規則〉，重新整理和定義了戶口調查簿；其三、放足斷髮運動愈益蓬勃，本島人女性纏足人口大爲降低等，在在皆影響第二次調查的內涵。以下論述第二次臨時臺灣戶口調查的實施過程，介紹其調查成果，並分析和第一次調查時的不同處，以及統計官員所觀察臺灣社會十年的變遷等議題。

一、第二次調查的背景

（一）日本國勢調查再度實施的討論

　　1904 年 12 月 28 日，國勢調查的延期實施案被送至貴族院審議。對於何時恢復實施調查，各議員見解不同，而向來對統計事業頗爲關注，同時也是統計學大師吳文聰高足的貴族院議員柳澤保惠，強烈要求一定要明確訂出國勢調查續辦的時間。柳澤保惠指出，國勢調查是對國家的組成要素作數量的解析，爲國家存在不可或缺的要素，日本身爲世界列強的一員，卻對國家特質不瞭解，是對以東洋的文明國自詡的日本一大恥辱。若因時局不得不停止舉辦，則須明確延後實施的時間，況且日俄戰爭之後，日本國力大增，該如何從事國家經營，使國家能長久發展，需有精確的調查作爲判斷依據。柳澤保惠提出花房直三郎的建議，認爲可配合歐美各國將於 1910 年實施國際人口調查，將國內的國勢調查時間延後至 1910 年，如此可與各國同步實施〔註 158〕。

　　柳澤保惠指出，以 1910 年作爲國勢調查實施之年，可與歐美各國比較國情優劣，各國如：英國、丹麥、瑞典、德國、奧地利、匈牙利、瑞士、荷蘭、比利時、法國、義大利、美國等，將先後實施國勢調查，雖然日俄戰爭不知道何時結束，但鑑於普法戰爭隔年，德國即於全國實施國勢調查，法國也於隔年實施國勢調查，探究戰爭後的國家形勢，可知道國家過去和將來的關係，

〔註 158〕　〈國勢調查實施延期の顚末〉，頁 54～59。

對戰後日本的經營幫助甚大〔註159〕。經由議員討論，同月31日，通過柳澤保惠提出的修正案，決議將第一回國勢調查延至1910年〔註160〕。

至1909年3月，所議定之調查時間即將到來，眾議院議員清崟太郎等48人，聯合提出國勢調查實施質問書，指出國勢調查的重要性，強調世界著名國家中，尚未實施調查的只有俄國、中國及日本，並對日本尚未實施感到遺憾。直言，雖然因種種因素未能如期實施，但明年（按：為1910年）為歐美各國聯合實施國勢調查之時，應把握良機著手準備，與各國一起實施〔註161〕。同月11日，柳澤保惠、板倉勝達、本莊壽巨、馬屋原彰等人，也於貴族院提出「國勢調查施行建議案」，指出應盡快設置調查機關，制訂調查範圍和方法〔註162〕。

1910年4月，首相桂太郎於內閣設置國勢調查籌備委員會，以作為國勢調查各項立法的諮詢用途。該會直屬內閣，規劃國勢調查的內容和方法，籌備委員計17人，半數來自官廳、半數來自民間〔註163〕，提供內閣調查範圍、時間、經費及負擔等諮詢〔註164〕。1910年6月22日，進一步召開國勢調查總會，協議國勢調查方針〔註165〕，確定範圍在人口、職業、宗教；調查機關由中央、地方共同負責；以今日之後三年內務必設計調查規定，第四年、第五年為調查員的訓練期，訓練人員約20～25萬人，調查時間參照臺灣總督府實施情形，於9月下旬展開，調查經費預估為500萬圓，由中央和地方均攤等內容〔註166〕。

其後，更於1910年7月13日的籌備會中，定1915年10月1日為調查實施日期〔註167〕。1911年4月15日，於地方官會議時，桂太郎特地進行國勢調查演說，陳述國勢調查的要領，並達成儘速召開統計講習會，普及統計

〔註159〕　〈國勢調查實施延期の顛末〉，頁67～69。
〔註160〕　〈國勢調查實施延期の顛末〉，頁66。
〔註161〕　〈眾議院に於ける國勢調查實行に關する質問〉，《統計集誌》，337號（1909.3），頁138～140。
〔註162〕　〈國勢調查施行準備に關する建議〉，《統計集誌》，337號（1909.3），頁140～141。
〔註163〕　〈國勢調查準備委員會〉，《臺灣日日新報》，1910年4月1日，1版。
〔註164〕　水科統計課長，〈國勢調查と臺灣〉，《臺灣日日新報》，1910年4月9日，2版。
〔註165〕　〈國勢調查總會〉，《臺灣日日新報》，1910年6月23日，2版。
〔註166〕　〈國勢調查の要項〉，《臺灣日日新報》，1910年7月3日，1版。
〔註167〕　〈國勢調查〉，《臺灣日日新報》，1910年7月17日，1版。

智識等共識〔註 168〕。可惜不久之後，桂太郎內閣解散，隨後經歷西原寺內閣和山本內閣，由於兩內閣對國勢調查較無興趣，且日本參加歐戰與對青島出兵之故，財務困窘，無暇他顧，因此，1915 年 5 月廢止訓令〔註 169〕，國勢調查又被迫再度擱置〔註 170〕。

（二）臺灣第二次戶口調查實施的時間

日本本土的國勢調查再度胎死腹中，那麼，對殖民地臺灣再度實施的看法又是如何？1904 年 12 月，首度發佈的國勢調查實施修正案中，將日本第一次國勢調查延至 1910 年，但案中指出，臺灣已如期於 1905 年實施第一次調查，當然也應於 1910 年再度實施，隨後與日本一起延期至 1915 年。不過，當日本原定於 1915 年實施的調查因財政問題再度延期時，則響起臺灣應如期實施的聲音。

1913 年 1 月，帝國議會審議臺灣第二次臨時戶口調查的預算，做為預算委員第一分科會主查的柳澤保惠指出，臺灣於 1905 年實施的第一次臨時臺灣戶口調查結果頗為良好，就各項建設或學術參考等層面，皆頗收其效果，因此支持臺灣實施第二次調查〔註 171〕。當年 7 月，水科七三郎也強力向時任臺灣總督的佐久間左馬太進言，必須如期實施第二次臨時戶口調查。

水科七三郎指出，根據西方統計調查史，歐美各國一旦實施人口調查，絕對沒有中途停止的例子，臺灣於第一回調查之後，再度實施第二次調查實屬當然。特別是第一次的調查成果，若能與第二次的成果相互參照，則更能發揮其價值，若臺灣僅實施一次，則無法得知十年間臺灣社會的改變，第一次調查的效果則可能減半〔註 172〕。水科因此強烈建議，一定要實施第二次臨時戶口調查，並指出，若無法以大正三年度的國庫費來辦理此項事業，不得已也可比照東京市、神戶市及札幌區等地，實施市勢調查或區勢調查的經驗，以地方費來支應，務使第二次戶口調查順利實施〔註 173〕。

〔註 168〕 〈國勢調查の訓示〉，《臺灣日日新報》，1911 年 4 月 26 日，1 版。
〔註 169〕 橫山雅男，〈國勢調查の施行は時代の要求なり〉，《統計學雜誌》，381 號（1918.1），頁 3～4。
〔註 170〕 〈國勢調查 明年度より著手〉，《臺灣日日新報》，1916 年 5 月 4 日，1 版。
〔註 171〕 〈柳澤伯と內田民政長官との問答〉，《統計學雜誌》，324 號（1918.1），頁 149。
〔註 172〕 水科七三郎，〈臺灣センサスの由來（承前）〉，《統計學雜誌》，491 號（1927.5），頁 167～168。
〔註 173〕 水科七三郎，〈臺灣センサスの由來（承前）〉，頁 168。

此外，輿論支持的聲音也不小，指出十年爲一週期，爲比較社會狀態，應於 10 年後再次實施調查，如此可看出臺灣社會狀況的推移〔註174〕，更言明，十年後再次實施乃是遵守統計調查的原則〔註 175〕。雖然，在討論延期實施時間時，朝野曾有明治 48 年〔註 176〕說和明治 53 年〔註 177〕說兩派論爭，就臺灣的立場而言，1915 年實施第二次較 1920 年合適，第一次和第二次相隔十年，結果較具學術價值〔註 178〕，日本和臺灣兩地若能於 1915 年同時實施國勢調查，則日臺兩方的調查結果可互通和比較，則可得到人口調查最大的意義〔註 179〕。

然而，即使水科七三郎得到民政長官內田嘉吉支持，並獲得總督與日本中央同意〔註 180〕，但帝國第三十一議會審議臺灣總督府大正三年度預算時，並未通過第二次戶口調查的預算，最後是以特別會計預算通過〔註 181〕。有了經費挹注，1914 年 4 月，總督府增聘屬兩人，並將判任官由 2 人增加爲 12 人，協助地方舉辦講習會、立案調查規則和調查心得〔註 182〕，配送各州廳的所帶票、指示紀錄方法，以及指揮各廳巡察和區長，將統計材料帶回等工作〔註 183〕。

調查範圍爲行政區域內之住民，蕃地由於數目無法掌握，調查無法精確，且由於幅員遼闊，人口稀疏，耗費心力與報酬不成比例，因此仍然不在受調之列〔註 184〕。爲配合將來日本國勢調查的一致性，同月，水科七三郎上京，會晤花房直三郎，與內閣統計局官員協商調查內容，獲得必要的協助〔註 185〕。

〔註 174〕〈國勢調查と臺灣〉，《臺灣日日新報》，1910 年 4 月 9 日，2 版。
〔註 175〕〈第二回戶口調查〉，《臺灣日日新報》，1914 年 4 月 2 日，2 版。
〔註 176〕若照當時推算爲 1915 年。
〔註 177〕若照當時推算爲 1920 年。
〔註 178〕〈國勢調查と本島〉，《臺灣日日新報》，1911 年 1 月 16 日，2 版。
〔註 179〕水科統計課長，〈國勢調查と臺灣〉，《臺灣日日新報》，1910 年 4 月 9 日，2 版。
〔註 180〕水科七三郎，〈內田前民政長官卜統計〉，頁 3〜7。
〔註 181〕柳澤保惠，〈第二回臺灣戶口調查〉，《統計學雜誌》，337 號（1914.5），頁 151。
〔註 182〕〈戶口調查ノ事務ニ從事セシムル爲台灣總督府ニ臨時職員ヲ置ク〉，《公文類聚》・第三十八編・大正三年・第五卷・官職三・官制三，1914 年 4 月。
〔註 183〕〈大正三年勅令第五十九号戶口調查ノ事務ニ從事セシムル爲台灣總督府ニ臨時職員ヲ置クノ件中ヲ改正ス〉，《公文類聚》，第三十九編・大正四年・第五卷・官職門四・官制四，1915 年 7 月。
〔註 184〕〈臨時戶口調查（上）〉，《臺灣日日新報》，1915 年 7 月 10 日，2 版。
〔註 185〕〈台灣總督府ニ於テ第二回戶口調查執行ニ付国勢調查トノ連絡上ニ關シ協商ノ件〉，《公文雜纂》，大正三年・第二卷・內閣二，1914 年 4 月。

二、調查機關與人員

　　1914 年 6 月，總督府再度設置臨時臺灣戶口調查部，作為調查全權機關。不同於第一次調查，臨時臺灣戶口調查部設在總督府內，位階與民政部相等，第二次則設在總督官房，位階明顯較低〔註 186〕。兩次臨時臺灣戶口調查部人員編制大致相同，設部長一人、副部長一人、主事及屬〔註 187〕；部長為民政長官內田嘉吉，副部長為總督府通信局長井村大吉，主事則由兩人減為一人，為水科七三郎，權責大致與舊制相同，調查課負責調查的立案和實施等事務；庶務課則是庶務和事務的事項，調查課長和庶務課長皆由水科七三郎兼任〔註 188〕。

　　參與此次調查業務者，重要人物還有官房統計課屬福田眞鷹、堤一馬、右田留造、村上常藏、竹田唯四郎、出田虎武、佐佐木高景及二瓶士子治等人〔註 189〕。福田眞鷹、堤一馬、竹田唯四郎和二瓶士子治於前文已提及。

　　出田虎武 1872 年 2 月出生於熊本縣，1904 年 2 月來臺，歷任基隆廳警部補、警部、臺灣總督府警部等職務〔註 190〕，原來工作事項為警察本署戶口主任，因臨時臺灣戶口調查與戶口事務相關，而被派為臨時戶口調查部兼務〔註 191〕。事實上出田虎武在這次調查中表現不俗，使其在 1920 年國勢調查實施時也扮有角色〔註 192〕。

　　右田留造 1885 年出生於熊本縣，但來臺時間不詳；1906 年 3 月起，在總督府以雇任命；1907 年 3 月，任職於官房文書課，並於 1908 年 2 月的臺灣總

〔註 186〕水科七三郎，〈臺灣センサスの由來（承前）〉，《統計學雜誌》，491 號（1927.5），頁 166～167。

〔註 187〕第 2220 號文書，〈臨時戶口調查部分課規程制定〉，《臺灣總督府公文類纂》，5 號，第 2 門・文書，1914 年 6 月。

〔註 188〕高野岩三郎，〈第二次臨時臺灣戶口調查に就て〉，《統計集誌》，491 號（1918.3），頁 126。

〔註 189〕第 2317 號文書，〈辭令案〉，《臺灣總督府公文類纂》，16 號，判任官進退原議七月份，1914 年 7 月。

〔註 190〕第 3555 號文書，〈恩給証書下付（出田虎武）〉，《臺灣總督府公文類纂》，6 號，第一門・秘書，1924 年 1 月。

〔註 191〕第 2317 號文書，〈府屬出田虎武（〔總督官房臨時戶口調查部〕兼務ニ關スル件）〉，《臺灣總督府公文類纂》，16 號，判任官進退原議七月份，1914 年 7 月。

〔註 192〕第 2888 號文書，〈府屬出田虎武（外一名）（調查課兼臨時國勢調查部勤務ヲ命ス）〉，《臺灣總督府公文類纂》，30 號，判任官進退原議六月份，1918 年 6 月。

督府第四回統計講習會中，取得修業證明。由於又田留造在職期間績效良好，
1914 年 2 月，受水科七三郎拔擢晉升爲屬，並於官房統計課中任職〔註193〕。
村上常藏 1869 年 9 月，出生於鳥取縣，1904 年 3 月起，擔任臺灣總督府雇，
1908 年 7 月起，在官房統計課服務，並於 1918 年 5 月，因病離開臺灣〔註194〕。
佐佐木高景來臺時間不詳，原爲嘉義廳屬，1915 年 8 月，被調派至中央，協
助臨時臺灣戶口調查各種事項〔註195〕。

　　值得注意的是，不同於第一次調查時，內閣統計局派遣多位官員前來協
助，第二次調查實施時，總督府全數任用原來官房統計課編制內的統計官員，
或者是總督府內各部局其他人員，顯示總督府已經有獨當一面實施統計調查
的能力（參表 4-3-1　第二次臨時臺灣戶口調查部主要人員編制）。

表 4-3-1　第二次臨時臺灣戶口調查部主要人員編制

職　稱	人　員	來臺時間	執　掌	原來職務	備　註
部長	內田嘉吉	1909.8		總督府民政長官	1915.10 即卸下職務
副部長	井村大吉			總督府通信局長	
主事（兼庶務課長、調查課長）	水科七三郎	1903.8	庶務課事項：保管部長官印、部印；任免職員、文書往來及經費運用；調查課事項：實際調查相關事項，監督、統籌各係工作、調查事務訓練、統計表編製及論文發表	官房統計課長	

〔註193〕第 2307 號文書，〈雇右田留造臺灣總督府屬二任用ノ件、總督官房統計課勤
　　　　務〉，《臺灣總督府公文類纂》，38 號，判任官進退原議二月份，1914 年 2 月。
〔註194〕第 2782 號文書，〈村上常藏恩給證書送付ノ件〉，《臺灣總督府公文類纂》，第
　　　　1 號，第一門・秘書，1918 年 6 月。
〔註195〕第 2465 號文書，〈嘉義廳屬佐佐木高景（府屬二轉任）〉，《臺灣總督府公文類
　　　　纂》，24 號，判任官進退原議八月份，1915 年 8 月。

	福田眞鷹	1904.3	《第二回　臨時臺灣戶口調查顛末》、《第二回臨時臺灣戶口調查記述報文》	官房統計課屬	
集計掛長	堤一馬	1904.3	戶口調查事務視察	官房統計課屬	
	村上常藏	1904.3	戶口調查準備事務視察	官房統計課屬	
	二瓶士子治	1908.8	《第二回　臨時臺灣戶口調查記述報文》	官房統計課屬	
	右田留造	不詳	臨時戶口調查準備事務視察	官房統計課屬	
	竹田唯四郎	1899.3	臨時戶口調查準備事務視察	民政部警察本署	
	出田虎武	1904.2	戶口調查事務視察	警察本署戶口主任	
	佐佐木高景	不詳	臨時戶口調查準備事務視察	嘉義廳屬	

資料來源：〈敘任及辭令〉，《臺灣總督府府報》，530 號，1914 年 7 月 8 日；第 2317
號文書，〈府屬出田虎武（〔總督官房臨時戶口調查部〕兼務二關スル件）〉，
《臺灣總督府公文類纂》，第 16 號，判任官進退原議七月分，1914 年 7 月。

三、調查程序與方法

（一）整理「戶口調查副簿」

　第二次調查與第一次相同，以他計主義辦理〔註 196〕，由警察擔任戶口調
查員，根據「戶口調查副簿」，詢問轄區住民調查事項。因此，戶口調查副簿
所載資料是否正確，成爲調查成敗的關鍵，首要工作即是整理戶口調查副簿，
使調查資訊更爲精確〔註 197〕。在此，先介紹「戶口調查簿」和「戶口調查副
簿」這兩種戶口資料。

　如前所述，1905 年 12 月，臺灣總督府同時發佈〈戶口規則〉和〈戶口調

〔註 196〕第 2465 號文書，〈嘉義廳屬佐佐木高景（府屬二轉任）〉，《臺灣總督府公文類
纂》，24 號，判任官進退原議八月份，1915 年 8 月。
〔註 197〕高野岩三郎，〈第二次臨時臺灣戶口調查に就て〉，頁 126。

查規程〉兩條法規，廢除戶籍簿和戶口調查簿之外，另編製新的戶籍登記資料：戶口調查簿和戶口調查副簿。前者由廳和支廳掌管，後者則是警察所持有。法規中，指出戶口調查事務有三項：戶口實查、整理戶口調查簿及整理戶口調查副簿。從戶口實查到整理戶口調查副簿、整理戶口調查簿，其順序為：由巡查或巡查補到轄區住家探查，詢問各家的現住者和非現住者，調查各家的戶口異動事項，以及鴉片吸食者、纏足解纏足、實查種別、不具（聾、啞、盲、白癡、瘋癲）、種痘或天然痘等情形。

　　調查頻率分為六個月一次、三個月一次，以及一個月一次三種。官工吏、資產家或素行優良的家庭，六個月調查一次；警察必須特別注意的家庭一個月調查一次；不屬於第一種或第三種者，三個月調查一次，巡查或巡查補進行戶口實查時，必須隨身攜帶戶口實查簿，登記各家的戶口異動狀況，作為整理戶口調查副簿的資料。

　　戶口調查簿及副簿中，人物登記順序為：戶主、直系親屬、戶主的配偶、戶主的旁系親屬及配偶、同居人、同居寄留人、雇人，並分別登錄本人姓名、家族姓名、出生年月日、種族別、是否吸食鴉片、是否纏足、種別、殘廢及是否種痘、本居地等項目〔註198〕。戶口調查副簿整理完成之後，須清楚註明整理完成時間，交由廳長或支廳長，廳長或支廳長再據此編製戶口調查簿。廳和支廳各設戶口主務一人，由警部和警部補擔任，負責戶口調查簿的整理〔註199〕。

　　要言之，戶口調查簿及其副簿，記載臺灣人家庭各種事項〔註200〕，此為1905年之後登載臺灣住民資料唯一的資料，作為唯一記載臺灣住民狀況的資料，自然成為臨時臺灣戶口調查最為依賴的資訊。在此狀況下，1914年10月，總督府令各廳進行戶口調查簿與戶口調查副簿的對照工作，使兩簿資訊吻合，使調查順利進行〔註201〕。此外，追加婚姻狀況、職業、職業上的地位、用語、殘疾的原因、內地人出生地、內地人渡臺時間、讀寫程度、所帶主住家的狀況等，各種臨時戶口調查相關事項。對照工作必須於1915年1月完成〔註202〕。

　　為了視察臺灣各地兩簿對照情形，1915年2月起，堤一馬、出田虎武兩

〔註198〕　高野岩三郎，〈第二次臨時臺灣戶口調查に就て〉，頁126。
〔註199〕　〈戶口調查規程〉，《臺灣總督府府報》，1887號，1905年12月26日。
〔註200〕　水科七三郎，〈臺灣戶口調查の實驗〉，頁403。
〔註201〕　第5741號文書，〈戶口調查簿及副簿ノ照會ニ關スル件〉，《臺灣總督府公文類纂》，19號，第三門・警察，1914年10月。
〔註202〕　水科七三郎，〈臺灣戶口調查の實驗〉，頁403。

人，分別至桃園、新竹、臺中、嘉義、臺南、阿猴等地，展開戶口調查事務
視察之行，檢視各地方籌備的狀況，在兩人撰寫的復命書中，可知戶口調查
簿的整理情形。

　　歸納統計官員的復命書可發現，地方廳對兩簿登錄和對照工作仍不確實，
或記載不清，例如：兩簿內容無法吻合，長男誤載爲長女，女婿誤載爲招婿，
纏足、解纏足記載不實，將同居人登記爲婚姻關係，招夫或招婿沒有區分，媳
婦仔未載明是否已經確定丈夫，未明確區分姪和甥關係，養子或螟蛉子記載不
清，事由欄記載不清，以及住民寄居理由不清等〔註203〕。堤一馬直言，臨時臺
灣戶口調查是以戶口調查簿及其副簿爲基礎，調查是否得以順利實施，乃是以
兩簿正確與否爲前提，建議宜儘速在警務課長及保安係長的督促下，著手對照
和整理工作〔註204〕。隨後進行校正作業，於 7 月下旬完成〔註205〕。

（二）戶口調查事務訓練會

　　整理戶口調查副簿的同時，中央也召集地方廳的統計主務，保安係長及
戶口主務等，對於此次調查業務相關的地方官員，針對戶口調查事務進行訓
練。鑒於戶口調查與警察關係密切，1914 年 8 月，對該年度畢業的警察官及
司獄官甲科生和乙科生，實施爲期一周的臨時戶口調查講習會〔註206〕。

　　1915 年 7 月 5 日起，召集各廳統計主務、保安係長、戶口主務，以及醫
院、稅關、監獄等役員等，展開戶口調查訓練會〔註207〕，由水科擔任訓練會
長，解說各項調查內容〔註208〕。民政長官內田嘉吉指出，與會者皆是在調查
上占有重要位置的幹部，關係第二次臨時臺灣戶口調查成敗，期勉與會者努
力有好成績〔註209〕。臨時戶口調查部副部長廣瀨吉郎則認爲，於 10 月 1 日時

〔註203〕第 6168 號文書，〈臨時戶口調查準備事務復命書（堤一馬）〉，《臺灣總督府公文
　　　類纂》，1 號，第十二門・戶口調查，1915 年 2 月；第 6168 號文書，〈臨時戶口
　　　調查準備事務復命書（出田虎武）〉，《臺灣總督府公文類纂》，2 號，第十二門・
　　　戶口調查，1915 年 2 月；第 6168 號文書，〈臨時戶口調查準備事務復命書（出
　　　田虎武）〉，《臺灣總督府公文類纂》，3 號，第十二門・戶口調查，1915 年 2 月。
〔註204〕第 6168 號文書，〈臨時戶口調查準備事務復命書（堤一馬）〉，《臺灣總督府公
　　　文類纂》，1 號，第十二門・戶口調查，1915 年 2 月。
〔註205〕臺灣總督府官房調查課，《第二次臨時臺灣戶口調查顚末》，頁 15～16。
〔註206〕臺灣總督府官房調查課，《第二次臨時臺灣戶口調查顚末》，頁 7。
〔註207〕〈戶口調查訓練會〉，《臺灣時報》，7 月號（1915.7），頁 52～53。
〔註208〕〈戶口調查訓練會〉，《臺灣日日新報》，1915 年 7 月 2 日，2 版。
〔註209〕內田嘉吉，〈第二回臨時戶口調查事務訓練會二於ケル訓示〉，《第二次臨時臺
　　　灣戶口調查顚末》，頁 8～9。

同時有合計八、九千位調查員、通譯等一起從事調查，實爲一浩大工程，爲求調查結果精密確實，則非將千百人之心，化爲一人之心的覺悟不可〔註210〕。

戶口調查訓練過程及成效，也可從官員的復命書中略窺知一二。例如：右田留造觀察 1915 年 9 月 26 日，大甲、東勢角、北斗、二林、員林等支廳，與 9 月 29 日，車輪、鹿港兩支廳戶口調查員訓練的情形，指出調查訓練頗爲嚴謹，不僅逐條解說戶口調查諸規則，並輔之以圖解說明，使其淺顯易懂，還對臺灣舊慣詞彙詳加解釋，清楚解說所帶票的記載規則與注意事項。對臺灣民間舊慣的稱呼如：婚姻狀況中妾的記載方法詳加解釋，又田留造認爲這是訓練會一大進步之處〔註211〕。不過也有意外事件發生，堤一馬指出，澎湖廳戶口調查訓練會因天狗熱疫情之故，許多講習員缺席，只得自行多加演練，或是夜間多開訓練會補救。臺南廳則因西來庵事件，警務人員疲於奔命，訓練事宜較其他各廳延宕，不得已於當年 9 月下旬加緊練習等〔註212〕。

（三）調查的執行

鑒於調查與日本國勢調查關係頗深，可作爲日本實施時的參考，水科七三郎前往日本，與內閣統計局長協議相關事項，並於 1915 年 5 月下旬，與花房直三郎一同返臺視察〔註213〕。花房直三郎對第二次的臺灣之行印象深刻，認爲親眼見識到了臺灣統計調查方法的進步，以及臺灣社會的進步和變遷〔註214〕。

1915 年 8 月底，堤一馬、出田虎武、右田留造、竹田唯四郎等人，再度到各地方廳視察，確定地方準備狀況〔註215〕。各地的調查委員和監督委員於 8 月 31 日前被任命，調查委員從警察處取得戶口調查副簿〔註216〕，1915 年 9

〔註210〕 廣瀨吉郎，〈第二回臨時戶口調查事務訓練會二於ケル訓示〉，《第二次臨時臺灣戶口調查顚末》，頁 10。

〔註211〕 第 6168 號文書，〈臨時戶口調查準備事務視察復命書（右田留造）〉，《臺灣總督府公文類纂》，13 號，第十二門・戶口調查，1915 年 9 月。

〔註212〕 第 6168 號文書，〈臨時戶口調查準備事務視察復命書（堤一馬）〉，《臺灣總督府公文類纂》，第 15 號，第十二門・戶口調查，1915 年 9 月。

〔註213〕 臺灣總督府官房調查課，《第二次臨時臺灣戶口調查顚末》，頁 21。

〔註214〕 水科七三郎，〈臺灣と花房博士〉，頁 277。

〔註215〕 第 6168 號文書，〈臨時戶口調查準備事務視察復命書（右田留造）〉，《臺灣總督府公文類纂》，13 號，第十二門・戶口調查，1915 年 9 月；第 6168 號文書，〈臨時戶口調查準備事務視察復命書（出田虎武）〉，《臺灣總督府公文類纂》，14 號，第十二門・戶口調查，1915 年 9 月；第 6168 號文書，〈臨時戶口調查準備事務視察復命書（竹田唯四郎）〉，《臺灣總督府公文類纂》，15 號，第十二門・戶口調查，1915 年 9 月。

〔註216〕 高野岩三郎，〈第二次臨時臺灣戶口調查に就て〉，頁 128。

月 24～28 日，先展開預備調查，由調查委員根據戶口調查副簿，挨家挨戶實施〔註217〕。

10 月 1 日，正式展開為期三天的調查工作，由調查委員攜帶戶口調查副簿，至各家詢問相關調查事項，為觀察調查狀況，臨時戶口調查部也分別派員到各地觀察實地情形。例如：佐佐木高景指出，宜蘭廳的調查員首先確認戶主的身份，接著依序詢問其家族、職業等事項，進行頗為順利，至午時 12點全數調查完畢，不過宜蘭地處偏僻、交通不便之處頗多，造成調查一大障礙，尤其是調查前天，山區下起豪雨，導致溪水暴漲，涉水困難，為免弄濕調查票，調查員以油紙小心包裹，派壯丁橫越暴漲的溪水，才得以將調查票送至調查員手中〔註218〕。

堤一馬指出，蕃薯寮支廳雖然因為西來庵事件準備進度落後，但該地支廳長對調查事務頗為熱心，因此仍然能夠在時間內完成調查；或有居住蕃地的腦丁，因蕃情不穩，由腦長帶領離開蕃地，共 441 名暫時寄居六龜里，也有因蕃情不穩而離開居住地前往他處避難的民眾，該廳亦對其執行特別調查〔註219〕。

（四）本島人的反應

雖然第一次調查實施時，已消弭部分本島人對臨時臺灣戶口調查的誤解，不過仍有民眾存有疑慮〔註220〕。當調查再度實施時，政令宣導依然是統計官員重要的工作。1915 年 7 月，水科七三郎在《臺灣統計協會雜誌》上發表一篇給臺灣住民的文章，指出不論中外古今的國勢調查史，執行期間民眾對調查本質感到困惑乃屬平常，因此在第一次臨時臺灣戶口調查實施時，對於臺灣社會流傳的各種謠言一笑置之，以最大的誠意化解誤會。第一次臨時戶口調查結束之後，也發行漢文版調查報告書，清楚解釋國勢調查的原因和意義，然而，十年之後，基層民眾卻仍陷入恐慌中，曲解調查的真義。

水科七三郎強調，臺灣臨時戶口調查即是國勢調查，將臺灣民眾靜止的狀態瞬間保存，將關於國民的組成和變遷，對社會的利弊關係，統計之後分

〔註217〕 〈台灣總督府臨時戶口調查部長下村宏外二十六名賞与ノ件〉，《公文雜纂》，大正七年・第三卷・內閣三，1918 年 3 月。
〔註218〕 第 6169 號文書，〈臨時戶口調查事務視察復命書（佐佐木高景）〉，《臺灣總督府公文類纂》，5 號，第十二門・戶口調查，1915 年 10 月。
〔註219〕 第 6169 號文書，〈臨時戶口調查事務視察復命書（堤一馬）〉，《臺灣總督府公文類纂》，6 號，第十二門・戶口調查，1915 年 10 月。
〔註220〕 水科七三郎，〈國勢調查一夕話〉，《臺灣統計協會雜誌》，110 號（1915.4），頁 27。

析和綜合，增進國利民福之道。國民不僅應誠實接受調查，還要盡力協助政府，使調查順利完成。若有民眾冥頑不靈逃避調查，阻止調查，沒有誠實回答調查員的提問，或散佈謠言阻礙調查進行，應接受法律的制裁〔註221〕。

　　由於戶口調查簿整理較為健全，民眾已較少誤解。舉例來說：第一次調查時，無法掌握民眾戶籍地和居住地，民眾不知道調查的本質，唯恐不返回原居地受調即會喪失國籍，因而爭相回到戶籍地，造成交通癱瘓，然而，十年後調查再度實施時，戶口資料已建置完成，當局能確切地掌握戶籍地和居住地情形，民眾只要留在居住地受調即可，不必舟車勞頓返回戶籍地，比第一次實施時進步許多〔註222〕。

　　根據統計官員的紀錄，第二次調查時，本島上流社會者瞭解調查之真諦，頗能誠實作答，多能衣著整齊，端座等待調查委員來訪。下層勞動階級則對調查有所曲解，不配合者頗多〔註223〕。歸納統官員的觀察，本島人最恐懼的，莫過於怕錯過調查而喪失國籍〔註224〕，或怕未回戶籍地受調而失去戶籍，因此調查當天，從工作地返鄉受調者人數頗多〔註225〕。其次，害怕被多課稅，在職業的調查項目中，有民眾誤以為，調查養豬的數量是為了課稅，而沒有誠實作答〔註226〕。而當時正是放足運動雷厲風行時，也有民眾誤以為，調查纏足是為了徵收纏足稅，調查當天解纏足的女性不在少數〔註227〕。

　　此次調查的插曲，還有1915年8月爆發的西來庵事件，因此案受牽連被捕者頗多，一時風聲鶴唳，調查委員訪查民家時，有民眾誤以為是警察來查緝匪徒而排斥調查，產生不少誤會〔註228〕。竹田唯四郎指出，民間謠言，實

〔註221〕　水科七三郎，〈第二回臨時戶口調查二就テ本島人二告グ〉，《臺灣統計協會雜誌》，114號（1915.7），頁1～2。
〔註222〕　〈戶口調查準備〉，《臺灣日日新報》，1915年9月9日，6版；〈戶口調查の現況〉，《臺灣日日新報》，1915年10月9日，2版；第6169號文書，〈臨時戶口調查事務視察復命書（佐佐木高景）〉，《臺灣總督府公文類纂》，5號，第十二門・戶口調查，1915年10月。
〔註223〕　第6169號文書，〈臨時戶口調查事務視察復命書（又田留造）〉，《臺灣總督府公文類纂》，7號，第十二門・戶口調查，1915年10月。
〔註224〕　臨時臺灣戶口調查部，〈第二回臨時戶口調查二關スル各委員長ノ報告（六）〉，《臺灣統計協會雜誌》，132號（1917.1），頁36。
〔註225〕　〈戶口調查の現況〉，《臺灣日日新報》，5495號，2版，1915年10月9日。
〔註226〕　〈第二回臨時戶口調查二關スル各委員長ノ報告（六）〉，頁37～39。
〔註227〕　臨時臺灣戶口調查部，〈第二回臨時戶口調查二關スル各委員長ノ報告（八）〉，《臺灣統計協會雜誌》，134號（1917.3），頁40～43。
〔註228〕　〈臺中調查成績〉，《臺灣日日新報》，5493號，1915年10月7日，5版。

施調查是在辨別民眾是否爲良民，若非良民則當場處以死刑，使得戶口調查員需極力說明調查的主旨〔註229〕。堤一馬則指出，茄苳湖庄、阿里關庄、大丘園庄、十張犁庄等地，因西來庵事件被殺者 36 名、戰死者 74 名、自殺者 8 名、行蹤不明者 400 名、被檢舉者 134 名等，導致受調人數銳減〔註230〕。

當然也有配合度十足的本島人，《臺灣日日新報》指出，臺中廳家家戶戶打掃環境、準備茶椅，掛上國旗恭候調查人員來訪，原本出外工作的莊稼人，因調查而回鄉的有千餘人〔註231〕。或有戶主手拿門牌，命令家族成員根據戶口調查簿的順序排隊，耐心地接受調查，頗爲熟悉調查的要領〔註232〕。也有商家爲配合調查特地休業，或主動替調查員清除路障，修補道路等〔註233〕。

輿論還特別褒揚臺中廳參事吳鸞旂，在十月一日調查當天，家族全員著正式裝束，列隊等待調查委員的到來〔註234〕。仕紳黃玉階指出，人民戶口問題牽涉甚廣，爲執政者首當圖謀之措施，臺灣改隸之前並無具體的戶口，不知道人口的狀態，以致上下阻隔，執政者無法爲民謀福利。戶口的盛衰，關於國家的元氣，日本領臺以來，臺灣長足進步，全是因戶口調查奏效，以統計調查審視每年生活狀態，民眾得以安居樂業，而對總督府的善政頗感謝意〔註235〕。

在統計官員的紀錄中，無法證實這些本島人是因對國勢調查有十足的瞭解才配合調查，或是因害怕如果沒有接受調查就會遭到懲處，但是這些配合度十足的本島人，卻成了最佳典範，統治者宣揚臺灣施政進步的活廣告。

四、調查報告中之臺灣社會

（一）第二次調查的成果

由於已有第一次的經驗，加上戶口調查簿資料健全，第二次調查頗爲順利，得到「預期以上的好結果」〔註236〕。多數調查區於 10 日 1 日當天順利完

〔註229〕第 6169 號文書，〈臨時戶口調查事務視察復命書（竹田唯四郎）〉，《臺灣總督府公文類纂》，8 號，第十二門・戶口調查，1915 年 10 月。

〔註230〕第 6169 號文書，〈臨時戶口調查事務視察復命書（堤一馬）〉，《臺灣總督府公文類纂》，6 號，第十二門・戶口調查，1915 年 10 月。

〔註231〕〈臺中調查成績〉，《臺灣日日新報》，1915 年 10 月 6 日，2 版。

〔註232〕〈戶口調查の現況〉，《臺灣日日新報》，1915 年 10 月 9 日，2 版。

〔註233〕〈第二回臨時戶口調查二關スル各委員長ノ報告（六）〉，頁 45。

〔註234〕同上註 233。

〔註235〕黃玉階，〈戶口調查感言〉，《臺灣時報》，1913 年 1 月，頁 75～76。

〔註236〕〈戶口調查進步〉，《臺灣日日新報》，1915 年 9 月 16 日，5 版。

成調查，至 10 月 2 日，臺灣全數地區調查完成，著手整理並檢查所帶票和要計表，總計所帶票共 66 萬 2,934 張（參圖 4-3-1　1915 年臨時臺灣戶口調查的所帶票）〔註237〕，雖然其中不乏資訊誤記，所幸戶口調查部官員都能及時修正〔註238〕，11 月 1 日全數完成檢查。接著根據所帶票製作成單人票，展開統計工作，計算出平均數、比例數等，最後製作成結果表，分別完成集計原表、結果表與概覽、職業名等〔註239〕。

圖 4-3-1　1915 年臨時臺灣戶口調查時的所帶票

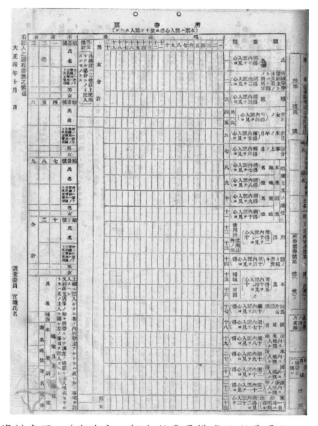

資料來源：〈臨時戶口調查所帶票樣式及所帶票記入心
　　　　　得〉，《臺灣總督府府報》，7713 號，1915 年
　　　　　6 月 15 日，頁 27。

〔註237〕高野岩三郎，〈第二次臨時臺灣戶口調查に就て〉，頁 132。
〔註238〕第 6169 號文書，〈臨時戶口調查事務視察復命書（佐佐木高景）〉。
〔註239〕〈台湾総督府臨時戶口調查部長下村宏外二十六名賞与ノ件〉，《公文雜纂》，
　　　　　大正七年・第三卷・內閣三，1918 年 3 月。

　　1916 年，官房統計課出版《第二次臨時臺灣戶口調查集計原表》，厚達千餘頁，共兩冊，記述有關臺灣全島相關事項〔註 240〕。1917 年，出版《第二次臨時臺灣戶口調查概覽表》，概覽表係概括調查項目分成街庄別、堡里別，以數字呈現的出版物。厚達千頁，還以附錄的形式記載調查委員和監督委員的名字和身份別，以及每位平均調查時間和有功事項。高野岩三郎認為，第一次臨時戶口調查時出版的要計表，雖然簡單易讀，但第二次臨時戶口調查的概覽表則更為詳盡〔註 241〕。

　　此外，前文已提及，臺灣職業名字彙第一次調查時即出版過，是臨時戶口調查的副產品，第一次調查時，臺灣地區的職業有 4,299 種；第二次調查時則到了 7,559 種，增加了 3,260 種之多，從此可看出十年來臺灣職業分化更為細緻的現象。從兩本職業名字彙也可看出，有舊職業遭到淘汰而消失，取而代之新職業；或是舊職業分化成數種新職業別，透過職業名，可看出臺灣社會分業的狀態。不過，高野岩三郎指出，該書僅列出職業名，在後方註上數字，並未附上翻譯，但臺灣的職業名稱和日本差異甚大，對不熟悉臺灣風土的內地人來說，難以入手，因此建議必須附上職業翻譯，增加其閱讀價值〔註 242〕。

（二）從兩次調查看臺灣社會的變化

　　1918 年出版的《第二次臨時臺灣戶口調查記述報文》與第一次編排大體相同，但除第二次調查的結果外，加上與第一次比較的數據〔註 243〕，凸顯臺灣社會十年間的變化。首先，就族群關係而言，調查結果顯示，1915 年時臺灣種族分佈範圍，相較於十年前明顯差異，但總人口總數稍有增加，其中內地人增加 2.36 倍，外國人增加 2.05 倍，本島人則僅增加 12%。該篇撰文者為福田眞鷹。福田指出，本島人近年來因商業或學業之故，轉出人口漸多，影響了本島人的人口增加率；就本島人的種族細別來說，生蕃人數增加 27%，其次則是廣東人增加 20%，福建人增加 10%，熟蕃增加 0.3%〔註 244〕。

　　就語言和教育程度而言，第二次調查實施時，使用日文為常用語的比例為 3.93%，福建話為 82.6%，廣東話為 11.95%，蕃語為 1.48%，其他漢語為

〔註 240〕高野岩三郎，〈第二次臨時臺灣戶口調查に就て〉，頁 133。
〔註 241〕高野岩三郎，〈第二次臨時臺灣戶口調查に就て〉，頁 132。
〔註 242〕高野岩三郎，〈第二次臨時臺灣戶口調查に就て〉，頁 132～133。
〔註 243〕臨時臺灣戶口調查部，《第二次臨時臺灣戶口調查記述報文》（臺北：該部，1918），頁 50～51。
〔註 244〕臨時臺灣戶口調查部，《第二次臨時臺灣戶口調查記述報文》，頁 50～51。

0.04%。該篇撰文者爲二瓶士子治。二瓶指出，不論是日語、土語或外國語，使用人口數相較十年前皆有增加，此乃是伴隨著人口總數增加的必然結果〔註245〕。

　　就假名讀寫能力的調查而言，1915 年第二次調查實施時，讀寫皆通者佔總人口數 5%；會讀不會寫或會寫不會讀者佔 0.2%；既不會寫也不會讀者佔94.8%。十年間，具讀寫能力者增加 2.62%，能讀者增加 0.07%，能寫者不增不減，既不會寫也不會讀者減少 2.69%〔註246〕。如前章所述，在第一次調查的時期，讀寫調查認定標準即備受質疑，但二瓶士子治認爲，假名讀寫調查可探究新教育的普及情形，尤其臺灣是異民族混合的社會，必須盡早以新式教育制度增進本島人的假名讀寫能力，文明國皆以此作爲判斷依據〔註247〕。

　　就不具的調查而言，1915 年臨時臺灣戶口調查再度實施時，臺灣盲者佔身心障礙者總數 48.9.6.%，聾啞者佔 13.2%，白癡佔 4.7%，瘋癲佔 2.7%。整體來看，盲者人數減少 2.7%，聾啞人數減少 0.2%，白癡人數減少 2.1%，瘋癲人數減少 0.6%。可知到 1915 年，第二次調查實施時，臺灣眼疾患者已經減少，統計官員認爲，這是臺灣教育和衛生逐漸普及，使臺灣的身心障礙人口普遍減少〔註248〕。

　　就臺灣女性的纏足狀況來說，第一次戶口調查結束之後，臺灣社會興起放足斷髮運動，有志之士鼓吹下，婦女解纏足形成一股風潮。第二次戶口調查結果顯示，臺灣婦女纏足人數下降 17.36%。不過，根據統計學家的調查，各地方廳解纏足的效果，除地方官員或有力者提倡外，與種族分佈也密切相關〔註249〕。

　　就職業分類來說，1917 年 9 月，官房統計課出版《第二次臨時臺灣戶口調查職業名字彙》，內容編排與第一次大致相同，但是職業名總數卻以多達7,558 種，與第一次調查時相較多了 3,259 種。由此可見十年間，臺灣產業日趨發達〔註250〕。調查結果顯示，1915 年時，臺灣農業人口佔總人口數 72.95%，商業人口佔 9.07%，工業人口佔 5.93%，自由業人口佔 2.38%，比起十年前，

〔註245〕　臨時臺灣戶口調查部，《第二次臨時臺灣戶口調查記述報文》，頁 284。
〔註246〕　臨時臺灣戶口調查部，《第二次臨時臺灣戶口調查記述報文》，頁 328。
〔註247〕　臨時臺灣戶口調查部，《第二次臨時臺灣戶口調查記述報文》，頁 329。
〔註248〕　臨時臺灣戶口調查部，《第二次臨時臺灣戶口調查記述報文》，頁 361。
〔註249〕　臨時臺灣戶口調查部，《第二次臨時臺灣戶口調查記述報文》，頁 391～400。
〔註250〕　〈第二次臨時臺灣戶口調查職業名字彙〉，《臺灣統計協會雜誌》，141 號（1917.9），頁 64。

農業人口減少 0.19%，商業人口增加 0.38%，工業人口增加 2.5%，足以顯示十年間，臺灣邁向實業發展的傾向〔註 251〕。

　　要言之，第二次臨時臺灣戶口調查的實施，對日本本國或是臺灣的統計事業皆有重要的里程意義。水科七三郎認爲，對統計教育的普及是時代的需求，而統計不該僅是理論的倡導，也必須有實務的教授，國勢調查即是對國民實施統計教育的好機會，特別是臺灣能夠實施第二次臨時戶口調查，對於調查者和被調查者來說，直接或間接地增進了一般的統計知識〔註 252〕。

　　就總督府統計機關本身來說，第一次調查時，需從內閣統計局借調永山嘉一、阪本敦、關三吉郎、村重俊楨等人短暫支援；第二次調查實施時，可以完全運用府內人力處理調查工作，顯示統計調查的能力已經臻於成熟。就調查方法來說，人口調查與戶口制度互爲表裡，完善的戶籍資料才能精準的實施人口調查，得到足以信賴的統計資料。就兩次臨時臺灣戶口調查顯示，總督府無疑也透過調查的實施，整理整頓零散的戶籍登記制度。1905 年以前，臺灣社會是戶籍簿和戶口調查簿並用，1905 年第一次調查實施時，大爲仰賴戶口調查簿之故，使戶口調查簿的重要性凌駕於戶籍簿之上。

　　第一次調查結束之後，緊接著實施人口動態調查，同樣利用警察保甲系統實施，至 1905 年 12 月，總督府發佈新的戶口登記規則，廢除戶籍簿和戶口調查簿，製作成新的戶口調查簿及戶口調查副簿，利用警察到各家戶口實查的機會，記錄各戶人口異動的各種情形，這些資訊同樣是編製人口動態統計和人口靜態統計的重要依據。由此可以顯示，臺灣總督府透過人口調查，掌握臺灣住民的企圖實以發揮功效。

　　綜合可知，第一次臨時臺灣戶口調查結束之後，因應總督府在臺統計活動趨於複雜，因而於 1908 年 7 月設置官房統計課，水科七三郎成爲首任課長，將統計機關成爲一個獨立機構。在水科的領導下，官房統計課一方面接續官房文書課的統計業務，一方面接續臨時臺灣戶口調查部未完成事項，接手編製「臺灣人口動態統計」和「臺灣犯罪統計」，並於 1915 年 10 月，著手實施第二次臨時臺灣戶口調查。綜觀官房統計課的統計業績，有沿襲也有創新，所任用人員皆爲總督府編制內的官員，顯示總督府的統計制度已經制度化。

〔註 251〕臨時臺灣戶口調查部，《第二次臨時臺灣戶口調查記述報文》，頁 144～145。
〔註 252〕水科七三郎，〈國勢調查は國民に實驗的統計教育を爲すの好機なり〉，《統計學雜誌》，355 號（1915.10），頁 437～438。